新时代中国区域经济协调发展研究报告

王　彤　主编

中国财经出版传媒集团

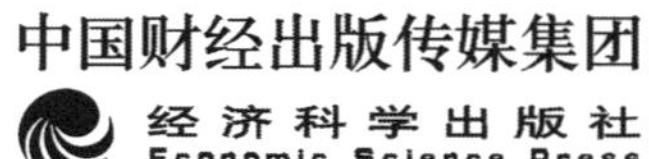

图书在版编目（CIP）数据

新时代中国区域经济协调发展研究报告/王彤主编.
—北京：经济科学出版社，2020.1
ISBN 978-7-5218-1303-6

Ⅰ.①新…　Ⅱ.①王…　Ⅲ.①区域经济发展-协调发展-研究报告-中国　Ⅳ.①F127

中国版本图书馆CIP数据核字（2020）第023338号

责任编辑：李一心
责任校对：刘　昕
责任印制：李　鹏

新时代中国区域经济协调发展研究报告
王　彤　主　编
经济科学出版社出版、发行　新华书店经销
社址：北京市海淀区阜成路甲28号　邮编：100142
总编部电话：010-88191217　发行部电话：010-88191522
网址：www.esp.com.cn
电子邮件：esp@esp.com.cn
天猫网店：经济科学出版社旗舰店
网址：http://jjkxcbs.tmall.com
北京季蜂印刷有限公司印装
710×1000　16开　16.5印张　320000字
2020年4月第1版　2020年4月第1次印刷
ISBN 978-7-5218-1303-6　定价：58.00元

新时代中国区域经济协调发展研究报告

顾　　问

陈昌智　第十二届全国人大常委会副委员长

张　塞　国家统计局原局长

学术指导

李君如　中共中央党校原副校长

刘顺达　国务院国资委原监事会主席

赵　艾　国家发改委区域开放司原司长、国家推进“一带一路”建设领导小组综合组原组长

丁茂战　中共中央党校报刊社总编辑

潘家华　中国社科院学部委员、中国社会科学院城市发展与环境研究所党委书记、所长

侯光明　国家电影智库秘书长、北京电影学院原党委书记

新时代中国区域经济协调发展研究报告

研究机构

中国社会经济调查研究中心
国家发改委中国发展网
中国发展研究院
中国城市经济学会
北京电影学院未来影像高精尖创新中心
北京市博士爱心基金会

新时代中国区域经济协调发展研究报告

主　　编	王　彤				
副 主 编	夏红星	管寰宇	王晓鸣	易昌良	牟善荣
	刘　敏	陈正拜	赵仲海	张　玮	俞剑红
编　　委	王华巍	刘　霞	黄保锦	魏　东	陈立光
	谢　辉	马少福	卢必成	申平华	陈宏义
工作团队	张海生	陆友星	曹　杰	于　航	邓奔波
	郭金栋	李长杰	刘景康	尚　菲	赵漫漫
	曹宝月	彭若琳	尚　婧	李宝慧	赵传红

序　一

改革开放四十年以来，我国经济快速发展，在取得很多成就的同时也伴随着发展上的不平衡、不协调、不可持续等问题。在党的第十九次全国代表大会上，习近平总书记站在新的历史高度，作出了中国特色社会主义走入新时代的重大判断，我国社会的主要矛盾转变为人民日益增长的美好生活需要和不平衡不充分的发展之间的矛盾，提出了新时代中国特色社会主义思想和基本方略，这是今后党和国家各项工作的行动纲领。面对决胜全面建成小康社会、全面建设社会主义现代化国家的伟大征程，紧扣我国社会主要矛盾变化，区域协调发展被赋予了新的历史使命，成为统筹推进“五位一体”总体布局、协调推进“四个全面”战略布局的重要抓手，在经济社会发展中的重要地位和作用进一步提升，这标志着中国区域协调发展走入了新时代。

当今中国，处理复杂经济社会关系如同弹钢琴，统筹兼顾各方面发展如同指挥乐队，只有协调，才能奏响全面建成小康社会交响曲、民族伟大复兴进行曲。“五大发展理念”把协调发展放在我国发展全局的重要位置，坚持统筹兼顾、综合平衡，正确处理发展中的重大关系，补齐短板、缩小差距，努力推动形成各区域各领域欣欣向荣、全面发展的景象。

当前我国区域发展形势是好的，同时经济发展的空间结构正在发生深刻变化，中心城市和城市群正在成为承载发展要素的主要空间形式。新形势下促进区域协调发展，要按照客观经济规律调整完善区域政策体系，发挥各地区比较优势，促进各类要素合理流动和高效集聚，增强创新发展动力，加快构建高质量发展的动力系统，增强中心城市和城市群等经济发展优势区域的经济和人口承载能力，增强其他地区在保障粮食安全、生态安全、边疆安全等方面的功能。要保障民生底线，推进基本公共服务均等化，在发展中营造平衡。

伴随我国经济发展进入新常态，区域经济版图呈现加速分化态势：东部地区缓中趋稳，在转型升级和制度创新方面发挥带动作用；中西部地区内部分化明显，一些省份保持强劲发展势头，而一些以资源能源输出为主、产业结构相对单一的地区经济下滑趋势明显；东北地区深层次体制机制和结构性矛盾凸显，出现深度调整。

协调发展理念是着眼于解决当前经济社会发展中存在的不平衡、不协调问题提出的重要发展理念，是持续健康发展的内在要求。以精准扶贫工作为例，脱贫攻坚战自去年打响以来，圆满完成了贫困人口减少 1000 万的目标，充分说明只要做到协调发展，就一定能够补齐补好农村贫困人口脱贫这块短板。在全面建成小康社会的征程中，协调发展不仅是坚持问题导向、破解发展“瓶颈”、促进我国经济社会行稳致远的重要部署，更是在“十三五”乃至更长一段时期都必须坚持贯彻的理念遵循。

当前我国经济社会发展取得巨大成就，经济、科技、国防等实力和国际影响力得到极大提升。但是，我国仍面临稳增长、调结构、防风险、惠民生等多重挑战。“十三五”时期是我国发展的关键时期，我们要以协调发展的理念下好全国一盘棋，重点促进城乡、区域、经济社会以及国家软、硬实力等的协调发展。应积极践行协调发展理念，从速度型增长转变到质量型增长，转变传统发展方式，形成创新型发展模式，由聚焦主业转变为围绕主业不断探讨上下游产业的可能性。在此必须注意经济发展和社会建设的平衡，否则就会出现“中等收入陷阱”，引发一系列社会矛盾。

坚持协调发展，必须牢牢把握中国特色社会主义事业总体布局，正确处理发展中的重大关系，重点促进城乡区域协调发展，促进经济社会协调发展，促进新型工业化、信息化、城镇化、农业现代化同步发展，在增强国家硬实力的同时注重提升国家软实力，不断增强发展整体性。增强发展协调性，必须在协调发展中拓宽发展空间，在加强薄弱领域中增强发展后劲。推动区域协调发展，塑造要素有序自由流动、主体功能约束有效、基本公共服务均等、资源环境可承载的区域协调发展新格局。推动城乡协调发展，健全城乡发展一体化体制机制，健全农村基础设施投入长效机制，推动城镇公共服务向农村延伸，提高社会主义新农村建设水平。推动物质文明和精神文明协调发展，加快文化改革发展，加强社会主义精神文明建设，建设社会主义文化强国，加强思想道德建设和社会诚信建设，增强国家意识、法治意识、社会责任意识，倡导科学精神，弘扬中华传统美德。推动经济建设和国防建设融合发展，坚持发展和安全兼顾、富国和强军统一，实施军民融合发展战略，形成全要素、多领域、高效益的军民深度融合发展格局。

发展离不开协调，发展的内在要求是协调，协调内生于发展，同样协调可以促进更高层次的发展。在经济社会的发展中，既要协调处理好发展过程中的重大关系，推动各方面的协调发展，又要追求发展的协调平衡，实现人与自然、人与社会、人与自身和谐。既要全面考量发展主次矛盾和矛盾的主次方面，又要基于实际和有利于解决问题的需要出发，做到有所侧重。发展有短板，也意味着发展有潜力，协调就是要以辩证法思想为指导，变不利为有利，变弱项为强项。

王彤博士领衔的课题组通过研究京津冀地区、长三角城市群、粤港澳大湾区等地发展状态与进度水平，在政策层面为区域发展的战略导向提供相应参考，满足中国区域协调发展理论需求。衷心希望通过《新时代中国区域经济协调发展研究报告》的出版，引发社会各界更多的关注和思考。牢固树立协调理念，坚持协调发展，与牢固树立和贯彻落实创新、绿色、开放、共享发展理念一起，必将引领我们向着实现全面建成小康社会目标、向着实现中华民族伟大复兴的中国梦稳步前进。

陈昌智

第十二届全国人大常委会副委员长

2020 年 2 月 18 日

序　二

我国是一个人口众多、幅员辽阔、各地发展很不平衡的发展中大国，促进区域协调发展始终是社会主义现代化建设的一项重要任务。党的十九大报告提出要“实施区域协调发展战略”。建设彰显优势、协调联动的城乡区域发展体系，是现代化经济体系在空间布局方面的体现。要坚持以习近平新时代中国特色社会主义思想为指导，实施区域协调发展战略，全面建设现代化区域发展体系。

实施区域协调发展战略是新时代国家重大战略之一，是贯彻新发展理念、建设现代化经济体系的重要组成部分。党的十八大之前，我国区域发展战略单纯以地缘划分的东中西及东北四大板块为对象施策，党的十八大报告中提出“继续实施区域发展总体战略，充分发挥各地区比较优势”，对传统区域战略进一步延续与深化。

由于历史和地理等方面原因，目前中国经济发展不平衡的格局仍未改变，且“极化效应”有进一步强化的趋势。进入新时代，随着我国经济由高速增长阶段迈向高质量发展阶段，区域及城乡发展的结构性问题日益突出，传统的“粗放式”区域发展战略亟待完善，要求更注重不同区域的梯次性与层次化内在发展诉求。

我国区域发展机制还不完善，难以适应新时代实施区域协调发展战略需要，区域发展分化现象逐渐显现，无序开发与恶性竞争仍然存在，区域发展不平衡不充分问题依然比较突出。习近平新时代中国特色社会主义经济思想的重要内容既是关于市场作用的发挥以及政府与市场关系的辩证统一，这也为如何实现区域协调发展开出了一剂“复合药方”。

“创新、协调、绿色、开放、共享”新发展理念贯穿于新时代区域协调发展布局与实施过程的始终，突出区域特色的差异化发展战略深深地烙上了五大理念的个性化“标签”。从总体层面上看，区域协调战略的布局与统筹安排深入落实和贯彻着协调发展理念，这是区域发展协调的根本遵循和方向，体现出系统化、全局性与高度协同的大局思维与战略考量。

我国区域发展中出现的不平衡不充分从本质上看是源于资源在区域之间与区域内部出现错配引起的结构性失衡以及市场分割导致的要素自由流动不畅。因此，区域发展战略不应再单纯谋求模仿、复制与赶超，应体现“各取所需、各展所长”，各区域通过优化资源配置与可持续增长实现区域整体平衡。

区域经济协调是一个长期问题，当前围绕区域发展均衡与效率的平衡，国家区域战略正在进行大规模调整，2014 年京津冀协同发展战略提出、2016 年《长江经济带发展规划纲要》公布、2018 年长三角一体化发展上升为国家战略、再到 2019 年《粤港澳大湾区发展规划纲要》印发，这一系列战略的实施显示出我国区域协调发展战略在更大范围与更深层次上的全面升级，意味着区域协调发展在推进更高起点的深化改革中将发挥更加突出的作用。

经济全球化和区域经济一体化深入推进，全球经济正处于后金融危机时期结构调整和再平衡重要阶段，全球经济格局和产业分工深度调整，国际竞争更趋激烈。区域发展与全球经济联系更加密切，区域发展战略实施与产业发展、资源环境、城镇化战略、市场经济体制等的互动融合更为紧密，必须立足新形势的需要提出和实施新的区域发展战略。

五大区域发展战略构筑起协同发展、内外联动的区域空间格局。现有的五大国家级区域发展战略中，长三角区域一体化、粤港澳大湾区建设分别对应的是长三角和珠三角，一体化程度已经处于较高水平，而京津冀协同发展对应的京津冀城市群也正在蓬勃发展阶段，有望成为引领区域发展的重要增长极。长江经济带以生态保护为底板，辐射范围囊括上游的成渝城市群、中游的武汉城市群和下游的长三角城市群，有利于塑造长江地区区域发展东西双向、陆海统筹的新格局。“一带一路”建设持续推进，丝绸之路经济带建设为西北、东北的发展提供了新的机遇，而海上丝绸之路为东部沿海等地区对外开放水平的进一步提升提供了良好平台，有利于形成内外联动、全面开放的区域发展新格局。

从早期的西部大开发、东北老工业基地振兴战略，到京津冀协调发展、长江经济带发展，以及不断推进实施的“一带一路”建设，我国在推动区域发展思路上的一个显著变化，就是从过去笼统的东部、中部、西部及东北地区怎么协调发展，转向更加注重跨行政区域、大区域的协调发展，更加强调资源要素在更广的范围内优化配置，通过最大限度地发挥、放大资源要素的带动作用，进一步提高我国经济发展的质量和效率。

彰显优势、协调联动的城乡区域发展体系，是现代化经济体系的重要组成部分。当前和今后一个时期，我们要以区域协调发展为抓手，推动区域良性互动、城乡融合发展，不断优化现代化经济体系空间布局。全面塑造区域协调发展新格局，建立更加有效的区域协调发展新机制，不仅是解决区域发展不平衡不充分的有效途径，更是推动高质量发展的应有之义。

在东部率先、西部开发、东北振兴、中部崛起区域总体发展战略基础上，《新时代中国区域经济协调发展研究报告》通过研究我国当前区域发展现状，从更高层次、更大范围、更宽视野探索适合中国的区域发展战略，进一步完善中国区域经济发展的战略思路，提供政策和理论参考。希望《新时代中国区域经济协调发展研究报告》的出版，能够推动中国以坚持推动区域协调发展、注重统筹区域合作、不断优化区域结构、激发各区域发展潜能的方式，为实现两个百年奋斗目标和中华民族伟大复兴的中国梦做出贡献。

我希望中国社会经济调查研究中心在王彤博士的带领下能够利用自身在数据采集、挖掘、整合、处理和使用方面的优势和特长，在助力国家高质量发展战略部署推进上，有更大的成就，持续地贡献更多关于高质量发展的研究报告，不负国家和人民对国家新型智库的厚望。

张塞

国家统计局原局长

2020 年 2 月 21 日

前　言

协调发展既是一种发展理念，同时也是推动科学发展的有效方法。尽管我国新的增长动力正在孕育形成，经济长期向好基本面没有改变，但发展不平衡、不协调、不可持续的问题仍然突出。这些问题正如《中共中央关于制定国民经济和社会发展第十三个五年规划的建议》中所言，主要是：发展方式粗放，创新能力不强，部分行业产能过剩严重，企业效益下滑，重大安全事故频发；城乡区域发展不平衡；资源约束趋紧，生态环境恶化趋势尚未得到根本扭转；基本公共服务供给不足，收入差距较大，人口老龄化加快，消除贫困任务艰巨；人们文明素质和社会文明程度有待提高；法治建设有待加强等。为解决好上述问题，就要在优化结构、增强动力、化解矛盾、补齐短板上下功夫，并取得突破性的进展。否则，全面建成小康社会的目标就难以如期实现。而协调发展则是有效解决当下发展短板问题的治本之策。在科学把握中国特色社会主义事业总体布局的前提下，通过倡导和坚持协调发展，努力破解城乡二元结构的难题，促进城乡区域协调发展；着力校正发展失衡问题，促进经济社会协调发展；大力推进新型工业化、信息化、城镇化、农业现代化同步运行，促进国家硬实力和软实力比肩提升。从而使单项发展的动能聚合成整体发展的势能，形成有利于解决发展问题的总体之势，增强发展的整体性。

协调发展理念与其他四大发展理念一样，是我国经济发展新常态背景下具有引领性的重要发展理念，内涵丰富、意义重大。协调发展理念的实质就是要求在发展这个重大问题上，必须正确处理好一系列重大的关系。

协调发展要求发展过程更加体现全面性和整体性。中国作为一个发展中的经济大国，强调协调发展，必须凸显城乡协调发展，促进城镇化与农业现代化同步发展，推动工业化与信息化融合发展，实现城乡全面发展、城乡一体化发展；必须凸显区域之间协调发展，促进东、中和西部地区全面发展，引领各地区共同发展；必须凸显物质文明与精神文明协调发展，不能出现“一条腿长、一条腿短”的问题。

协调发展要求发展的过程更加体现平衡性特点和要求。中国的发展必须立足社会主义初级阶段基本国情，处理好发展中的各类平衡和关系问题。强调协调发展，要求在坚持以经济建设为中心的同时，通过大力发展社会事业，完善社会公共服务体系，努力促进经济增长与社会发展有机统一，防止社会发展的短板制约经济增长；协调发展强调推动经济建设和国防建设融合发展，以强大的国防建设为经济建设提供良好的保障，发挥科技创新的支撑引领作用；协调发展强调经济发展等硬实力，也要凸显文化等软实力的提升，推动硬实力与软实力协调发展。

协调发展要求发展更加体现可持续的目标和要求。中国实现崛起和现代化任务的长期性和艰巨性，从一开始就决定了中国的发展必须强调协调和可持续性。协调发展，也要求必须正确处理好人口、资源与环境保护的问题，确保经济增长与人口协调发展，推动经济增长与自然环境协调发展，加快推动经济发展方式从要素驱动迈向创新驱动发展。唯有如此，中国的发展才能持续迈向新阶段。

协调发展的概念很早便已提出，在实践中，贯彻落实这一理念，坚持协调发展，应努力做到两点论和重点论的有机统一。由于各地实际情况不同，其优势和问题也各异，在坚持协调发展上，既要着力破解难题、补齐短板，又要考虑巩固和厚植原有优势。在强调协调发展，着力形成结构平衡的同时，还应清醒地认识到，平衡是相对的，不平衡是绝对的。事物的发展总是由不平衡到平衡，再到新的不平衡，如此循环往复，不断前进。因此，强调协调发展，绝不是平均基础上不允许发展差别的协调，而是发展基础上的协调，是充分尊重、切实遵循现代市场经济的客观规律的科学协调，是不断进行体制创新的协调。实现全面小康并不意味着我国就是高收入的富裕国家，低收入者仍然会占有一定的比重；全面小康也不意味着全国一样的小康，每个人的收入和生活水平都完全一样，每个地区城市和乡村生活水平都完全一样。

在全面建成小康社会的过程中，各地的经济增长速度和发展水平还是会有高低之分，居民生活的改善程度也同样有高低之分。未来全面小康社会将更加注重公平和共享，它不仅体现在发展成果的分配更加公平，而且也体现在发展机会更加公平，人人都能够参与发展的过程。坚持协调发展，应善于运用辩证思维指导工作，既统筹兼顾，又突出重点，实事求是、因地制宜地把协调发展理念落到实处，进而取得实实在在的发展成果，进入真真切切的理想发展境界。

协调发展理念是对马克思主义关于协调发展理论的创造性运用，是我们党对经济社会发展规律认识的深化和升华，为理顺发展关系、拓展发展空间、提升发展效能提供了根本遵循。历史必将证明，把握好“五位一体”总体布局，贯彻落实“四个全面”战略布局，做到协调发展，我国发展之路就会越走越宽广。

王 彤

中国社会经济调查研究中心主任

中国发展研究院院长

目　　录

第一章　统筹兼顾实现中华民族伟大复兴中国梦……………………………… 1

第一节　中国区域发展格局演变 ………………………………………………… 1
第二节　全面把握协调发展的科学内涵和思想精髓 …………………………… 10
第三节　新形势下我国区域发展重大政策建议 ………………………………… 15

第二章　“一带一路”构建区域发展新格局 …………………………………… 20

第一节　“一带一路”引领新时代中国发展 …………………………………… 20
第二节　“一带一路”助推我国区域协同发展 ………………………………… 28
第三节　“一带一路”开展国际区域优化合作 ………………………………… 34

第三章　京津冀一体化协同发展 ……………………………………………… 38

第一节　京津冀一体化建设 ……………………………………………………… 38
第二节　京津冀合体共建繁荣圈 ………………………………………………… 48
第三节　推进京津冀一体化发展 ………………………………………………… 63

第四章　长江经济带融合发展 ………………………………………………… 73

第一节　深入推动长江经济带发展 ……………………………………………… 73
第二节　区位优势助力长江经济带高质量发展 ………………………………… 84
第三节　构建长江经济带一体化 ………………………………………………… 90

第五章　建设世界第四大湾区
——粤港澳大湾区 ………………………………………………………… 100

第一节　粤港澳大湾区发展战略 ………………………………………………… 100
第二节　粤港澳大湾区协同创新发展 …………………………………………… 106
第三节　实现粤港澳大湾区“世界级”目标路径 ……………………………… 118

第六章　长江三角洲区域发展新模式 …………………………………… 125

第一节　紧密合作的长三角城市群 …………………………………… 125
第二节　完善长三角区域合作工作机制 ……………………………… 130
第三节　建立长三角城市群协调治理体系 …………………………… 136

第七章　新时代东北全面振兴 ……………………………………… 142

第一节　东北振兴的战略意义 ………………………………………… 142
第二节　深入推进东北振兴战略 ……………………………………… 148
第三节　推动东北地区国际区域合作机制 …………………………… 150
第四节　振兴东北地区发展的对策 …………………………………… 153

第八章　推动黄河流域生态保护和高质量发展 …………………… 159

第一节　推动黄河流域生态保护和高质量发展的战略意义 ………… 159
第二节　黄河流域生态保护和高质量发展的主要目标任务 ………… 161
第三节　黄河流域将迈入生态保护和高质量发展新阶段 …………… 162

第九章　新时代中国城市高质量发展案例 ………………………… 166

主要参考文献 ………………………………………………………… 231
后记 …………………………………………………………………… 241

第一章

统筹兼顾实现中华民族
伟大复兴中国梦

第一节　中国区域发展格局演变

区域是一个自然、经济或社会联系相对完整的空间单元。中国是一个区域发展差异很大的国家，这其中既有不同区域之间自然条件的差异，又有经济社会发展的差异，并且与不同时期国家的区域发展战略意图密切相关。新中国成立以来，中国区域发展格局发生了较大变化，从国家对不同区域的战略意图看，大体经历了注重国防安全的均衡发展阶段、注重效率的非均衡发展阶段和兼顾公平与效率的协调发展阶段。

一、注重国防安全的均衡发展

新中国刚刚成立时，国内各地区的经济布局出现了畸形的宏观区域生产力布局态势，主要表现为：经济结构的畸形发展，工业化的发展水平较低，分布差距大且发展不均衡。这是缘于我国的工业（包括轻工业和重工业），有70%在沿海，只有30%在内地。这种畸形的工业布局，反映了旧中国半殖民地经济的特点，是历史上形成的一种不合理的状况。毛泽东提出沿海与内地之间的关系问题，并且设想通过发展沿海工业经济，较好带动内地工业的迅速发展，促进生产力合理化布局。为了平衡工业发展的布局，国家开始对沿海与内地进行均衡布局战略规划，确定了“内地工业必须大力发展”（毛泽东·《论十大关系》）的正确政策方针。

1950～1952年，全国累计共完成投资总额中的大半部分位于东北地区，同时国家开始将部分轻工业企业向华北、华东、东北北部以及西北地区迁移，依托西安、兰州以及成都等在西部地区形成了新的工业基地。此外国家重视道路的修建工作，以便促进经济的更快发展，修筑了康藏、青藏公路，同时天兰、宝成、兰渝以及兰新等铁路也逐步建成。由此西部地区出现了以工业化发展为主的新形势，逐步改变了工业区过多集中于东部沿海地区的现状，同时在一定程度上改变了内地工业经济的落后情况，缩小了沿海地区与内地经济间的差距。此外，“一五”期间，对东北地区的重工业进行大规模的扩建，缓解了国内沿海地区与内地间产业布局失衡格局，进一步促进了国内生产力的快速发展。

在新中国成立后的20多年间，我国面临复杂多变的国际环境，服务国防安全、巩固政权是当时我国区域发展面临的首要任务。在这期间，我国强调区域发展要服务国防安全，力图形成众多“小而全”的区域发展综合体，区域发展综合体在不和外部发生联系的情况下也可以基本维持自我运转，确保我国在遭受外来打击的情况下，未受攻击的区域发展综合体仍能正常独立运转，不会对我国区域发展产生系统性影响。

这种结构类似蜂巢，各个蜂房相对独立，即使蜂巢里面的单个蜂房受到破坏，也不会对蜂巢产生整体影响，仍能正常运转。在服务国防安全的大背景下，国家基本建设投资空间分布比较均衡，除个别年份外，沿海和内地相差不大，并且以内地为主，其中三线地区占据较大比重。这一阶段的均衡是服务于国防安全的被动均衡，很难对经济活动空间布局效率和经济合理性进行过多考虑。

二、注重效率的非均衡发展

进入20世纪70年代，中国发展的国际背景发生了很大变化（中美关系正常化、中日建交），国内发展经济的需求十分强烈，因此在区域发展领域更加注重效率，更加注重经济活动空间布局的合理性。1973年初，国家计划委员会（现为国家发展和改革委员会）提交了《关于增加设备进口，扩大经济交流的请示报告》，开始了以引进项目为中心的经济建设。在20世纪70年代两批引进的47个主要成套项目中，位于东部沿海的有24个，中部与西部分别为12个和11个，东部沿海地区成为中国经济发展的重点地区。中国区域发展的战略意图开始向区位条件好、发展潜力大的沿海地区转移，中国进入了区域非均衡发展阶段。

1978年中共中央十一届三中全会提出施行改革开放政策，我国开始实施向东部倾斜的非均衡发展战略。1988年3月，国务院发出《关于扩大沿海经济开放区范围的通知》，提出充分发挥沿海地区的各项优势，促进沿海地区的经济发展战略。国家的战略导向是要加快经济社会发展，表现在区域上就是东部地区在区位条件、国家优惠政策和国内极度短缺市场的多重驱动下获得快速发展，各区域发展差距迅速拉大，呈现非均衡的发展状态。在经济全局布局方面，1979年由国家计委牵头制定的《边疆建设规划（草案）》提出，进行有计划有步骤地对内陆地区与少数民族地区的资源进行开发，切实推进各地区之间经济的横向联合发展。

在十届三中全会精神指引下，中国经济发展发生了一个重大变革。为发挥优势和加快全国经济增长为目标的重点地区发展，1979 年中央确定在广东、福建两省实行“特殊政策、灵活措施”。自此，中国开启了改革开放的新时代。1980 年，第五届全国人大常委会第十五次会议批准国务院提出的决定，在广东省的深圳、珠海、汕头和福建省的厦门建立经济特区。4 个经济特区的成立和建设，正式拉开了我国重点地区发展的序幕，也是我国实施非均衡战略的重大举措。继经济特区以后，沿海开放城市和沿海开放区成为东部沿海地区对外开放的重点集中区，形成了一条从南到北沿海岸线延伸的对外开放地带。重点地区经过一段时间发展后，开始以经济技术开发区为主要形式逐步向内地和沿边拓展。随着我国重点地区开发战略的实施，特别是沿海地区的重点发展，到 20 世纪 80 年代中期，我国区域经济之间呈现出比较明显的发展差异，沿海内地的划分已经过于笼统，很难概括当时区域经济并用来指导国家的区域政策。

此后，为了适应自然资源条件、历史发展特点、经济发展的趋势，以及地区之间的区别和联系，更好地因地制宜，充分开发利用我国各地资源的优势，建设成为社会主义现代化国家，在“七五”计划期间（1986～1990 年），全国划分为东部、中部、西部三个经济带，在空间上形成了东中西的发展格局。依据这一划分，“七五”计划明确提出：进一步加快东部沿海地区经济发展，中部地区则重点进行原材料、能源方面的建设，同时西部地带的开发也要做好相应准备。在东、中、西三大板块中，东部板块发展迅猛，很快成为支撑中国经济社会发展的重要引擎。

邓小平于 1988 年 9 月正式提出：内地与沿海地区、西部与东部共富的两个伟大战略，并在“先富—共富论”中指出：在允许部分地区、部分人先富起来，进而实现先富带动后富，最终达到共同富裕的伟大目标。邓小平多次提到，中央从高屋建瓴的角度来说，“上海是我们的王牌，把上海建设好是一条捷径”，这为浦东开发开放奠定了坚实思想基础。1990 年 4 月，浦东开发开放启动，同年 6 月，中共中央、国务院正式发出《关于开发和开放浦东问题的批复》。党中央于 1992 年提出由沿海、沿江、沿边以及沿线向内陆纵深逐渐推进的发展布局，由此使得沿海与内陆地区对外开放的联系日益密切。在沿海地区对外开放基础之上，中共中央、国务院决定对 5 个长江沿岸城市，东北、西南和西北地区 13 个边境市、县，11 个内陆地区省会（首府）城市实行沿海开放城市的政策，较为全面地促进了东西部经济、沿海与内陆经济的协调发展。因此这一时期国内形成了：“经济特区—沿海开放城市—沿海经济开放区—沿江沿线沿边开放城市—内地经济特区”的开发与发展的格局。

三、兼顾公平与效率的区域协调发展

经过一段时间的非均衡发展，我国区域经济发展的差距越来越大，而且呈现不断加剧的趋势，区域发展差距过大等一系列问题开始凸显，尤其是在社会领域，过大的地区发展差距已经对社会公平和区域和谐发展产生不利影响。促进区域协调发展，就是要在经济领域实现效率最大化的同时，要在社会分配（基本公共服务）领域实现公平化，也就是说，一方面尽可能地把国民福利蛋糕做到最大；另一方面还要相对公平地分配国民福利蛋糕，是生产领域的非均衡发展与社会领域的均衡发展的综合。

1992 年，在一些中央领导的讲话和政府文件中，开始出现“地区协调发展”的提法，当年党的十四大报告中明确提出：“应当在国家统一规划指导下，按照因地制宜、合理分工、各展所长、优势互补、共同发展的原则，促进地区经济合理布局和健康发展。”1995 年，党的十四届五中全会通过了“九五”计划，确立了“坚持区域经济协调发展基础上，逐步缩小各地区的差距”的目标，作为今后 15 年经济与社会发展的贯彻方针之一。1996 年，第八届全国人大四次会议正式提出了将地区之间协调发展作为国民经济和社会发展的指导方针，通过了《中华人民共和国国民经济和社会发展“九五”计划和 2010 年远景目标纲要》，系统、明确地阐述我国各区域经济的发展战略。

1997 年，党的十五大报告进一步指出：“促进地区经济合理布局和协调发展”模式，并且制定了以下目标：“东部地区要充分利用有利条件，在推进改革开放中实现更高水平的发展，有条件的地方要率先基本实现现代化。中西部地区要加快改革开放和开发，发挥资源优势，发展优势产业。国家要加大对中西部地区的支持力度，优先安排基础设施和资源开发项目，逐步实行规范的财政转移支付制度，鼓励国内外投资者到中西部投资。进一步发展东部地区同中西部地区多种形式的联合和合作。更加重视和积极帮助少数民族地区发展经济。”此外，党的十六届三中全会公报中提出：要加强对区域发展的协调和指导，积极推进西部大开发，有效发挥中部地区综合优势，支持中西部地区加快改革发展，振兴东北地区等老工业基地，鼓励东部有条件地区率先基本实现现代化。

为了逐步解决我国地区发展差距不断扩大的问题，促进区域协调发展，从 2000 年开始，我国实施了西部大开发战略，到 2006 年，我国形成了推进西部大开发、振兴东北地区等老工业基地、促进中部地区崛起、鼓励东部地区率先发展的区域发展总体格局。

2010 年，国务院颁布实施了《全国主体功能区规划》，构建三大类型的战略格局。一是城镇化战略格局。就是从工业化、城镇化空间格局考虑，形成“两横三纵”为主体的城镇化战略格局。首先对过度开发地区进行优化、重整和修复，形成优化开发区。要把这些区域作为提升国家竞争力的重要区域，在经济建设和社会发展中起龙头带动作用，主要包括环渤海地区、长江三角洲地区和珠江三角洲地区。其次是支撑未来发展的重点开发地区，通过提升工业化城镇化质量，使重点开发地区成为支撑全国经济增长的重要增长极。二是农业战略格局。就是要建立以“七区二十带”为主要内容的农业战略格局，形成农产品的主产区，保障农产品供给安全。三是国家生态安全战略格局。就是要构建以“两屏三带”为主要内容的生态安全战略格局，保障国家生态安全。

2016 年颁布的“十三五”规划纲要专门设立“推动区域协调发展”篇，指出要以区域发展总体战略为基础，以“一带一路”建设、京津冀协同发展、长江经济带发展为引领，形成沿海沿江沿线经济带为主的纵向横向经济轴带，塑造要素有序自由流动、主体功能约束有效、基本公共服务均等、资源环境可承载的区域协调发展新格局，成为新时期区域协调发展的总要求。

2018 年 11 月，中共中央、国务院下发《关于建立更加有效的区域协调发展新机制的意见》，提出，我国将以“一带一路”建设、京津冀协同发展、长江经济带发展、粤港澳大湾区建设等重大战略为引领，以西部、东北、中部、东部四大板块为基础，促进区域间相互融通补充。此外，意见还指出，将推动东部沿海等发达地区改革创新，支持中西部条件较好地区加快发展。坚持“输血”和“造血”相结合，推动欠发达地区加快发展。建立健全长效普惠性的扶持机制和精准有效的差别化支持机制，加快补齐基础设施、公共服务、生态环境、产业发展等短板，打赢精准脱贫攻坚战，确保革命老区、民族地区、边疆地区、贫困地区与全国同步实现全面建成小康社会。

链接

张家界改革开放：绿色崛起中的“范本”

1979 年 10 月，画家吴冠中首先向世人揭示了张家界的风韵。

1988 年，大庸建市时确立“旅游立市”，1994 年，由大庸市更名为张家界市。

2010 年 12 月，张家界成为全国首批四个旅游综合改革试点城市之一。

如果一座城市有人一般的性格，那么张家界的城市性格可以用两个人来代表，一位是著名画家吴冠中，一位是原张家界国有林场场长刘开林。

一位偶然邂逅便用精美的文章和画作让张家界一鸣惊人，享誉世界；一位穷尽一生的时间去改造荒山，守护张家界绝版之美。

这两个人分别代表着张家界建设者们两种奋斗精神：一种是慧眼识珠，敢闯敢试，努力做矢志前行的“逐梦人”；另一种是默默无闻，坚韧不拔，无私奉献，担当有为的“拓荒牛”。这两种奋斗精神支撑着张家界在改革大潮中奋勇前行，奋力挥写绿色崛起中的“张家界范本”。

站在张家界看张家界，这是沧海桑田的巨大变革

历史的坐标系是由关键的时间节点和事件串联构建起来的。

当时间回到十一届三中全会前夕，1978 年 10 月 9 日，改革开放的总设计师邓小平在会见泛美航空公司董事长西威尔时表示：“民航、旅游这两个行业很值得搞。”三中全会后，邓小平更明确指出“旅游事业大有文章可做，要突出地搞，加快地搞”，认为旅游业可以先行一步，作为改革开放突破口。

十一届三中全会吹响的改革号角和邓小平要大力发展旅游产业的指示激励着有识之士向湖南省委、省政府反映要求开发张家界旅游资源的设想。

1979 年 9 月 5 日，湖南省委、省政府委派考察团抵达大庸县考察旅游开发事宜，张家界的旅游业终于迎来了契机。

1979 年 10 月，画家吴冠中首先向世人揭示了张家界的风韵，他应邀来湖南为人民大会堂湖南厅绘制巨型风景画稿，11 月，他专程到湘西采风，被张家界林场的风光深深吸引，写下了游记散文《养在深闺人未识》，发表在 1980 年元旦的《湖南日报》上。

湖南省委、省政府对开发张家界旅游的大力支持和市场对张家界美景的期待，极大地鼓舞了大庸、桑植、慈利 3 个县委开发旅游资源的决心，张家界的旅游业正式起步。

张家界人很清楚，是改革开放大潮为张家界带来前所未有的发展机遇，张家界也紧紧抓住了契机。

从 1988 年大庸建市时确立“旅游立市”，到 1994 年由大庸市更名为张家界市并提出“建设现代化国际旅游城市”，再到 2017 年张家界进一步提出“对标提质，旅游强市”战略，旅游始终是贯穿张家界发展的主线。

“一定要把张家界建设成为国内外知名的旅游胜地。”30 年发展历程，历届市委沿着“旅游立市”→“旅游兴市”→“旅游强市”的道路奋勇探索、砥砺前行，致力旅游资源开发、旅游设施建设和旅游市场开拓，打响品牌、打造精品，先后获得中国首批世界自然遗产、全球首批世界地质公园、世界“张家界地貌”命名地、中国第一个国家森林公园、中国首批 5A 级风景名胜区、全国文明风景名胜区 6 张“烫金名片”，使张家界旅游在中国旅游发展史上异军突起。

藏富于民的旅游产业，具有作用半径大、辐射能力强、带动就业广等特点，已经成为助推张家界经济发展的“第一引擎”。

从数据角度看：30 年前张家界的地区生产总值为 14.01 亿元，2017 年为 542.4 亿元，增长 38 倍；30 年前张家界人均 GDP 为 976 元，2017 年为 35000

元，增长35倍；30年前年旅游人次为54.7万人次，2017年为7335.8万人次，增长134倍；30年前旅游收入为2491万元，2017年为623.78亿元，增长了11倍。2017年全市地区生产总值（GDP）542.4亿元，比上年增长8.7%。第一、第二、第三产业对经济增长的贡献率分别为5.0%、10.6%、84.5%。

30年前，大家知道张家界美，交通却成为障碍；30年后，国内外游客可以很方便地来到张家界。作为区域性交通枢纽站，张家界荷花机场升级为湖南省第二个国际机场；建成了常张高速、张花高速、张桑高速；黔张常铁路、张吉怀高铁、安慈高速加快建设，域内形成了“1小时交通圈”。经过30年的开放发展，张家界已从地处边远的小城市，成为世界瞩目的“国际张”。

站在全国看张家界，这是旅游发展的经典范本

历史可以是理解今天的钥匙，今天也可以是评判历史的标准。

从边远小城到国内外知名的旅游胜地，从“养在深闺人未识”到让世人惊艳的明珠。飞速发展的张家界，一次又一次地向世界证明了自己，并给世人带来一次又一次的惊喜。

如今的张家界，与世界近在咫尺。

在法国艾克斯莱班市，张家界峰林地貌被热议不断，成为当地市民向往的旅游目的地；在美国纽约，时代广场“中国屏”上的“阿凡达”梦幻美景不断刷屏，惹得当地市民惊叹不已；在泰国春武里府，省长威塔雅表示，张家界是泰国游客进入最多的单个景区……

“找准坐标、找到对标，以更高的站位、更实的举措，精准发力、久久为功，在建设以‘锦绣潇湘’为品牌的全域旅游基地中，更好地发挥龙头作用。”张家界旅游取得的巨大成功具有先导示范意义，湖南省委主要领导对张家界也寄予厚望。

如何在全域旅游发展中擎起大旗，发挥好龙头作用？张家界人一直用心绘制着“蓝图”。

2010年12月，张家界成为全国首批四个旅游综合改革试点城市之一；

2011年5月，湖南省委、省政府出台《关于支持张家界市开展国家旅游综合改革试点工作的若干意见》；

2011年11月，张家界武陵山片区区域发展与扶贫攻坚试点正式启动，《张家界武陵山片区区域发展与扶贫攻坚规划》成为全国11个片区中第一个完成编制、第一个得到国务院批复的规划。

身肩重担的张家界不敢懈怠，开始思考与世界的差距。

2011年，张家界市委、市政府特意邀请中国旅游规划院作了一个课题，对张家界进行了一次全面的摸底测评。结果显示，按照全球一流旅游景点1000分的标准，张家界得分643分。

使命在肩，张家界不能只交合格答卷、满意答卷，必须交出优异答卷。张家界开始落子布局。

2017 年 1 月 3 日，张家界市委经济工作会议提出，在全国全省率先建成国家全域旅游示范区。

2017 年 3 月 28 日，张家界市委七届三次全会审议通过《在“锦绣潇湘”全域旅游基地建设中发挥龙头作用的意见》，提出加快全域旅游建设“11567”总体思路。即以建设一个国内外知名旅游胜地为总目标，实施一个“对标提质、旅游强市”的战略，完善旅游产品体系、市场体系等五大体系，以全空间布局、全链条完善等六条路径，在旅游产品供给、国际精品城市建设等七个方面发挥示范作用。

“然而，对标国际旅游城市，张家界仍有巨大差距。”“要建设‘畅达、休闲、生态、智慧、文明’城市，推进景城一体化。”为此，张家界的决策者们提出，坚持用战略思维、高点定位、国际化视野、世界级标准、开放心态，规划大项目，紧盯大品牌，引进大资本，做活精品文章，提升城市品位，打造“五城一体”的国际旅游精品城市。

2017 年 4 月 21 日，张家界启动“六城同创”活动，即在未来 4 年里，创建省级文明城市、国家森林城市、国家卫生城市、国家交通管理模范城市、国家环境空气质量达标城市、国家生态文明建设示范城市。

今天，在张家界城区，高铁站、大庸古城、仙人溪特色街区、市民广场、天门山先导区等 30 多个重点项目建设正如火如荼地进行，涵盖交通畅达、休闲度假、文化生态各领域，均按国际化高标准设计建设；口岸已实现 72 小时入境免签，免税店、保税店、跨境电商等平台已经组建。荷花国际机场已经成为全省 3 个一类口岸之一、武陵山片区 71 个县市区唯一国际航空口岸，相继开通了 30 条国内航线和泰国曼谷、韩国济州等 17 条国际航线；张家界已经与 3 个国外城市结为友好城市，与 5 个城市签订友城合作初步协议，到 2020 年，友城总数将达到 20 个；随着交通基础设施建设的不断完善和营商环境的不断优化，张家界近几年引进了 30 余家世界 500 强、中国 500 强、中国民营经济 500 强企业。

站在世界看张家界，这是绿色崛起的东方传奇

回眸张家界的发展史，就是一部生态保护史，在生态领域工作上拥有多个全国、全省第一，2004 年国家生态市创建工作为全国首创，2016 年出台全省首部市州级城镇绿化条例，森林覆盖率排名全省第一，环境空气质量排名全省前列，地表水水质全部达到二类以上标准。

绿水青山是张家界最核心的资产，在开发张家界的同时，划定了生态红线，一些地区禁止开发，核心资源地区不允许进行任何开发性质的建设。

不论是对媒体表态，还是政策制定与执行，张家界都深入贯彻中央、湖南省委推进生态环境保护精神，把污染防治和生态修复当成一种使命担当。

张家界一届又一届决策者们挑起了保护生态环境的重任。“大气、水、土壤”污染治理，环境整治“6+1”行动等在全市地域铺开。退耕还林、矿山整治、砂厂治理、垃圾填埋、畜禽粪便污染、河道清理、建筑扬尘、污水直排、油烟污染、土壤污染、噪声扰民等一个个关于水、大气、土壤、生态、重金属、垃圾、噪声、油烟、扬尘等环境保护问题成为各级党委政府关注的重点，一场场生态环境保护攻坚战打响。

2017 年张家界市水污染防治工作围绕市委提出的“对标提质旅游强市”战略，坚持绿色发展理念，按照“只能变好，不能变差”的原则，以中央环境保护督察为契机，以实施环境治理“三大战役”和环境治理战役“夏季攻势”为载体，以强化水污染防治项目建设为抓手，全面落实《湖南省水污染防治行动计划 2017 年度实施方案》。

2018 年 5 月，张家界市委召开七届五次全体会议，审议通过《关于深入实施长江经济带发展战略建设生态绿色张家界推动高质量发展的决定》《生态绿色张家界建设“先导工程”三年行动计划（2018～2020 年）》两个文件，以生态优先、绿色发展为主线，通过 3 年时间，成功创建国家卫生城市、环境空气质量达标城市、国家生态文明建设示范市和全域旅游示范区，确保走在全省生态文明、绿色发展前列，真正把张家界建设成为全国生态文明建设示范区、长江流域绿色发展先导区、长江经济带发展璀璨明珠，打造美丽中国“张家界名片”。

滥采的矿山矿洞被关停封闭，裸露的荒山成了绿色的海洋；澧水流域大小水电站覆盖水面触目惊心的垃圾被清理干净，澧水又清清如镜；建筑工地有了隔挡板、冲洗池，尘灰满天的场景一去不复返；砷等重金属污染土壤已修复，生产出的水果不再有害……彻夜施工、喧嚣的噪声没了，千疮百孔的河道采砂停了，餐馆油烟净化装置到位了，污水横流的养殖场洁净了，下水道、截污管道铺设好了……破坏国家级大鲵自然保护区的项目被叫停，溪涧里又现野生大鲵的踪迹。景区、森林公园、自然保护区内，植被茂盛，各种动物栖息其间，成了世界最丰富的“生物基因库”之一。

“在城市开发过程中，必然会对生态环境产生一定的影响。我们对相关项目持续评估，对产生重大影响的设施和企业采取关闭措施。我们加强了资源环境监测网络体系建设，加快推进有色、煤炭、烟花爆竹等领域过剩产能市场化退出。2012 年以来，已经关闭退出煤矿 28 家、非煤矿山 116 家，关闭退出全部 6 家烟花爆竹生产企业，万元规模工业增加值能耗降低到 0.66 吨标准煤，同时关闭了境内 60 余家水电站中的 12 家。”

“生态环境是张家界最核心的优质资产。”做好关停并转、节能降耗的“减法”，学会生态修复与补偿的“加法”，探索生态经济、新兴产业的“乘法”，护山、护水、护河、护林、护地、护天，厚积薄发的张家界，正以国际化视野，释放它的活力。

秋风送爽，登望城坡向市区远眺，一幅绿水青山、蓝天白云、人与自然和谐共生的美丽城市画卷映入眼帘，这座破茧成蝶的城市，正以其瑰丽的色彩，吸引着世界的目光。

时刻保持清醒头脑，不为盛名所累；始终增强创新意识，不为守旧所扰；敢于攻坚克难，不为艰难所惧，把张家界这块金字招牌举得更高、擦得更亮，借新时代发展的东风再次高飞，成为中华民族从富起来到强起来伟大飞跃过程中的精彩样本。

改革四十年后的今天，张家界，再次踏上征程。不必再过四十年，张家界，必将享誉天下。

（资料来源：腾讯网，百城故事，张家界改革开放：绿色崛起中的范本，https：//new. qq. com/cmsn/20181213/20181213013573. html？pc. ）

第二节　全面把握协调发展的科学内涵和思想精髓

一、协调发展的科学内涵与精髓

协调发展就是发展要有协调性、均衡性，要求各个方面、各个环节的发展要相互适应、相互促进。其思想精髓应该包括发展的平衡性、全面性、包容性和可持续性，也是其他发展理念推进的基础和前提。当前，中国正处在一个转型升级的历史节点，只有补足短板、补强薄弱环节，才能从中拓宽发展空间、寻求发展后劲，实现全方位的均衡协调发展，这是这个时代赋予协调发展理念更加丰富的内涵。

协调发展理念，是我们党认识把握协调发展规律、总结中外经济社会发展经验教训、正视我国发展存在的不平衡问题提出来的科学论断，是对马克思主义关于协调发展理论的创造性运用，是我们党对经济社会发展规律认识的深化和升华，其目的是理顺发展关系、拓展发展空间、提升发展效能，促进我国经济社会行稳致远。协调是与失衡相对立的。从世界各国发展实践看，由于发展失衡落入"陷阱"、陷入灾难的国家并不在少数。习近平总书记指出："协调是发展两点论和重点论的统一……在发展思路上既要着力破解难题、补齐短板，又要考虑巩固和厚植原有优势……强调协调发展不是搞平均主义，而是更注重发展机会公平、更注重资源配置均衡……协调是发展短板和潜力的统一……通过补齐短板挖掘发展潜力、增强发展后劲。"①

协调发展是坚持唯物辩证法的基本要求，从历史发展实践看，统筹兼顾、协调推进是一个科学方法论。在社会主义事业建设和发展中，必须坚持联系的普遍性和客观性观点。不注意协调好它们之间的关系，就会顾此失彼，导致发展失衡。必须从客观事物的内在联系去把握事物，去认识问题，去处理问题。从本质上看，协调发展还是一个从不平衡到平衡的动态过程，协调之策就在于补齐短板，补齐不协调中的短板。实际上，越是短板，越具有后发优势；越在薄弱环节上多用力，着力解决突出问题和明显短板，越能起到"四两拨千斤"、结构平衡的良好效果。我们要紧扣解决发展中不平衡、不协调、不可持续问题，把调整比例、补齐短板、优化结构作为一项重要而紧迫的任务，在协调发展中拓宽发展空间，在加强薄弱领域中增强发展后劲。

二、协调发展的紧迫性和重要性

我国经济社会发展中的一些不平衡、不协调的问题没有彻底根除，与人民的发展预期还有一定差距。我国发展不协调是一个长期存在的问题。要有强烈的问题意识，抓住当前我国发展中不平衡、不协调、不可持续的突出问题，进一步研究思考、找出答案，着力推动区域协调发展、城乡协调发展、物质文明和精神文明协调发展，推动经济建设和国防建设融合发展。因此，我们应充分认识十九大之后协调发展的重要性和紧迫性。

（一）坚持协调发展，是吸取世界发展经验教训，避免落入"中等收入陷阱"的托底之举

马克思认为很多人聚集在一起进行共同劳动就需要协调，只有通过协调才能有一个良性的生产力运行秩序。发展是一个整体、一个系统，需要各方面、各环节、各因素协调联动。需求无限性与供给有限性的矛盾、此消彼长或此强彼弱的矛盾、发展慢与发展快的矛盾长期存在。消弭这些矛盾，既要推进发展，又要搞好协调，实现统筹兼顾、综合平衡。追溯世界经济发展史，可以发现协调好的国家和地区跨过了"中等收入陷阱"，协调不好的国家则落入了"中等收入陷阱"，难以进入高收入发展阶段。拉美一些国家已在"中等收入陷阱"里受困挣扎长达数十年，它们经济发展一直停滞不前。因此，发展均衡与否、协调与否，成为衡量世界各国能否可持续发展的一把标尺、一道横杠。可见，树立协调发展理念，

① 《习近平：在省部级主要领导干部学习贯彻党的十八届五中全会精神专题研讨班上的讲话》，新华网，2016 年 5 月 10 日，http：//www. xinhuanet. com//politics/2016 －05/10/c_128972667_2. htm。

坚持协调发展，是我国跨越“中等收入陷阱”的一大法宝。

（二）坚持协调发展，是增强发展整体性，全面建成小康社会的重要保障

协调是事业成功的一大规律，是全面建成小康社会决胜的一大核心理念。当前我们的中心工作是全面建成小康社会。全面小康，重在“全面”，难在“全面”。这个“全面”，既要城市繁荣，也不让农村凋敝；既要东部率先，也要西部开发、中部崛起、东北振兴；既要物质丰裕，也要精神丰富；既要金山银山，也要绿水青山。要“全面”，就得协调。“全面”不是自然形成的，而是协调出来的。协调就得统筹兼顾、注重平衡、保持均势，把分散的部分系统化，把发散的局部功能整体化，把薄弱区域、薄弱领域、薄弱环节补起来，形成平衡发展结构，增强发展后劲。只有牢固树立协调发展理念，坚持协调发展，才能解决我国发展中存在的区域、城乡、物质文明和精神文明、经济建设和国防建设不协调问题，促进新型工业化、信息化、城镇化、农业现代化、绿色化同步发展。在增强国家硬实力的同时提升国家软实力，不断增强发展的包容性与和谐性，进而实现全面建成小康社会。

（三）坚持协调发展，是彰显发展规律性、提高把握发展规律能力的根本之策

协调发展是经济社会持续健康发展的内在要求，更是做好经济社会发展工作的重要原则。从发展规律认识上看，马克思主义关于发展的有机整体论、交互作用论、合力论等，是对人类社会发展规律的科学认识。习近平总书记指出，“发展必须是遵循经济规律的科学发展，必须是遵循自然规律的可持续发展，必须是遵循社会规律的包容性发展。”① 因此，在发展中我们必须着力提高发展的协调性和平衡性，强调要遵循经济规律、自然规律、社会规律，实现科学发展、可持续发展、包容性发展，提高发展的协调性和平衡性。可见，对人类社会发展规律认识的深刻化和具体化，是促进当代经济社会科学发展的创新理论，是把握事物发展规律的前提，是当代中国切实管用的协调发展观。正确的发展理念从来不是凭空想象，凸显了发展的一般规律性，是发展实践的产物、发展行动的先导，是发展思路、发展方向、发展着力点的集中体现。

三、将协调发展理念全面贯彻于新时代各项事业中

坚定不移地贯彻新发展理念，坚定不移地推进改革攻坚，解决了许多长期想

---

① 习近平．遵循经济规律科学发展 遵循自然规律可持续发展，新华网，2014 年 7 月 8 日，http：//www.xinhuanet.com//politics/2014－07/08/c_1111518411.htm.

解决而没有解决的难题，办成了许多过去想办而没有办成的大事，改革开放和社会主义现代化建设取得了历史性成就。十九大之后，更加坚定了贯彻新发展理念的信念。我们要更加把握好全面“协调发展”战略机遇期，深入推进区域协调发展、城乡协调发展、新“四化”（新型城镇化与新型工业化、农业现代化和信息化）协调发展，开创十九大后各项事业的新局面。

（一）统筹兼顾，精准施策，继续深入推动区域协调发展

继续深入实施区域发展总体战略。深入实施西部开发、东北振兴、中部崛起和东部率先的区域发展总体战略，创新区域发展政策，完善区域发展机制，促进区域协调、协同、共同发展，努力缩小区域发展差距。健全区域协调发展机制。创新区域合作机制，加强区域间、全流域的协调协作。建立健全生态保护补偿、资源开发补偿等区际利益平衡机制。鼓励国家级新区、国家级综合配套改革试验区、重点开发开放试验区等平台体制机制和运营模式创新。大力推进优势增长极内部协同发展。推动京津冀协同发展。坚持优势互补、互利共赢、区域一体，调整优化经济结构和空间结构，探索人口经济密集地区优化开发新模式，建设以首都为核心的世界级城市群，辐射带动环渤海地区和北方腹地发展。加快雄安新区和北京城市副中心建设，有序疏解北京非首都功能，优化空间格局和功能定位，构建一体化现代交通网络，扩大环境容量和生态空间，推动公共服务共建共享。推进长江经济带发展。推动长江上中下游协同发展、东中西部互动合作，建设成为我国生态文明建设的先行示范带、创新驱动带、协调发展带。扶持特殊类型地区发展，加大对革命老区、民族地区、边疆地区和困难地区的支持力度，实施边远贫困地区、边疆民族地区和革命老区人才支持计划，推动经济加快发展、人民生活明显改善。

（二）以人为本，平衡公共服务供给，持续推动城乡协调发展

推进以人为核心的新型城镇化。加快农业转移人口市民化，统筹推进户籍制度改革和基本公共服务均等化，健全常住人口市民化激励机制，推动更多人口融入城镇。深化户籍制度改革，推进有能力在城镇稳定就业和生活的农业转移人口举家进城落户，并与城镇居民享有同等权利和义务；健全促进农业转移人口市民化的机制，健全财政转移支付同农业转移人口市民化挂钩机制，建立财政性建设资金对城市基础设施补贴数额与城市吸纳农业转移人口落户数量挂钩机制。发展特色县域经济，培育发展充满活力、特色化、专业化的县域经济，提升承接城市功能转移和辐射带动乡村发展能力。加快建设美丽宜居乡村，推进农村改革和制度创新，增强集体经济组织服务功能，激发农村发展活力。全面改善农村生产生活条件。科学规划村镇建设、农田保护、村落分布、生态涵养等空间布局。加强

和改善农村社会治理，完善农村治安防控体系，深入推进平安乡村建设。开展生态文明示范村镇建设行动和农村人居环境综合整治行动。推进城乡基本公共服务均等化。统筹规划城乡基础设施网络，健全农村基础设施投入长效机制，促进水电路气信等基础设施城乡联网、生态环保设施城乡统一布局建设。把社会事业发展重点放在农村和接纳农业转移人口较多的城镇。

（三）综合施策、协同推进，助力城镇化与新型工业化、农业现代化和信息化协调发展

实现城镇化与新型工业化、农业现代化和信息化协调发展，关键取决于两个方面：一是补足“四化”短板，主要是加快目前处于滞后状态的农业现代化、人口城镇化的步伐；二是促进“四化”融合发展，着重推动信息化和工业化、城镇化、农业现代化深度融合、工业化和城镇化良性互动、城镇化和农业现代化相互协调。加快推进工业化，要坚持走中国特色新型工业化道路，实施制造强国战略，围绕结构深度调整、振兴实体经济，推进供给侧结构性改革，以提高制造业创新能力和基础能力为重点，推进信息技术与制造技术深度融合，培育壮大新兴产业，改造提升传统产业，加快构建创新能力强、品质服务优、协作紧密、环境友好的现代产业新体系，更好地满足城镇化、农业现代化、信息化的需要。加快推进城镇化，必须从我国社会主义初级阶段基本国情出发，遵循规律，因势利导，使城镇化成为一个顺势而为、水到渠成的发展过程。必须依靠产业支撑。要推动以人为核心的新型城镇化，有效化解各种“城市病”。提升规划水平，增强城市规划的科学性和权威性，促进“多规合一”，全面开展城市设计，完善新时期建筑方针，科学谋划城市“成长坐标”。加快推进农业现代化，加快推进农业结构调整，推进农村一二三产业融合发展。构建现代农业经营体系。以发展多种形式适度规模经营为引领，创新农业经营组织方式，构建以农户家庭经营为基础、合作与联合为纽带、社会化服务为支撑的现代农业经营体系，提高农业综合效益。完善农业支持保护制度。以保障主要农产品供给、促进农民增收、实现农业可持续发展为重点，完善“强农惠农富农政策”等。加快发展信息化要构建高效的信息网络，发展现代互联网产业体系，促进互联网深度广泛应用，带动生产模式和组织方式变革，形成网络化、智能化、服务化、协同化的产业发展新形态。实施国家大数据战略。把大数据作为基础性战略资源，全面实施促进大数据发展行动，加快推动数据资源共享开放和开发应用，助力产业转型升级和社会治理创新。

（四）创新体制，强化治理，促进经济与政治、文化、社会、生态协调发展

促进经济与政治协调发展，发展社会主义民主政治，坚持和完善人民代表大

会制度、中国共产党领导的多党合作和政治协商制度、民族区域自治制度以及基层群众自治制度，扩大公民有序政治参与，充分发挥我国社会主义政治制度优越性。尽快完善以宪法为核心的中国特色社会主义法律体系，维护宪法尊严、权威，健全宪法实施和监督制度。加快建设法治政府，促进司法公正，深化司法体制改革，全面推进法治社会建设，推进多层次多领域依法治理，提高社会治理法治化水平。深化行政体制改革，要按照建立中国特色行政体制目标，深入推进政企分开、政资分开、政事分开、政社分开，建设职能科学、结构优化、廉洁高效、人民满意的服务型政府。促进经济与文化协调发展，推进文化事业和文化产业双轮驱动，实施重大文化工程和文化名家工程，为全体人民提供昂扬向上、多姿多彩、怡养情怀的精神食粮。要拓展文化交流与合作空间，加强国际传播能力建设，打造符合国际惯例和国别特征、具有我国文化特色的话语体系，运用生动多样的表达方式，增强文化传播亲和力。促进经济与社会协调发展，加强社会治理基础制度建设，构建全民共建共享的社会治理格局，提高社会治理能力和水平，实现社会充满活力、安定和谐。完善社会治理体系，完善党委领导、政府主导、社会协同、公众参与、法治保障的社会治理体制，实现政府治理和社会调节、居民自治良性互动。完善社会信用体系，加快推进政务诚信、商务诚信、社会诚信和司法公信等重点领域信用建设。促进经济与生态协调发展。坚持节约资源和保护环境的基本国策，坚持节约优先、保护优先、自然恢复为主的方针，着力推进绿色发展、循环发展、低碳发展，形成节约资源和保护环境的空间格局。

第三节 新形势下我国区域发展重大政策建议

一、把握全局促进协调发展

“不谋全局者，不足谋一域”，只有各区域、各领域、各部分协调并进，才能最大限度地产生系统性效用。新发展理念把协调发展放在我国发展全局的重要位置。经济社会各个层面、环节构成了一个彼此之间密切联系的整体，协调发展就是牢牢把握中国特色社会主义事业总体布局，正确处理发展中的重大关系，优化发展的质量。

协调发展理念既是准确把握社会发展科学世界观和认识论的结果，也是娴熟运用科学方法论的结晶。它旨在找到“五位一体”的相融点和连接点，厘清“四个全面”的内在逻辑；坚持的是统筹兼顾，区域协同、城乡一体、物质文明与精神文明并重、经济建设与国防建设相融合，注重在协调发展中拓宽发展空间，在加强薄弱领域中积蓄发展后劲，在增强国家硬实力的同时提升国家软实力，不断增强发展的协调性和整体性。

协调发展理念体现了平衡与不平衡的辩证统一。协调发展就是一种动态的平衡，是不同部门、不同地区、不同领域之间在发展规模、发展速度、发展程度等方面比例适当、结构合理、相互促进、有序运行、共同发展的状态。

从理论发展逻辑来看，协调发展理念是我国社会主义现代化建设治国理政智慧与历史经验的总结。协调发展是中国共产党治国理政的重要历史经验，是一脉相承的发展方法论。以习近平同志为核心的党中央立足中国基本国情，提出了新发展理念，明确要求着力于形成经济社会平衡发展结构，促进现代化建设各个环节、各个方面相协调，促进生产关系与生产力、上层建筑与经济基础相协调。

协调发展理念是我们党在深刻总结国内外发展经验教训的基础上形成的，是针对我国发展中的突出问题提出来的。改革开放以来，我国经济社会在取得了长足进步的同时，也积累了城乡区域发展不协调、收入差距较大、资源环境压力增大等问题，解决这些问题迫切需要从发展理念、发展思路、发展战略的高度进行顶层设计，发挥好理念对行动的指导作用。

协调发展理念蕴含多重目标。协调发展理念具有五个层面的追求。一是问题导向，尽快解决经济社会发展的不平衡或不协调的问题；二是适应经济新常态，引导经济社会健康可持续发展；三是全面建成小康社会，限期消除障碍性“瓶颈”和短板；四是全面深化改革，经济社会的平衡良性发展可为进一步改革提供宽松环境；五是实现国内经济社会和谐发展，便于掌握开放的主动权、参与国际中高端竞争和全球经济治理。这五点是内在统一、互相促进的。

协调发展的重心仍然是经济建设。在经济高质量发展下，协调经济建设的各领域、各要素，关键在于把对投资需求、消费需求和净出口增长的管理和改革，与对要素供给、结构供给和科技创新的管理和改革，有机高效地结合起来。当下应在适度扩大总需求的同时，着力加强供给侧结构性改革，提高供给体系质量和效率，增强经济持续增长和发展的动力。

物质文明与精神文明的关系，是始终需要协调处理好的一对基本范畴。陈始发说，协调物质文明与精神文明的意义在于，我国在以经济建设为中心的同时，抓好精神文明建设，构建起一个文化软实力强大的社会主义现代化国家，为人类命运共同体的发展提供一种新的参考。

近年来，我国许多地区、领域更加注重发展的协调性，扬长补短，平衡兼顾，从而使经济社会的发展越来越具全局效应，从“一枝独秀”走向“春色满园”。

区域协调发展进展迅速。目前我国区域协调发展主要有两方面成就：一是具有深厚历史积淀与先发优势的区域协调发展程度提高。京津冀、长三角、珠三角、东北老工业基地等区域间及其各自内部，有着广泛的交互共生的各种联系，近年来在塑造要素有序自由流动、主体功能约束有效、基本公共服务均等、资源环境可承载的区域协调发展新面貌与新格局等方面卓有成效。二是欠发达地区发展水平正在提升，发展潜力得到增强。针对西部地区、革命老区、民族地区、边疆地区、贫困地区，国家已采取一系列强有力的经济、法律、文化和行政手段，通过增加财政转移支付、促进发达省市的对口支援、人才和干部的特殊政策和定期交流等措施，正在较快地缩小这些地区与发达地区的差距。

以城镇化为重点的城乡协调发展进展迅速。促进城乡区域协调发展，难点是农村，关键是农民。农村重在经济发展，农民重在增加收入。目前，在这两个问题上，都有了新的成果。具体表现为，城乡发展一体化体制机制逐步健全，农村基础设施投入长效机制得到强化，城镇公共服务向农村进一步延伸，社会主义新农村建设水平明显提高，以人为核心的新型城镇化在质与量及结构方面都有了同步改善。

二、多项措施并举推进地区经济平稳协调发展

坚持协调发展，关键是要弥补经济社会发展中的短板。近年来，通过完善宏观调控和不断推动创新，我国经济整体实现了稳中有进、稳中向好的良好局面。从地区经济看，总体保持了平稳、协调的发展状态。东部地区经济结构调整成效明显，增长新动能逐步释放，经济总量占全国的比重稳中有升；中西部地区保持了自 2008 年以来增速快于东部地区的势头，对抵御经济下行压力、拉动全国经济发展发挥了积极作用；东北地区经济恢复性增长势头显现，触底回升迹象明显。经济下行最为严重的辽宁省也扭转了连续四个季度负增长的状况，上半年实现了 2.1% 的增长。东部地区、大部分中部地区和部分西部地区构成了支撑我国经济大盘发展的基石和砥柱。

虽然我国区域经济总体上保持了良好的发展势头，但是，也要看到在总体协调平稳发展的状态下存在着一些隐忧，地区经济发展呈现出的一些新情况。

区域板块内部分化加快。西南、中部的南方省区、东部沿海地区的增长普遍好于西北、中部北方省区以及东北地区，经济增速“南快北慢”、经济总量占比“南升北降”特征比较明显。

地区经济发展潜力悬殊。主要表现在，经济结构调整转换和新经济、新产业快速发展的环境下，不同地区反应、把控和推进力度不一，形成了未来经济发展支撑能力的可预见悬差，将进一步拉大地区发展差距。

要素支撑在少数地区出现“入不敷出”的状态。由于经济下行及其他因素的连带影响以及在经济下行状态下人们对某些因素关注度、苛责度的凸显，少数经济下行地区出现资金、技术、人才等市场要素的外流，形成生产力外溢。

影响或制约地区经济平稳协调发展的因素很多。一是营商环境。一个好的营商环境是各种相关因素全面优化的结果，对于生产经营主体的能动性创造性的发挥起着至关重要的作用。二是政策支撑。由战略、规划、方案等形成的国家指导性发展思路、重要政策支持措施、重大先行先试平台，以及对口协作机制等是促进地区发展的特别重要的优势资源。一般地说，谁对此拥有得多、运用得好，谁发展就快、效益就高。三是引领型产业。与新技术、新需求、新载体等联系紧密的、能够聚集体现时代特征的新要素的引领型产业发展越多、比重越大，地区经济发展就越快，潜力和后劲也就越充足。这不仅包括新型产业的培育和发展，也包括利用新技术、运用新载体等对传统产业的改造与提升。四是空间状态。一方面是自身所处的地理位置，主要包括三个因素：开放度，这涉及是否沿边沿海沿江，还涉及区域一体化发展水平；便利性，这涉及硬软基础设施是否健全优质高效；邻避态，这涉及周边环境是否存在虹吸、挤压、掣肘等不利状况和被辐射、受扩散、给帮扶等有利状况。五是城乡统筹水平。城乡协调发展是区域协调发展的核心内容，并对区域协调发展起着决定性的促进作用。

解决地区发展分化和不平衡问题，要深入分析准确把握当前影响各大区域板块、各省市区经济发展的主要制约因素，有针对性地采取对策举措。基于当前地区经济发展的新情况新特点，在深入实施“三大战略”和区域发展总体战略、继续运用一些行之有效的办法的基础上，应特别重视采取一些举措：加大对重点地区的规划引领和政策支持。应进一步加强对重点地区特别是困难地区的规划引导，在充分调研的基础上坚持问题导向和目标导向相统一，由上级政府部门主导并会同所在地区联合研究制定相关规划，指导和推进地区发展。并通过规划给予必要的政策支持；优化改革试验平台的空间设置。先行先试是优势政策资源，也是领先一步的发展空间。快半步甚至快一步，就能够抢占先机，获得更多利益。国家批准设立的改革试验平台就赋予了先行一步的机遇，应合理配置。要充分考虑不同地区发展重点和实际需要，统筹国家级新区、自由贸易区、综合配套改革试验区、开发开放示范区、自主创新实验区等的区域布局，重点向困难地区倾斜。与此同时，试验地区要按照国家的要求和区域实际，突出试验特色，防止一般化发展和同质化建设；统筹协调新资源新经济的配置。新经济形态、新产业类型、新创新资源等的发展集聚的速度和规模，直接决定着新时期地区发展的基础和位势。换言之，新时期地区发展的状况，直接受制于新资源的集聚利用情况和新经济的培育发展状态。这几年，地区发展因此已呈现两极分化的格局。因此，统筹协调新资源、新经济的配置对于促进区域协调发展、避免和化解地区分化十分重要。有关部门应通过改革试验平台等途径赋予的优惠政策空间，推动创新要素向落后地区转移集聚；强化财税、金融等政策的区域指向，给予落后地区加快产业、技术、动能等的创新发展提供有力支持；推动重大科技创新平台和重大研发项目布局建设，整体提升落后地区科技支撑能力；通过对口协作等方式，推动先进地区对落后地区创新资源的对接应用与新型经济的联动发展；推动特色小城镇在重点地区加快发展。统筹城乡是实现区域协调发展的关键举措。小城镇各项束缚少，进入门槛低，贴近农民、连接城乡、亦城亦乡，是促进城乡协同发展的重要载体，也是市场机制全面发挥作用的有效平台。应当把特色小城镇的建设作为促进区域协调发展的重要途径，作为落后地区实现加快发展的重要抓手。发展特色小城镇，落后地区有优势，也有能力。要防止政府大包大揽的状况，更多鼓励推动市场主体特别是企业在落后地区开展特色小城镇建设，加快地方特色资源开发转换。同时也要防止特色小城镇建设中重形轻魂、贪大求洋、借镇建城、借建设搞房地产开发的情形出现。

三、坚持谋全局与补短板有机统一

新中国成立特别是改革开放以来，在我国发展取得的重大成就基础上，党和国家事业发生历史性变革，我国发展站到了新的历史起点上，中国特色社会主义进入了新的发展阶段。改革呈现全面发力、多点突破、纵深推进的崭新局面，发展不断朝着更高质量、更有效率、更加公平、更可持续的方向前进，全面建成小康社会的目标离我们越来越近。行百里者半九十，越是在决胜决战的阶段，越要敢于啃硬骨头、敢于涉险滩，越要着重于补齐短板、攻克难点。

全面小康不能落下一个困难群众，良好生态环境是最普惠的民生福祉，这些都实实在在关乎人民群众的获得感，关乎全面建成小康社会能否得到人民认可、经得起历史检验。六年以来，在精准脱贫上，中国平均每年有超过 1000 万人脱贫，成为世界“减贫英雄”；在污染防治上，法律法规陆续出台、环保督察风劲弓鸣、生态建设加快推进。因此，继续快马加鞭、在这些重点问题上出实招、见实效，才能保障“两个一百年”奋斗目标顺利达成。

推进供给侧结构性改革是我国经济发展进入新常态的必然选择，是经济发展新常态下我国宏观经济管理必须确立的战略思路。在全面建成小康社会的决胜阶段，必须坚定不移深化供给侧结构性改革，从生产端入手，提高供给体系质量和效率，扩大有效和中高端供给，增强供给侧结构对需求变化的适应性，克服破茧成蝶的阵痛、实现凤凰涅槃的效果，真正激发中国经济的内生动力和活力。

“来而不可失者，时也；蹈而不可失者，机也。”处于全面建成小康社会的决胜阶段，处于中华民族伟大复兴征程与世界发展大潮的交汇点上，我们更要紧紧把握机会，处理好稳增长、促改革、调结构、惠民生、防风险的关系，集中力量抓住经济社会发展中的重点、提升短板和弱项，更好推动人的全面发展、社会全面进步，以新的精神状态和奋斗姿态把中国特色社会主义推向前进。

第二章

“一带一路”构建区域发展新格局

第一节 “一带一路”引领新时代中国发展

一、“一带一路”倡议的时代背景

2000多年前，亚欧大陆上勤劳勇敢的人民，探索出多条连接亚欧非几大文明的贸易和人文交流通路，后人将其统称为“丝绸之路”。丝绸之路是起始于古代中国，连接亚洲、非洲和欧洲的古代陆上商业贸易路线，最初的作用是运输古代中国出产的丝绸、瓷器等商品，后来成为东方与西方之间在经济、政治、文化等诸多方面进行交流的主要道路。千百年来，“和平合作、开放包容、互学互鉴、互利共赢”的丝绸之路精神薪火相传，推进了人类文明进步，是促进沿线各国繁荣发展的重要纽带，是东西方交流合作的象征，是世界各国共有的历史文化遗产。

国际上，经济全球化呈现出重大变化，多边国际合作步履缓慢，而区域经济一体化日益兴盛。当前世界经济仍处于国际金融危机引发的深层次调整之下，全球经济增长乏力，世界经济格局面临复杂的局势，西欧、北美缓慢复苏，发展中国家等新兴经济体发展缓慢，而新一轮技术革命的突破，将对全球产业分工和经济地理产生深刻影响，从而影响国际格局和力量的对比。国际金融危机催生新的技术和产业革命，国际竞争空前激烈，各国加紧抢占战略制高点。国际贸易投资保护主义强化，新一轮区域自由贸易正在兴起。一些国家为促进就业，扶持本国产业，设置各种贸易壁垒，国际贸易摩擦不断加剧，尤其针对中国的反倾销、反补贴和投资审查增多。与此同时，贸易壁垒的形式也从关税壁垒转变为非关税壁垒。

全球经济和产业结构深度调整，国际金融危机尚未结束，发达经济体的财政紧缩、“去杠杆化”仍在持续，美国“财政悬崖”、欧洲债务危机都远未解决，世界经济低速增长，随时面临下行风险。全球正处于格局多化、经济全球化、文化多样化、社会信息化的潮流中，区域之间、国家之间联系越发紧密，但发展与变革、冲突与危机、合作与竞争并存。大国之间的竞争也越来越激烈，围绕地缘政治、经贸秩序、国际规则制定等展开激烈角逐。以世界贸易组织（WTO）为代表的多边国际组织因持续经年的多哈回合贸易谈判至今仍陷入困境，多边主义的发展受到严重的影响。而与此同时，WTO 的成员方纷纷融入区域经济一体化的潮流之中，到目前为止，其 164 个成员方中有 158 个已参与到一个或多个区域经济一体化组织中。

在国内，中国正处于经济增长速度从高速增长转变为中高速增长，经济结构不断优化升级，从要素和投资驱动转为创新驱动的“新常态”中。中国发展正处于重要战略机遇期。但同时也面临着日益严重的人口老龄化，人口红利下降，传统制造业收益不断降低，投资和出口增速明显回落，环境污染严重的同题。与此同时，中国沿用了 30 多年的传统经济发展模式的弊端也不断显现，面临着房地产泡沫风险增加，产能过剩，网络金融信贷、地方债风险不断上升；城乡、区域发展不平衡，社会矛盾突出；资源粗放利用，生态环境破坏严重等问题。

2013 年 9 月和 10 月，中国国家主席习近平在出访中亚和东南亚国家期间，先后提出共建“丝绸之路经济带”和“21 世纪海上丝绸之路”（以下简称“一带一路”）的重大倡议，得到国际社会高度关注。中国国务院总理李克强参加 2013 年中国—东盟博览会时强调，铺就面向东盟的海上丝绸之路，打造带动腹地发展的战略支点。加快“一带一路”建设，有利于促进沿线各国经济繁荣与区域经济合作，加强不同文明交流互鉴，促进世界和平发展，是一项造福世界各国人民的伟大事业。

“一带一路”正是我国应对世界多极化、经济全球化、文化多样化、社会信息化的战略选择。中国经过 40 多年的改革开放，日益成为世界经济的中流砥柱，中国声音越来越响亮，中国因素也越来越重要。中国希望同其他国家分享自己的发展机遇，以实现共同繁荣。

“一带一路”秉持开放的区域合作精神，致力于维护全球自由贸易体系和开放型世界经济，顺应世界多极化、经济全球化、文化多样化、社会信息化的潮流。“一带一路”旨在促进经济要素有序自由流动、资源高效配置和市场深度融合，推动沿线各国实现经济政策协调，开展更大范围、更高水平、更深层次的区域合作，共同打造开放、包容、均衡、普惠的区域经济合作架构。“一带一路”符合国际社会的根本利益，彰显人类社会共同理想和美好追求，是国际合作以及全球治理新模式的积极探索，将为世界和平发展增添新的正能量。

二、“一带一路”的基本内涵

“一带一路”倡议致力于亚欧非大陆及附近海洋的互联互通，建立和加强沿线各国互联互通伙伴关系，构建全方位、多层次、复合型的互联互通网络，实现沿线各国多元、自主、平衡、可持续的发展。“一带一路”的互联互通项目将推动沿线各国发展战略的对接与耦合，发掘区域内市场的潜力，促进投资和消费，创造需求和就业，增进沿线各国人民的人文交流与文明互鉴，让各国人民相逢相知、互信互敬，共享和谐、安宁、富裕的生活。

“一带一路”倡议的提出，揭开了复兴古丝绸之路的新篇章。其基本内涵在于，紧密结合经济全球化和区域经济一体化深入发展的新形势，更好统筹国内国际两个大局，更好统筹国内发展和对外开放，充分利用国际国内两个市场两种资源，坚持开放的发展、合作的发展、共赢的发展，坚持双边、多边、区域次区域开放合作，以政策沟通、设施联通、贸易畅通、资金融通和民心相通为主要内容和有力抓手，扩大同沿线各国的战略契合点和利益汇合点，有序推进陆海统筹、东西互济的商品资源物流大通道建设，加快同周边国家和地区基础设施互联互通，着力推动双、多边经贸投资合作上水平、上台阶，积极推动与沿线国家和地区开展投资协定和自由贸易协定谈判，促进区域贸易自由化和投资便利化，形成以“一带一路”为两翼、以周边国家为基础、以沿线国家为重点、面向全球的高标准自由贸易区网络，为实现区域经济一体化和亚太自贸区（FTAAP）奠定坚实基础。

“一带一路”是开放性、包容性区域合作倡议，而非排他性、封闭性的中国“小圈子”。当今世界是一个开放的世界，开放带来进步，封闭导致落后。中国认为，只有开放才能发现机遇、抓住用好机遇、主动创造机遇，才能实现国家的奋斗目标。“一带一路”倡议就是要把世界的机遇转变为中国的机遇，把中国的机遇转变为世界的机遇。正是基于这种认知与愿景，“一带一路”以开放为导向，冀望通过加强交通、能源和网络等基础设施的互联互通建设，促进经济要素有序自由流动、资源高效配置和市场深度融合，开展更大范围、更高水平、更深层次的区域合作，打造开放、包容、均衡、普惠的区域经济合作架构，以此来解决经济增长和平衡问题。这意味着“一带一路”是一个多元开放包容的合作性倡议。可以说，“一带一路”的开放包容性特征是区别于其他区域性经济倡议的一个突出特点。

我国提出的“一带一路”倡议的构想已经拓展到了中亚地区、南亚地区、东亚地区、东南亚地区、非洲地区以及欧洲南部地区等许多国家，相关涉及人口高达41亿人，生产经济的总值超乎想象，“一带一路”倡议拓展的国家区域主要是自然生态能源以及战略能源较为丰富的地区，这些地区都拥有非常高的资源互相补充能力。“一带一路”倡议为发展程度不同的国家带来了不同的优势，这也充分地展现了“一带一路”倡议的重要性。这些合作中的国家各自在不同的方面都有着非常大的潜能，这些优秀的发展潜能能够帮助我国自身经济进行发展。

“一带一路”是务实合作平台，而非中国的地缘政治工具。“一带一路”倡议，是在世界多极化、经济全球化、社会信息化及文明多样化的发展趋势下应运而生的，旨在通过推进政策沟通、设施联通、贸易畅通、资金融通、民心相通，做大发展公约数，最终实现互利共赢、共同发展。“一带一路”倡议始终坚持奉行“共商、共建、共享”原则，坚持平等协商及充分尊重各国的自主选择，坚持不附加任何政治条件，是所有国家不分大小、贫富、强弱，一律平等相待、共同参与的合作。中国企业开展对外投资合作，坚持互利共赢原则，对东道国产业水平提升和经济社会发展都做出了贡献。2013～2016年，中国企业对外投资流量约5600亿美元，向所在国缴纳的各种税金超过1000亿美元，创造的就业岗位数以百万计，促进了投资所在国将资源、劳动力优势转化为发展优势，受到普遍欢迎。

通过加强相关国家间的全方位多层面交流合作，充分发掘与发挥各国的发展潜力与比较优势，彼此形成了互利共赢的区域利益共同体、命运共同体和责任共同体。在这一机制中，各国是平等的参与者、贡献者、受益者。因此，“一带一路”从一开始就具有平等性、和平性特征。平等是中国所坚持的重要国际准则，也是“一带一路”建设的关键基础。只有建立在平等基础上的合作才能是持久的合作，也才会是互利的合作。“一带一路”平等包容的合作特征为其推进减轻了阻力，提升了共建效率，有助于国际合作真正“落地生根”。同时，“一带一路”建设离不开和平安宁的国际环境和地区环境，和平是“一带一路”建设的本质属性，也是保障其顺利推进所不可或缺的重要因素。这些就决定了“一带一路”不应该也不可能沦为大国政治较量的工具，更不会重复地缘博弈的老套路。

“一带一路”是共商共建共享的联动发展倡议，而非中国的对外援助计划。“一带一路”是由铁路、公路、航空、航海、油气管道、输电线路、通信网络组成的综合性立体交通网络，能够在很大程度上把内陆和海洋连在一起，帮助那些内陆国家寻找出海口，实现沿海与内陆联动发展。“一带一路”构成的互联互通将把作为世界经济引擎的亚太地区与世界最大经济体的欧盟联系起来，实现各个区域、各个国家生产要素及产业产能优势互补。以基础设施建设为契机，“一带一路”为沿线发展中国家创造需求和就业；同时鼓励它们从要外援到要投资，在引入资金、技术后培养相关人才，增强自主发展能力，实现可持续发展。同时，“一带一路”能够把沿线小国连通在一起，形成大市场，实现规模效应和联动发展。

"一带一路"建设是双边或多边联动基础上通过具体项目加以推进的，是在进行充分政策沟通、战略对接以及市场运作后形成的发展倡议与规划。2017 年 5 月《"一带一路"国际合作高峰论坛圆桌峰会联合公报》中强调了建设"一带一路"的基本原则，其中就包括市场原则，即充分认识市场作用和企业主体地位，确保政府发挥适当作用，政府采购程序应开放、透明、非歧视。可见，"一带一路"建设的核心主体与支撑力量并不在政府，而是企业，根本方法是遵循市场规律，并通过市场化运作模式来实现参与各方的利益诉求，政府在其中发挥构建平台、创立机制、政策引导等指向性、服务性功能。

"一带一路"是和现有机制的对接与互补，而非替代。"一带一路"所涉及的国家或者国家集团（如东盟、非盟、欧盟等）和国际组织众多。"一带一路"建设的相关国家要素禀赋各异，比较优势差异明显，互补性很强。有的国家能源资源富集但开发力度不够，有的国家劳动力充裕但就业岗位不足，有的国家市场空间广阔但产业基础薄弱，有的国家基础设施建设需求旺盛但资金紧缺。中国要让"一带一路"这一宏大的国际经济合作倡议取得进展，甚至获得成功，需要与所涉及的国家或者国家集团进行"发展战略的相互对接"。

我国经济规模居全球第二，外汇储备居全球第一，优势产业越来越多，基础设施建设经验丰富，装备制造能力强、质量好、性价比高，具备资金、技术、人才、管理等综合优势。这就为中国与其他"一带一路"参与方实现产业对接与优势互补提供了现实需要与重大机遇。因而，"一带一路"的核心内容就是要促进基础设施建设和互联互通，对接各国政策和发展战略，以便深化务实合作，促进协调联动发展，实现共同繁荣。显然，它不是对现有地区合作机制的替代，而是与现有机制互为助力、相互补充。

"一带一路"建设是促进人文交流的桥梁，而非触发文明冲突的引线。"一带一路"跨越不同区域、不同文化、不同宗教信仰，但它带来的不是文明冲突，而是各文明间的交流互鉴。"一带一路"在推进基础设施建设，加强产能合作与发展战略对接的同时，也将"民心相通"作为工作重心之一。通过弘扬丝绸之路精神，开展智力丝绸之路、健康丝绸之路等建设，在科学、教育、文化、卫生、民间交往等各领域广泛开展合作，"一带一路"建设民意基础更为坚实，社会根基更加牢固。因而，"一带一路"建设就是要以文明交流超越文明隔阂、文明互鉴超越文明冲突、文明共存超越文明优越，为相关国家民众加强交流、增进理解搭起了新的桥梁，为不同文化和文明加强对话、交流互鉴织就了新的纽带，推动各国相互理解、相互尊重、相互信任。

"一带一路"注重文明交流互鉴，重塑平等、包容、均衡的全球化文明。习近平总书记指出："千百年来，在这条古老的丝绸之路上，各国人民共同谱写出千古传诵的友好篇章。两千多年的交往历史证明，只要坚持团结互信、平等互利、包容互鉴、合作共赢，不同种族、不同信仰、不同文化背景的国家完全可以共享和平，共同发展。”① 不同于近代以来西方的殖民主义、帝国主义和霸权主义，以国际掠夺、竞争为常态而合作、妥协为非常态，也不同于战后西方对外援助等各种名目的国际合作模式，“一带一路”建设充分尊重文明差异性，尊重发展模式多样性，鼓励各国走符合自身国情的发展道路，以文明交流互鉴超越文明隔阂冲突。

三、“一带一路”的重大意义

（一）国际意义

“一带一路”属于国际合作网络，这一理念的提出，对于沿线国家的经济发展，均有着重要的作用，能够推动沿线国家的贸易往来，带动旅游业、工业、农业、基础设施等发展，构建出一条由东向西的经济带，有助于我国与其他国家形成合作友好的形式，促进区域经济的发展。“一带一路”倡议以开放、包容、多元的理念，构建一条不对抗、不冲突的发展道路，有助于构建出和谐、公正的全球治理体系。此外，“一带一路”强调自由贸易、绿色发展，为沿线国家的发展提供了良好的条件。

“一带一路”为全球治理提供了新的路径与方向。当今世界，挑战频发、风险日益增多。经济增长乏力，动能不足，金融危机的影响仍在发酵，发展鸿沟日益突出，“黑天鹅”事件频出，贸易保护主义倾向抬头，“逆全球化”思潮涌动，地区动荡持续，恐怖主义蔓延肆虐。和平赤字、发展赤字、治理赤字的严峻挑战正摆在全人类面前。这充分说明现有的全球治理体系出现了结构性问题，亟须找到新的破题之策与应对方略。作为一个新兴大国，中国有能力、有意愿同时也有责任为完善全球治理体系贡献智慧与力量。面对新挑战新问题新情况，中国给出的全球治理方案是构建人类命运共同体，实现共赢共享，而“一带一路”正是朝着这个目标努力的具体实践。

“一带一路”为新时期世界走向共赢带来了中国方案。不同性质、不同发展阶段的国家，其具体的战略诉求与优先方向不尽相同，但各国都希望获得发展与繁荣，这便找到了各国共同利益的最大公约数。如何将一国的发展规划与他国的战略设计相对接，实现优势互补便成为各国实现双赢多赢的重要前提。“一带一路”正是在各国寻求发展机遇的需求之下，同时尊重各自发展道路选择基础之上

---

① 《习近平：丝绸之路上各国人民共同谱写出千古传诵的友好篇章》，中国共产党新闻网，2013 年 9 月 7 日，http：//cpc. people. com. cn/n/2013/0907/c164113 – 22840626. html。

所形成的合作平台。因为立足于平等互利、相互尊重的基本国际关系准则，聚焦于各国发展实际与现实需要，着力于和各国发展战略对接，“一带一路”建设在赢得了越来越多的世界认可与赞誉的同时，也取得了日益显著的早期收获，给相关国家带来了实实在在的利益，给世界带来了走向普惠、均衡、可持续繁荣的信心。

“一带一路”秉承共商共建共享原则，是践行协商共治、合作共赢的典范。“共商”，即充分尊重沿线国家对各自参与的合作事项的发言权，沿线各国无论大小、强弱、贫富，都是“一带一路”的平等参与者，都可以积极建言献策，都可以就本国需要对多边合作议程产生影响。“共建”，即全面调动沿线国家地区的积极性，各施所长，各尽所能；强调与现有双多边机制、区域合作平台的对接，同时欢迎世界各个国家和国际、地区组织的建设性参与，倡导政府、企业、民间多层面共同推进。“共享”，即所有人参与，所有人受益，不搞一家独大或者赢者通吃，而是寻求利益共享，实现共赢目标。

“一带一路”强调各国的平等参与、包容普惠，主张携手应对世界经济面临的挑战，开创发展新机遇，谋求发展新动力，拓展发展新空间。正是本着这样的原则与理念，“一带一路”针对各国发展的现实问题和治理体系的短板，创立了亚投行、新开发银行、丝路基金等新型国际机制，构建了多形式、多渠道的交流合作平台，这既能缓解当今全球治理机制代表性、有效性、及时性难以适应现实需求的困境，并在一定程度上扭转公共产品供应不足的局面，提振国际社会参与全球治理的士气与信心，同时又能满足发展中国家尤其是新兴市场国家变革全球治理机制的现实要求，大大增强了新兴国家和发展中国家的话语权，是推进全球治理体系朝着更加公正合理方向发展的重大突破。

“一带一路”是构建人类命运共同体的伟大探索和实践。人类命运共同体理念是中国推动全球治理体制变革的指导思想，旨在寻求各国发展的最大公约数、实现合作共赢。这一愿景符合国际社会的根本利益，彰显了人类社会共同理想和美好追求。“一带一路”建设强调秉持和平合作、开放包容、互学互鉴、互利共赢的“丝路精神”，全方位推进务实合作，打造政治互信、经济融合、文化包容的利益共同体、责任共同体和命运共同体。可以说，“一带一路”正是化理念为行动、变梦想为现实的重要举措，是通往人类命运共同体的现实路径。

“一带一路”为全球均衡可持续发展增添了新动力，提供了新平台。“一带一路”涵盖了发展中国家与发达国家，实现了“南南合作”与“南北合作”的统一，有助于推动全球均衡可持续发展。“一带一路”以基础设施建设为着眼点，促进经济要素有序自由流动，推动中国与相关国家的宏观政策协调。对于参与“一带一路”建设的发展中国家来说，这是一次搭中国经济发展“快车”“便车”，实现自身工业化、现代化的历史性机遇，有力推动了南南合作的广泛展开，同时也有助于增进南北对话，促进南北合作的深度发展。

“一带一路”是中国为世界提供的“公共产品”，有利于世界经济再平衡。国际金融危机爆发以来，中国经济增量占全球30%以上，成为世界经济增长的重要动力源。建设“一带一路”旨在同沿线各国分享中国发展机遇，实现共同繁荣。正如习近平总书记指出的，以“一带一路”建设为契机，开展跨国互联互通，提高贸易和投资合作水平，推动国际产能和装备制造合作，本质上是通过提高有效供给来催生新的需求，实现世界经济再平衡。特别是在当前世界经济持续低迷的情况下，如果能够使顺周期下形成的巨大产能和建设能力走出去，支持沿线国家推进工业化、现代化和提高基础设施水平的迫切需要，有利于稳定当前世界经济形势。

“一带一路”倡议的理念和方向，同联合国于2016年1月1日正式启动的《2030年可持续发展议程》高度契合，完全能够加强对接，实现相互促进。联合国秘书长古特雷斯表示，“一带一路”倡议与《2030年可持续发展议程》都以可持续发展为目标，都试图提供机会、全球公共产品和双赢合作，都致力于深化国家和区域间的联系。他强调，为了让相关国家能够充分从增加联系产生的潜力中获益，加强“一带一路”倡议与《2030年可持续发展议程》的联系至关重要。就此而言，“一带一路”建设还有助于联合国《2030年可持续发展议程》的顺利实现。

（二）国内意义

“一带一路”倡议是为了进一步加强中国和外国的贸易关系，通过与我国周边相邻的国家进行合作，建设铁路、公路、水路使得我国的生产力不断增加，这也有效地帮助我国的社会主义市场经济的发展，为我国改革创新提供了更多的机遇和空间，此外还能够有效地帮助我国提高科学技术水平，保证我国社会和谐稳定。

“一带一路”倡议帮助我国进一步加深稳定了中国地区和中亚地区、东南亚等地区的共同发展共同获利的合作发展。此外，“一带一路”倡议非常有利于我国中部以及西部的大部分地区的经济发展，有效地提高了我国中西地区的对外经济水平，从经济转型升级的角度来看，“一带一路”倡议已经帮助我国东部各个地区以及各个行业解决其内部出现的产能过剩问题，帮助我国企业开创了更加开阔的战略回旋空间。“一路”的政策为我国经济转型升级提供了足够的空间，帮助我国许多优势但不是很大的产业在东南亚地区找到了属于企业的优势。“一带”成功的实施使我国建立了完善的交通运输流，这也有效加快了我国中西部的道路建设工程的发展，不但能够减少中西部物流产生的费用，还能够很大程度上提高我国出口竞争能力，帮助我国加快经济发展速度。从现在各个地区的经济发展形式来看，要想将我国中西部的经济进行协调发展就必须加强对中西部地区生产力，同时需要引入更多专业技术性人才，将我国“一带一路”倡议中心放到中西部地区。

“一带一路”能够帮助我国东部许多的产业解决产能过剩的问题，因我国的东部正在进行污染治理工作同时因为土地价格较高、劳动力成本较高等多种因素，导致我国东部出口贸易的事态有所下降，但是由于“一带一路”倡议的实施我国与东南亚许多国家建立起了贸易关系，如今出口贸易的效果也日渐增大，同时合作贸易的开展使我国许多的交通建设也将得到非常大的益处，这对于减少我国中西部的成本使用有着非常大的帮助。“一带一路”倡议能够有效地帮助我国中部、西部进行经济建设发展，其中所关系到的省会有 14 个其中有 9 个省会在西部，这对于我国开展西部建设有着非常大的帮助，能够有效地提高我国基础建设政策、财政扶持政策、人员培养就业政策的实施，将我国中部和西部地区推向发展的最前沿，保证我国各个地区经济的发展。我国许多的文化产业的发展需要国家的大力扶持，其中就需要国家出台有利的政策，目前我国提出“一带一路”倡议，在这种背景下，企业能够充分发挥自身存在的优势，对自身产业进行调整，为企业出口发展打下坚实的基础。

第二节 “一带一路”助推我国区域协同发展

2018 年，中共中央、国务院《关于建立更加有效的区域协调发展新机制的意见》提出，以“一带一路”建设助推沿海、内陆、沿边地区协同开放，以国际经济合作走廊为主骨架加强重大基础设施互联互通，构建统筹国内国际、协调国内东中西和南北方的区域发展新格局。

一、西北地区

区域开放是区域适应改革开放大势，实现经济快速发展的必然选择，是区域参与产业分工实现产业高端化的客观需要，也是欠发达地区寻求转型升级和跨越发展的有效途径。我国西北地区地域辽阔，资源丰富，但离东部沿海较为偏远，周边环绕国家经济薄弱，大部分土地贫瘠，交通不便，一直都是我国的资源输送区和国家扶贫重点区域。西北地区地处内陆的现实是制约其对外开放的主要因素之一。“一带一路”倡议的提出和实施，为西北地区向西开放“走出去”带来了难得的发展机遇。

丝绸之路经济带的提出，在全国的经济地理格局上有了大突破，东边牵着最有活力的亚太经济圈，西边连着成熟稳定的欧洲经济圈，被认为是“世界上最大、最具有发展潜力的经济大走廊”，将融合亚欧涵盖30亿人口的巨大市场，这样的前景给西北五省带来了前所未有的大机遇，相比西部大开发的政策扶持和先进地区的帮扶，丝绸之路经济带战略从更大程度上给西北五省以更重要的经济地位和发展空间，这能给西北五省带来源源不断活力的长远福利。

随着“一带一路”的推进，西北五省的交通、能源等基建将会迎来大发展，区域间人员、物资、信息交流会膨胀式发展，若周边国家进展顺利，西北五省将会成为中国援助中亚、东欧等国家基建、金融的输血大动脉，西安、兰州、乌鲁木齐等西部核心城市将会成为丝绸之路经济带的桥头堡，可以预见，随着西北的基础设施不断完善、人员信息交流日益充分，西北的政治将更加稳定、民族融合将更加充分、能源供应将更加安全，这将是带给西北区域最大的福利。

丝绸之路经济带的目的，除了加强与沿线国家的互联互通之外，另一个更重要的目的是谋求西北地区的发展，而西北地区如青海、宁夏、甘肃等的发展所需的资源、机遇和市场，并不仅在中亚国家，更多是在我国东南沿海省份。西北地区尤其是青海、宁夏等省区要成为丝绸之路经济带的支撑点，相信最终目的是希望争取更多的国家优惠政策，吸引包括我国东南沿海省份及其他富裕国家、地区的投资，以推动本地的经济发展，民众收入提高。西北地区一方面应利用自身的优势，做好中亚国家和我国东南沿海省份“中介人”“联系人”的角色，以及加强和我国东南沿海省份的联系。另一方面，也应该考虑如何参与21世纪海上丝绸之路的建设，尤其是如何和中东、东南亚的伊斯兰国家加强合作。

西北地区要发挥新疆独特的区位优势和向西开放重要窗口作用，深化与中亚、南亚、西亚等国家交流合作，形成丝绸之路经济带上重要的交通枢纽、商贸物流和文化科教中心，打造丝绸之路经济带核心区。发挥陕西、甘肃综合经济文化和宁夏、青海民族人文优势，打造西安内陆型改革开放新高地，加快兰州、西宁开发开放，推进宁夏内陆开放型经济试验区建设，形成面向中亚、南亚、西亚国家的通道、商贸物流枢纽、重要产业和人文交流基地。

二、东北地区

发挥中国东北老工业基地的基础性地位与作用、重新振兴中国东北地区经济是中国经济发展的重大战略布局。俄罗斯也高度重视远东地区社会经济发展问题，先后制定了远东地区社会经济发展战略。中国东北地区与俄罗斯远东地区相互毗邻，经济贸易和投资合作十分密切。中国“一带一路”倡议作为区域合作发展规划和蓝图，为进一步推动中国东北地区与俄罗斯远东地区的区域合作指明了方向，提供了新的强大动力。近年来，中国东北地区与俄罗斯远东地区在基础设施建设和发展互联互通、扩大贸易和投资等各方面积极开展合作。俄罗斯北方海上通道开发和利用，能源资源开发和出口，以及跨欧亚大陆运输走廊建设，将会进一步拓展中俄经济合作空间，为中国东北地区与俄罗斯远东地区合作创造广阔的发展前景。

在“一带一路”建设全方位开放格局中，中国东北地区的战略定位主要是面向俄罗斯，开展基础设施建设和发展互联互通，即“完善黑龙江对俄铁路通道和区域铁路网，以及黑龙江、吉林、辽宁与俄远东地区陆海联运合作，推进构建北京—莫斯科欧亚高速运输走廊，建设向北开放的重要窗口”。

按照“一带一路”建设布局，中国东北地区主要是参与面向俄罗斯的丝绸之路经济带建设。它把中国东北老工业基地振兴战略与俄罗斯远东地区发展战略紧密地联系起来。明确了中国东北地区与俄罗斯远东地区合作的目标与任务，成为中国东北地区与俄罗斯远东地区合作新的强大动力。

2016 年 11 月国家发改委制定了《东北振兴“十三五”规划》，进一步明确规定了在“一带一路”建设框架下中国东北振兴战略与俄罗斯远东发展战略对接合作的方向与任务。其中包括开展“滨海 1 号”“滨海 2 号”中俄跨境运输走廊项目合作，鼓励企业参与俄跨越式发展区和自由港建设，加强航空航天、铁路、电力、现代农业、林业、矿业等领域投资合作，建设中俄科技创新合作平台，建设珲春、绥芬河—东宁、黑河、满洲里、二连浩特等开发开放和国际合作示范区。

俄罗斯政府对中国“一带一路”倡议持积极态度，把它看成是带动俄罗斯远东地区经济发展的新机遇。2015 年 5 月 8 日，中俄两国联合发表了《中俄关于丝绸之路经济带建设和欧亚经济联盟建设对接合作的联合声明》，对于推动地区合作达成广泛共识。作为优先领域将扩大投资贸易合作，促进相互投资便利化和产能合作，实施大型投资项目，共同打造产业园区和跨境经济合作区。在物流、交通基础设施、多式联运等领域加强互联互通，实施基础设施共同开发项目。

中国东北地区在“一带一路”建设布局中是面向北部开放的窗口。“一带一路”把中国东北老工业基地振兴战略与俄罗斯远东地区发展战略紧密地联系起来，成为推动中国东北地区与俄罗斯远东地区合作的强大动力。在“一带一路”框架下，中国东北地区与俄罗斯远东地区积极开展跨境公路、铁路、港口等基础设施建设，发展互联互通，建立陆海联运国际交通走廊，扩大经贸和投资领域合作，深化能源领域合作。在此基础上，中俄两国还将打造“冰上丝绸之路”、建设欧亚大陆交通走廊和能源运输大动脉。这将会进一步扩大和深化中俄两国经济合作空间，为中国东北地区与俄罗斯远东地区经济合作创造广阔的发展前景。

三、西南地区

自然概念中的西南地区包括云贵川渝桂藏等地区，这些地区面积广阔，资源丰富，尽管存在明显的区域差异，但是经济发展具有高度的相似性，普遍存在交通不便，经济发展相对落后，以制造业为主等现象。从发展区位条件来看，西南地区地形地貌多元，少数民族集中，无论是自然还是人文资源都较为丰富，有着发展旅游业与特色农业的先天条件，同时西南地区人口多，劳动力资源丰富，为劳动密集型产业的发展提供了巨大优势。

对于西南地区而言，"一带一路"建设有利于加大西南地区的经济开发力度，促进经济发展。从地理位置看，西南五省（区、市）在"一带一路"倡议中具有重要和独特的区位优势，处于西南南下出海通道的交通枢纽位置，向南连接海上丝绸之路，向北连接丝绸之路经济带，是构建"丝绸之路经济带"的重要区域，也是连接"丝绸之路经济带"和"21 世纪海上丝绸之路"的重要门户。因此，西南五省（区、市）应该充分利用其特殊的交通枢纽地位，充分发挥在"一带一路"建设中的战略通道作用，实现陆上丝绸之路和海上丝绸之路的南北贯通与东西对接。"一带一路"通过将政治互信、地缘毗邻、经济互补等优势转化为务实合作、持续增长优势。通过"一带一路"的契机，对于西南地区经济大力开发，挖掘经济潜能，将西南地区丰富的自然与人文资源转化为经济优势，从而带动西南地区的经济腾飞。

西南地区经济欠发达的一大自身原因就是受制于地形，这一地区高原、盆地较多，在西南地区与外界中形成了天然屏障，阻碍了西南地区经济与外界的联系，加剧了西南地区的落后。而"一带一路"建设建立了西南地区与沿线城市的联系，不仅有国内还有东南亚等地区，加深了西南地区经济与全国乃至国际经济的联系，为西南地区的经济发展赢得了广阔的市场，有利于助力西南地区的经济发展。发挥广西与东盟国家陆海相邻的独特优势，加快北部湾经济区和珠江 - 西江经济带开放发展，构建面向东盟区域的国际通道，打造西南、中南地区开放发展新的战略支点，形成21 世纪海上丝绸之路与丝绸之路经济带有机衔接的重要门户。发挥云南区位优势，推进与周边国家的国际运输通道建设，打造大湄公河次区域经济合作新高地，建设成为面向南亚、东南亚的辐射中心。推进西藏与尼泊尔等国家边境贸易和旅游文化合作。

中国将与亚欧大陆相关国家合力打造世界上最长、最具经济发展活力的海上和陆上经济大走廊。"一带一路"涉及经济贸易、政治外交、人文交流等诸多领域，国家的顶层设计和科学规划虽然至关重要，但同样离不开周边地区的积极参与。作为丝绸之路经济带上的西南地区，如何把握机遇，乘势而上，依托自身地缘经济政治优势，顺应国家总体战略，寻求对外开放新路径，已经成为亟待解决的现实问题。在这种有利条件下，西南五省（区、市）应该紧密围绕加快内陆地区开放型经济建设这一中心，借助“一带一路”倡议的具体实施，充分利用国家新的政策红利，不断加快自身的开放步伐，积极推进内陆开放型经济，大力发展生产力。

四、中部地区

自从“十二五”以来，伴随着中部崛起战略的推行，我国的中部地区经济增速明显提高，地区生产总值同比明显增长。中部地区在一定程度上成为东部地区产业转移的承接地，因而第二产业占比提高，投资金额也有显著提高。但是考虑到中部地区本身具有的资源优势，目前的发展趋势还不能说完全尽如人意，中部地区未来还有很大的发展空间。

中部地区虽然不是重点，但在 2015 年由国家发改委、外交部、商务部联合发布的《推动共建丝绸之路经济带和 21 世纪海上丝绸之路的愿景与行动》中还是提到了“内陆地区”，要求利用内陆纵深广阔、人力资源丰富、产业基础较好的优势，依托长江中游城市群、中原城市群等重点区域，推动区域互动合作和产业集聚发展。在“一带一路”倡议的大背景下，中部地区位于东西部区域的中间地带，可以充分利用其地理位置上的优势进行发展。我国东部地区经济进行产业升级，高新技术和制造业集聚，而西部地区资源丰富，是我国重要的原材料产业基地，无论从哪个方向的资源或是产品流通都必须经过中部地区。因而中部可以发挥枢纽的战略作用，成为中国经济协调发展的助推器。

中部地区的地理位置虽然不处于对外开放的前沿，但是位于内陆和内海两块开放区域的中间，可以说具备优良的区位条件，资源丰富，交通网络发达。目前其存在的主要问题是由于发展的滞后性，基础设施不够完善，产业转型遇到一定的困难，对外开放程度不高等。山西、河南两省地理位置优越，正好处于亚欧大陆桥的枢纽地区，因而可以针对产业基础以及交通基础设施方面有所发展。

中部地区要想真正成为一个战略枢纽和连接东部和西部的桥梁，就必须提高其交通和物流的能力。具体来说，应该依托我国的长江经济带，构建完整的路桥经济带；从连云港到阿拉山口连成一线，将之与长江经济带作为两条重要的战略线，连接东西部地区，提高合作的效率；成为东西协调发展的战略枢纽，并依托东西部的战略合作，提高本区域内的经济发展，并尽快完成产业的升级调整；加大基础设施的建设力度，建立自由贸易区，加大对陆上交通，航空口岸的建设力度，提高物流服务的能力。

利用内陆纵深广阔、人力资源丰富、产业基础较好优势，依托长江中游城市群、成渝城市群、中原城市群、呼包鄂榆城市群、哈长城市群等重点区域，推动区域互动合作和产业集聚发展，打造重庆西部开发开放重要支撑和成都、郑州、武汉、长沙、南昌、合肥等内陆开放型经济高地。加快推动长江中上游地区和俄罗斯伏尔加河沿岸联邦区的合作。建立中欧通道铁路运输、口岸通关协调机制，打造“中欧班列”品牌，建设沟通境内外、连接东中西的运输通道。支持郑州、西安等内陆城市建设航空港、国际陆港，加强内陆口岸与沿海、沿边口岸通关合作，开展跨境贸易电子商务服务试点。优化海关特殊监管区域布局，创新加工贸易模式，深化与沿线国家的产业合作。

五、沿海经济带与港澳台地区

我国已经确定广州、泉州、宁波、扬州、漳州、连云港、北海等为“海上丝绸之路”的节点城市，通过这些节点将我国与东盟、中亚、非洲、大洋洲和欧洲紧密地连接起来。而且这些地区还正在通过连片式的“自由贸易区”建设进一步提升对外开放的水平，依然是我国全面对外开放的重要引擎。

“一带一路”建设无疑是沿海各地“十三五”规划建议中出现频率最高的热词，深度融入国家“一带一路”倡议，构建对外开放的新格局，被各地排上首要日程。江苏将依托“一带一路”交汇点和新亚欧大陆桥经济走廊东方起始区域的独特区位优势，打造“一带一路”建设辐射带动力强的重要开放门户；未来，上海将积极推进与“一带一路”沿线国家和地区合作，鼓励上海优势企业布局海外，努力将上海打造成“一带一路”倡议重要枢纽城市；海洋经济大省广东则提出，要建设“一带一路”倡议枢纽和经贸合作中心，以经贸合作为重点，加强与“一带一路”沿线国家合作，在陆海内外联动、东西双向开放的全面开放新格局中发挥重要引擎作用。

“十三五”期间，河北要提升港口服务功能和综合运输能力，与天津共建北方航运中心，打造“一带一路”东部北方起点。天津将发挥海上丝绸之路战略支点作用，加快建设成为战略枢纽。福建在打造海上丝绸之路核心区的过程中，要发挥海上海外优势，努力成为推进“一带一路”建设的排头兵和主力军。山东将积极参与国家对外开放陆海大通道建设，建设东亚海洋合作平台，打造东北亚及环太平洋合作重要平台。

2017 年，国家发改委和国家海洋局联合发布《“一带一路”建设海上合作设想》（以下简称《设想》），提出将与“一带一路”沿线国家合作建设三条蓝色经济通道，开展全方位、多领域的海上合作，共同打造开放、包容的合作平台，推动建立互利共赢的蓝色伙伴关系，铸造可持续发展的“蓝色引擎”。

根据《设想》，要重点建设的三条蓝色经济通道分别是：以中国沿海经济带为支撑，连接中国－中南半岛经济走廊，经南海向西进入印度洋，衔接中巴、孟中印缅经济走廊，共同建设中国－印度洋－非洲－地中海蓝色经济通道；经南海向南进入太平洋，共建中国－大洋洲－南太平洋蓝色经济通道；积极推动共建经北冰洋连接欧洲的蓝色经济通道。

《设想》同时明确，海上合作重点是围绕构建互利共赢的蓝色伙伴关系，创新合作模式，搭建合作平台，共同制订若干行动计划，实施一批具有示范性、带动性的合作项目，共走绿色发展之路，共创依海繁荣之路，共筑安全保障之路，共建智慧创新之路，共谋合作治理之路，实现人海和谐，共同发展。

利用长三角、珠三角、海峡西岸、环渤海等经济区开放程度高、经济实力强、辐射带动作用大的优势，加快推进中国（上海）自由贸易试验区建设，支持福建建设21世纪海上丝绸之路核心区。充分发挥深圳前海、广州南沙、珠海横琴、福建平潭等开放合作区作用，深化与港澳台合作，打造粤港澳大湾区。推进浙江海洋经济发展示范区、福建海峡蓝色经济试验区和舟山群岛新区建设，加大海南国际旅游岛开发开放力度。加强上海、天津、宁波－舟山、广州、深圳、湛江、汕头、青岛、烟台、大连、福州、厦门、泉州、海口、三亚等沿海城市港口建设，强化上海、广州等国际枢纽机场功能。以扩大开放倒逼深层次改革，创新开放型经济体制机制，加大科技创新力度，形成参与和引领国际合作竞争新优势，成为“一带一路”特别是21世纪海上丝绸之路建设的排头兵和主力军。发挥海外侨胞以及香港、澳门特别行政区独特优势作用，积极参与和助力“一带一路”建设。为台湾地区参与“一带一路”建设做出妥善安排。

第三节 “一带一路”开展国际区域优化合作

一、“一带一路”将地缘空间有机融合

中国的“一带一路”倡议超越了传统地缘政治。中国所倡导的“一带一路”强调沿线国家之间的经济合作，强调国家之间的政策沟通，以便推动沿线各国之间的贸易自由、投资便利和金融自由化，因此更强调地缘经济。“一带一路”倡议超越了传统地缘政治经济学以控制者获取最大利益为目的的生存法则，强调所有参加国共享“一带一路”所创造的经济环境给各国带来的经济利益。因此，“共商、共建、共享”成为“一带一路”倡议的核心思想，即是强调以经济全球化为目标的新地缘政治经济学。通过“一带一路”倡议的落实，创造一个陆地和海洋，乃至全球的贸易自由化、投资便利化、金融自由化的国际经济环境，而这

种环境的建设要以“共商、共建”的原则开启，形成各国商量着办的国际经济治理模式，并以“共享”作为“一带一路”的目标。

纵观改革开放40多年的历程，立足我国基本国情、结合自身发展阶段和要素资源禀赋条件，与时俱进实施了一系列对外开放战略。改革开放初期，我国实行的对外开放战略。在新世纪之交，我国又提出了实施走出去战略，鼓励和支持企业开展对外直接投资。同时，紧紧抓住加入WTO的契机，积极推动国内规则与国际规则接轨。这些战略的提出与实施，对于推动我国国内改革和发展、提高对外开放层次和水平发挥了不可或缺的重要作用。但这些战略大多仅侧重于涉外经济的某个领域或某些方面，开放的内容和范围不够全面完整，开放的路径和重点也不够明晰具体。而“一带一路”倡议的提出，不仅突破了这些战略的专一性和局限性，而且融合了这些战略的契合点和交汇点，从而成为新的历史条件下更好统筹我国出口和进口、引进来和走出去、全球经济合作和区域经济合作的最具综合性的国家开放战略。这将对我国实行更加积极主动的开放战略、推动形成全方位开放新格局具有重要的引领和支撑作用。

“一带”着眼从陆上加快向西开放，经中亚、俄罗斯、中东欧、西亚延伸至欧洲。而中亚地区是我国向西开放的重要战略支点和陆上运输通道要塞。这条国际大通道一旦全面建成，我国对欧洲的货物出口不仅可以降低运费、缩短约2/3的货运周期，而且可以有效减轻或纾解我国对外海上运输的压力，其战略优势和价值尤为明显。中亚地区是“一带”的重要支点。现阶段，应优先考虑以推进铁路、公路、光缆、石油天然气管道等基础设施互联互通为重点，着力打通向西经济走廊和陆上运输通道，积极推动双多边经贸投资及产业合作上规模、上水平，逐步强化我对该地区的经济辐射力和影响力，为日后深入开展双多边贸易投资协定谈判奠定基础。

“一路”主要着眼从海上由东向西开放，经东南亚、南亚至印度洋，进而延伸至欧洲。这条大通道建设将注重深化与沿线各国和地区经贸投资全面务实合作，加强港口基础设施互联互通和海上合作，推动海洋经济伙伴关系深入发展。东盟和南亚国家是“一路”的重要支点，这些国家大多属于发展中国家和新兴经济体，与我国山水相连、边境毗邻，是我国发展周边外交关系的重中之重。现阶段，我应立足东盟、着眼周边、辐射南亚，力争在深化海洋经济合作、推进海上丝绸之路建设方面取得新进展。因此，共同打造中国—东盟自由贸易区升级版，应是当前“一带一路”建设的重中之重。虽然东盟少数成员国与我国在领土主权和海洋权益方面存在分歧和争议，但随着这一升级版的成熟定型，东盟整体与我国经济的互补性、互利性和互依性将更加凸显，这将有助于消除或缓解由此带来的负面影响。

二、推进六大经济走廊建设

“一带一路”推进中蒙俄、新亚欧大陆桥、中国—中亚—西亚、中国—中南半岛、中巴、孟中印缅六大国际经济走廊的建设，沿线国家积极参与世界最长经济走廊建设。

（1）中蒙俄经济走廊。中蒙俄三国地缘毗邻，有着漫长的边境线，且发展战略高度契合，如果能够把丝绸之路经济带倡议同俄罗斯跨欧亚大铁路、蒙古国草原之路倡议进行对接，通过加强铁路、公路等互联互通建设，推进通关和运输便利化，促进过境运输合作，促进旅游、智库、媒体、环保、减灾救灾等领域务实合作，就能够打造一条中蒙俄经济走廊，实现中蒙俄的共同发展目标。中俄蒙三国元首 2014 年 9 月第一次会晤表示，将丝绸之路经济带同俄罗斯跨欧亚大铁路、蒙古国草原之路对接，打造两条中蒙俄经济走廊。这两条经济走廊分别为：华北地区从京津冀到内蒙古呼和浩特，再到蒙古国和俄罗斯；东北地区从大连、沈阳、长春、哈尔滨到内蒙古满洲里和俄罗斯的赤塔。2016 年 6 月，作为中俄蒙三国元首第三次会晤的重要成果，中蒙俄三国《关于编制建设中蒙俄经济走廊规划纲要的谅解备忘录》的签订将丝绸之路经济带与欧亚经济联盟建设对接。标志着三国“一带一路”框架下对接与合作取得重要进展。2016 年 6 月，俄罗斯总统普京访华，中俄全面战略协作伙伴关系推向更高水平，在安全领域的合作将推动中蒙俄经济走廊加快发展。

（2）新亚欧大陆桥经济走廊。新亚欧大陆桥是一条从中国东部城市江苏连云港到荷兰鹿特丹港的国际化铁路交通干线，全长 10900 公里，辐射世界 30 多个国家和地区。其中途经的波兰连续 11 年成为中国在东欧最大贸易伙伴，目前中波已有多条铁路干线用于中国与欧洲的贸易。不足之处在于，新亚欧大陆桥横贯欧亚大陆，沿线途径中国、哈萨克斯坦、俄罗斯、波兰等众多国家，通关成本高。因此，如何依托便捷的铁路运输系统，推动沿线国家通关便利化、贸易和投资便利化等，建设一条便捷高效的经济大通道，是新欧亚大陆桥经济走廊建设的重要课题。

（3）中国—中亚—西亚经济走廊。与亚欧大陆桥突出铁路交通优势不同，这条链接中国—中亚和西亚沿线国家的经济走廊是一条能源大通道，是中国—中亚石油管道和天然气管道的必经之地。该走廊从中国新疆出发至波斯湾、地中海沿岸和阿拉伯半岛，主要涉及中亚五国和西亚的伊朗、沙特阿拉伯等国，是中国—中亚石油、天然气等能源的大通道，国内辐射新疆、陕西、甘肃等地。哈萨克斯坦的“光明之路”、塔吉克斯坦的“能源交通粮食”三大兴国战略、土库曼斯坦的“强盛幸福时代”等国家发展战略都与丝绸之路经济带建设找到了契合点。

（4）中国—中南半岛经济走廊。随着中国与同盟自由贸易区的发展，中国珠三角经济圈与中南半岛国家的经济联系日益密切，在中国—东盟命运共同体架构下，一条链接珠三角经济圈与中南半岛国家的经济走廊开始浮现。该走廊东起珠江三角洲经济圈，沿南广高速公路、南广高铁，经南宁、凭祥、河内至新加坡。2015 年 11 月，习近平总书记访问越南，推动了“一带一路”和“两廊一圈”对接；2016 年 5 月，老挝国家主席本扬 · 沃拉吉到访中国，双方共同推动了中国“一带一路”倡议和老挝“变陆锁国为陆联国”战略有机结合；2016 年 6 月，柬埔寨国王西哈莫尼访华，“一带一路”与柬埔寨的国家发展“四角战略”有机对接。

（5）中巴经济走廊。随着“一带一路”构想的成熟，中巴经济走廊被纳入“一带一路”的总体规划。该走廊北起新疆喀什、南至巴基斯坦瓜达尔港，全长 3000 公里，连接丝路经济带与 21 世纪海上丝绸之路，是包括公路、铁路、油气和光缆“四位一体”的贸易走廊。2015 年，习近平总书记出访巴基斯坦，将中巴关系提升为全天候战略合作伙伴关系，双方签署并发表了中巴建立全天候战略合作伙伴关系的联合声明，中巴合作涵盖交通基础设施、能源、农业、贸易、金融、海洋科学等领域，加强了中巴经济走廊及区域经济建设。随着一系列建设项目的推进，中巴经济走廊北通丝绸之路经济带，南接 21 世纪海上丝绸之路，成为一条贯通南北丝绸之路的枢纽，一条包括公路、铁路、油气和光缆通道在内的贸易走廊。2015 年 4 月 8 日，“中巴经济走廊委员会”在伊斯兰堡正式成立，这也标志着中巴经济走廊确立了组织依托，走上了制度化的开发轨道。

（6）孟中印缅经济走廊，缘起《昆明倡议》为代表的孟中印缅地区经济合作构想。2013 年孟中印缅经济走廊提出，四国建立经济合作机制。孟中印缅经济走廊的建设，有利于中国西南部地区提高对外开放的水平，加强云南、广西、西藏等省区同南亚及东南亚国家的联系。孟中印缅经济走廊综合运输规划包括“三横五纵”8 条运输通道、33 个运输枢纽的规划方案，全面反映了四国利益诉求，促进了互联互通建设。尽管孟中印缅经济走廊仍然存在一些棘手的问题，但各方合作潜力巨大，特别是将珠三角经济圈与印度经济连接起来，对沿线国家的发展是一个巨大的推动，特别是中国和印度两国，要着眼于推进发展规划的互联互通，充分发挥各自优势，在推进孟中印缅经济走廊建设中发挥引领作用。

第三章

京津冀一体化协同发展

第一节　京津冀一体化建设

京津冀包括北京市、天津市以及河北省的保定、唐山、廊坊、石家庄、邯郸、秦皇岛、张家口、承德、沧州、邢台、衡水11个地级市和定州、辛集两个直辖市。京津冀三地，地缘相近，人缘相亲，历史同源，文化同脉，渊源深厚。从新中国成立到现在，三地之间无论是在行政区划，还是产业、市场等领域，都始终存在着千丝万缕、错综复杂的联系。改革开放后，伴随着世界范围内区域经济一体化浪潮的推进，京津冀一体化进程日渐浮出水面。从20世纪80年代京津区域合作概念诞生伊始，在中国30多年的改革开放历程中，无论是各级政府层面，还是各路专家学者，都对京津冀一体化投入了诸多热情，出台了涵盖各个层面的一系列战略规划，绘就了一幅幅近乎完美的发展蓝图。然而，令人遗憾的是，很长一段时期内，京津冀一体化进程依然更多地处于自然、自发阶段，经济运行的分散化大于一体化，分割强于依存，排斥多于合作，原有计划经济体制下遗留的一些不合理、不平等因素仍然在发挥作用，在区域经济发展过程中引发了诸多矛盾和问题。直到2014年，京津冀协同发展上升为国家战略，才正式掀开了京津冀区域一体化发展的新篇章。

一、京津冀一体化历程

河北省作为新中国的建制省，设立于1949年7月12日。中共河北省委、省人民政府的成立，是河北省政治历史中的一件大事，标志着河北省结束了以往几个行政区的分割历史。然而，为了便于领导，恢复与发展生产和进行各项建设事业，1949年9月，北平改为北京，同年11月，天津成为直辖市，以这两大事件为标志很快出现了京津冀行政区划的两次调整。

由于这一时期刚好处于新中国成立后国民经济的起步发展期，各种矛盾和问题有待于化解，经济社会百废待兴。而此时京津冀行政区划不断调整与变更的一个重要原因是资源和国土资源的分配解决问题。第一次行政区划调整主要集中在1950～1958年，其突出特点是京津冀三地行政区划的不断调整与变更。第二次行政区划调整出现在1958年底～20世纪70年代末。与第一次调整相比，此次的区划调整的突出特点则是：河北省不断将部分行政区调整到了天津市，进一步充实了天津市的地域范围。1979年，行政调整结束，京、津、冀三个独立的行政区划基本形成。行政区划的调整，深刻揭示出了三地间盘根错节的基于经济利益、政治利益和社会发展利益等多元利益博弈背后的历史根源。

京津冀的区域合作，早期以经济技术协作为主要内容，随着我国经济技术制度的建立与完善而逐步展开。在20世纪50年代初期，三地之间固有的经济关系比较密切，经济联系较为畅通，经济技术协作与往来较多。京津城市功能集聚是以经济功能膨胀为先导，直接导致了周围生产要素的集中，导致了与河北省同类产业争资源、争能源、争投资、争项目，使本来一些按经济规律和城市功能应投入河北省的建设资金和项目，投向了京津两市。

这一时期的区域合作主要是围绕区域自然资源而展开的，而且是在指令性计划的行政强制手段下进行的，因此，这并不是现代意义上的区域合作。由于计划经济体制的影响，造成了经济发展质量低，以及资源禀赋的差异，造成了自然资源在区域之间的流动，从而形成了粗放型经济增长模式。这一时期区域经济处于失衡和畸形发展状态，特别是由于区域经济系统中的内在联系缺乏动力，使其经济发展始终停留在一个低级而松散的层面。

随着改革开放与国民经济的迅速发展，京津冀区域经济进入了一个产业结构急剧变动时期，各地区根据自己的发展战略目标、经济结构调整路径、体制创新以及各项产业政策的实施，初步实现了工业化中期的主要目标。三方之间的经济技术合作逐步加强。为了推动经济迅速发展，1981年，华北地区率先打破地区分割，成立了全国最早的区域协作组织——华北地区经济技术合作协会，开展区域经济联合。这可以被看作是改革开放初期，华北地区推动一体化进程的雏形。1982年的《北京城市建设总体规划方案》中最先提出了“首都圈”的概念。在当时，“首都圈”由两个圈层组成：北京、天津两市和河北省的唐山、廊坊和秦皇岛三市组成内圈；外圈则包括承德、张家口、保定和沧州4市。这个规划也被认为是首都经济圈发展规划的最早版本。

之后不久，京、津、冀、晋、内蒙古五省（区、市）在呼和浩特市召开了第一次华北地区经济技术协作会议，成立了第一个区域协作组织——华北地区经济技术协作区。主要通过高层会商，解决地区间的物资调剂，指导企业开展横向经济联合。它的成立有效地促进了地区间的物资协作，在解决区域内各省区物资短缺方面发挥了显著作用。1986 年以后，华北协作区显现出区域范围过大、地区间经济关联度低、凝聚力下降的弊端和没有日常工作机构的组织缺陷，在经历 1982 ~ 1990 年 7 次会议后销声匿迹。

1988 年，北京与河北环京地区的保定、廊坊、唐山、秦皇岛、张家口、承德 6 地市组建了环京经济协作区，建立了市长、专员联席会议制度，设立了日常工作机构。协作区以推行（系统）联合为突破口，带动企业间的联合与协作，建立起地区企业间的广泛联系，卓有成效地推进了区域经济合作。20 世纪 80 年代中期，北京与环京地市合作建立了肉蛋菜生活资料基地和纯碱、生铁等生产资料基地。到 90 年代发展到共建港口、道路等多领域合作。在环京经济协作区的运行下，创办了农副产品交易市场、工业品批发交易市场，组建了信息网络、科技网络、供销社联合会等行业协作组织，在地区企业之间建立起广泛的联系。但自 1994 年后，环京经济协作区也进入了走走停停的状态。由于缺少了区域协调机构，企业之间、地区政府之间无序竞争、重复建设也愈演愈烈，区域生态环境破坏严重，沙尘暴连年冲击京津地区。

以 1992 年邓小平同志南方谈话和中共十四大的召开为标志，在中国大地上掀开了建立社会主义市场经济体制，加快发展、集中精力把经济建设搞上去的新篇章。这个时期是我国改革开放发展的加速期，也是京津冀单打独斗、盲目竞争期。1995 年，河北省确立了“两环开放带动（内环京津，外环渤海）”战略在全省经济发展中主体战略的地位。“两环开放战略”的提出，对于推动河北省经济发展，促进京津冀经济一体化，扩大对以京津为代表的国内开放和以三大港口为支点的对外开放，发挥了重要作用。

自 1996 年以来，京津冀区域合作开始复兴，合作步伐加快、力度加大、领域拓宽、规模增大、方式增多，层次有所提高。1996 年北京制定《1996 ~ 2010 年北京市经济发展战略研究报告》，提出“2 + 7”模式首都经济圈（以京津为核心，包括河北省的唐山、秦皇岛、承德、张家口、保定、廊坊、沧州）。为理顺城市和区域发展的关系，推进首都城市的现代化和国际化，促进京津冀城市和区域间的合理分工，吴良镛[①]院士会同相关部门展开《京津冀（大北京地区）城乡空间发展规划研究》，从而将京津冀一体化发展研究提升到了一个新的阶段。在这份规划里，“大北京”规划的基本思路是以北京、天津“双核”为主轴，以唐山、保定为两翼，廊坊为腹地，疏解大城市功能，调整产业布局，发展中等城市，增加城市密度，构建“大北京”地区组合城市；京、津两大枢纽进行分工与

① 吴良镛（1922 年—），中共党员、民盟盟员，清华大学教授，中国科学院和中国工程院两院院士。中国建筑学家、城乡规划学家和教育家，人居环境科学的创建者。先后获得“世界人居奖”、国际建筑师协会“屈米奖”“亚洲建筑师协会金奖”“陈嘉庚科学奖”“何梁何利奖”以及美、法、俄等国授予的多个荣誉称号。2018 年 12 月，获改革先锋称号，得授改革先锋奖章，并获评人居环境科学的创建者。

协作，实现区域交通运输网从“单中心放射式”向“双中心网络式”转变；城市沿区域交通轴，呈葡萄串式分布发展，相互以生态绿地连接；建立行之有效的区域协调合作机制，在区域整体协调原则指导下，对这一地区原有城市总体规划进行调整，共同推进建设世界城市的战略。

总体来看，基于当时快速的经济社会发展现实，无论是京津冀三方微观主体，还是国家宏观层面，都日益重视区域的一体化统筹推进，经济合作领域的对接日益密切。随着市场经济体制的建立，以政府为主导的区域合作日益不能适应市场经济体制下的“小政府、大市场”的转变，而以市场为导向的区域合作体制远未形成。因此国有经济占主导地位，区域合作更多的是以政府为主导。这一时期合作的深度和广度都获得了空前的发展，从经济领域扩展到非经济领域，而且建立了新型的正式合作机制，签署了正式合作的框架协议。在三地各自的发展战略规划中，都寄予了对方以及京津冀整体区域足够的重视与期望。

此时的区域协作暴露出“政府与市场双乏力”的尴尬，从而导致京津冀三方仍以各自的经济发展作为各项工作的根本出发点，对于一体化进程的实质推动仍非常缓慢。三地之间的竞争关系远远超过协作。三地在资源、能源、投资、项目等领域的集中竞争，使得三地之间的关系更加的“微妙化”。

进入21世纪后，随着经济全球化和我国加入WTO，以广州、深圳为核心的珠江三角洲和以上海为核心的长江三角洲经济先发地区，掀起了新一轮区域经济合作浪潮，并由此带动了整个区域社会经济的进一步发展。在这种形势下，京津冀都市圈的合作再次受到政府、企业以及理论界等各个层面的高度关注。由于区域合作已成为世界经济发展的必然趋势，打破行政界限，整合区域资源，加强区域合作，提高区域整体竞争力，是地区经济社会发展的必然选择。京津冀三方对区域经济合作的认识不断提高，进行区域合作的愿望日益增强。

2004年2月，国家发展改革委员会地区经济司召集北京市、天津市、河北省暨秦皇岛、承德、张家口、保定、廊坊、沧州、唐山等市召开了京津冀区域经济发展战略研讨会，最后达成了加强区域合作的“廊坊共识”。2004年6月，环渤海合作机制会议在廊坊举行，会议达成《环渤海区域合作框架协议》，确定这个合作机制名称为环渤海区域经济合作联席会议，为环渤海地区的政府官员、企业家、专家学者提供一个高层次、有组织的定期磋商机制，以加强内部交流、协调和对外经济合作。廊坊共识及环渤海区域合作框架协议是目前京津冀地区区域治理最为重要的标志性事件，也是迄今为止取得的最为重要的成果。

2010年10月，河北省政府《关于加快河北省环首都经济圈产业发展的实施意见》正式出台，提出了在规划体系等6个方面启动与北京的“对接工程”，标志着河北省“环首都绿色经济圈”规划的出台。然而，在有关环首都经济圈的表述上，北京提出的“首都经济圈”与河北仍有着微妙的不同。河北提出建设京东、京南、京北三座新城承接北京人口，北京的“首都经济圈”的重点是卫星城的建设。

随着国家“十二五”规划纲要发布，京津冀一体化发展，迎来了前所未有的发展机遇。进一步推进包括京津冀在内的三大区域（三大区域为：京津冀、长江三角洲、珠江三角洲地区）的经济一体化发展，“打造首都经济圈”，重点推进包括河北沿海地区在内的五大区域（五大区域为：河北沿海地区、江苏沿海地区、浙江舟山群岛新区、海峡西岸经济区、山东半岛蓝色经济区）的发展。这标志着以京津冀为核心的首都经济圈和河北沿海地区发展规划上升为国家战略。2014 年 1 月，北京市《政府工作报告》提出，落实国家区域发展战略，积极配合编制首都经济圈发展规划，抓紧编制空间布局、基础设施、产业发展和生态保护专项规划，建立健全区域合作发展协调机制，主动融入京津冀城市群发展。

这一时期是京津冀区域合作的重要历史转折期，其展现出来的区域合作的特点集中体现为：国家层面上积极推动京津冀一体化的进程日益加快；政策的顶层设计，协同机构的设立，使得京津冀协同发展的目标定位进一步明确，推动了京津冀一体化发展上升到了一个前所未有的历史新高度；在各项政策的引导与推动下，京津冀三地产业的对接、基础设施的互联互通等一系列跨区域实质性合作陆续展开，推动着京津冀一体化不断向纵深拓展。

京津冀协同发展战略上升为国家战略，并在国家层面的若干政策规划文件中得到不同程度的强化，国家对这一区域发展的重视达到了空前高度。习近平总书记于 2014 年主持召开京津冀三地协同发展座谈会，强调京津冀要抱团发展，要求北京、天津、河北三地打破“一亩三分地”的思维定式，实现京津冀协同发展。并强调实现京津冀协同发展，是面向未来打造新的首都经济圈、推进区域发展体制机制创新的需要，是一个重大国家战略，并要求抓紧编制首都经济圈一体化发展的相关规划。自京津冀都市圈这一概念提出十年之后，升为国家战略，迎来重大历史性突破，京津冀协同发展进入了“快车道”时期。

2015 年，中央政治局会议审议通过《京津冀协同发展规划纲要》。指出推动京津冀协同发展是一个重大国家战略，核心是有序疏解北京非首都功能。这标志着京津冀协同发展已经完成顶层设计，将进入一个新阶段。同年国际奥委会第 128 次全会投票决定，北京和张家口联合举办 2022 年冬奥会，这加快了京津冀协同发展的步伐，成为京津冀一体化融合的催化剂。在此之后，在中央和各地方政府的积极行动下，交通一体化进展迅速、产业对接与协同创新有序推进、漫游费、长途费取消等一系列惠及民生和经济社会实质性发展的工作取得重要突破。

随着市场体制的不断完善，区域合作开始由过去的单一的政府主导型逐步向政府与市场共同推动型转化。尤其是市场体制的主导作用在不断增强，区域合作的内生动力逐渐增强。因此，涉及各具体领域的一体化规划不断签署，京津冀三地高层领导频繁接触，一体化体制机制进入了破冰期，推动了京津冀区域合作进程进入了更具实质意义的阶段。虽然区域合作领域较上一阶段有所扩大，但多为资源、生态和环境保护等方面的合作，合作领域的广度和深度十分有限；涉及经济发展、产业对接、资源共建共享等实质性领域的合作，更多的依然停留在战略概念层面上。

综观从新中国成立后到现在，不难看出，70 多年的历史长河里一直闪烁着京津冀三地水乳交融的光芒。无论是曾经行政区划的调整与变更，还是今日产业的承接与疏解、经济的互融与互通，都彰显了三地固有的同根共源的密切关系。60 多年的中国区域经济发展史，也是京津冀一体化在跌宕起伏中不断前行的历史。伴随着体制改革的深化、政府调控职能的科学化和国家治理体系的现代化，有理由相信，实现三地本质意义上的协同发展，共享改革发展成果，携手打造世界级城市群，指日可待。

二、京津冀一体化发展中存在的问题

改革开放以来，京津冀地区的经济增长都取得了较快的发展，但是三个地区经济发展的差距仍然比较大。北京和天津都是中国的直辖市，环渤海地区的重要中心城市。作为中国的首都，北京有着其他城市不可比拟的科技智力支撑以及位居前列的经济实力和历史沉淀。天津市和河北省靠近北京既是优势，也是劣势。河北省很多城市地处于山区，交通、通信等基础设施落后。区域经济一体化客观要求各城市和地区之间发展程度较接近并且各有自己的发展特色。尽管京津冀合作取得一定进展，但京津冀三地经济差距较大，严重影响着京津冀区域经济一体化发展，京津冀合作、一体化还有一些问题待解决。

京津冀地区的区域发展差距主要体现为河北省与北京市、天津市的经济发展和居民收入的差距，教育、医疗等公共服务水平的差距更大。市场的投资环境在区域一体化过程中起着基础作用，活跃的市场氛围和开放的投资环境对于实现区域内生产要素的自由流动和优化配置至关重要。京津冀地区具有开放程度较高和投资相对集中的特点，但是区域内经济发展主要依靠自筹资金，其他渠道的资金和利用方式较为匮乏。河北省依赖传统的基础，没有能够很好地利用京津的开放市场来发展自己，没有吸引足够充分的市场投资。

在产业结构中，产业的互补性对于区域一体化的产业经济发展至关重要。在京津冀一体化的发展过程中，虽然京津冀地区发展较快，但受传统经济体制的影响，各地区发展处于相对独立的经济领域，没有形成很好的产业分工。京津冀产业价值链的空间联系不紧密，也就是产业的地域分工不合理，区位优势没有得到充分发挥而导致产业同构和重叠现象。

京津冀地区均以传统工业为基础，这不仅限制了本地区目前的产业发展，造成环境污染和资源不合理利用，而且制约了产业的优化和升级，缺乏长久的发展潜力。各地区之间的重复建设严重，没有整体的规划和合理分工，产业同构现象严重，导致整个区域不能形成很好的协同效应。比如北京的首都优势、天津的港口优势、河北的资源优势，这些区位优势没有形成整体竞争优势，反而这三个地区在发展过程中相互封闭，相互争资源和争投资，长此以往必然导致京津冀区域出现产业同构和重叠现象，不利于发挥京津冀区域的整体性效益。市场投资环境一体化程度低、产业同构现象严重、产业一体化程度低，这些特点表明了京津冀一体化发展仍然面临着很大的问题。

在京津冀一体化的发展过程中，虽然北京和天津地区具备经济发展的独特优势，产业转移也具有较好的辐射功能，但河北省没能充分发挥自己的优势，未能有效地吸收京津地区的辐射效益来促进自身的发展。京津冀地区整体上呈现出产业链转移的承接能力薄弱的特点，导致了产业结构的不完善和低水平，也表明了京津冀一体化发展仍然处于低级阶段。

京津冀总体污染状况持续加重，其中主要是水资源和大气污染治理问题。改革开放以来，京津冀区域人口急剧增加，工业发展加快，交通工具越来越机动化，由此带来的废水、废气、废渣大量增加，而很多废水、废气、废渣不经有效达标治理就大量排放，破坏了这些地区整体环境的自然形态，使京津冀区域生态环境遭到严重污染。近年来京津冀区域海水入侵和土壤盐渍化严重，局部地区呈加重趋势，区域近岸海域污染程度连续多年位居全国之首，范围不断扩大，重度污染面积四年增长近两倍。由于过量开采地下水资源，导致水资源严重短缺。工业和城市挤占农业用水，农业用水又挤占生态环境用水，最终导致生态环境恶化。导致地面随之沉降，还引发了一系列环境问题：这种水资源的开采和利用状况严重影响了京津冀区域内经济的可持续性发展。京津冀大气污染防治工作依然十分严峻，大气污染物排放总量仍超过环境容量，大气环境严重超标情况短期内难以发生根本性变化。

城市病问题，突出表现为中心城区交通拥堵、房价高昂、环境污染等问题。京津冀的人口集聚突出表现为北京、天津人口增长过快，而河北人口集聚力不足。北京、天津的人口集聚能力、吸纳就业能力均明显高于河北省。北京市人口的过度集聚，产生了一系列的社会问题：交通日益拥堵、人均通勤时间居全国首位、房价持续高涨等；此外，还有城市和区域规划、建设、管理不完善，如城市增长边界不明确、生态廊道没有很好控制、交通基础设施没有形成网络、城市内部路网密度偏低、交通管理不严格等。

三、京津冀一体化协同发展的意义

京津冀协同发展思想是马克思主义中国化的重要体现，是立足国家战略全局、实现“两个一百年”目标的理论创新。新时代中国特色社会主义思想，坚持和继承了马克思主义思想，是中国特色社会主义理论体系的最新发展，开创了马克思主义中国化的新境界。京津冀协同发展战略思想是新时代中国特色社会主义思想的重要体现，它紧紧抓住国际国内发展大局，围绕实现“两个一百年”奋斗目标和中华民族伟大复兴的中国梦，立足大国崛起的全局战略，体现“大国首都”建设风范，从整体上长远谋划中国特色首都治理体系和京津冀区域一体化发展战略举措，形成了一套系统完整的区域治理思想体系。

京津冀协同发展打破行政壁垒，探索协同发展的新机制，为全国区域协调发展体制机制创新提供新经验。京津冀区域发展面临的问题，一定程度上折射出我国市场经济发展中面临的体制机制问题。京津冀协同发展必然要求市场一体化、构建区域产业链、协调环境治理与经济发展的关系、实现公共服务均等化。实现协同发展目标，需要区域之间的协调与互补，突破行政区划的限制，打破条块分割、各省市各自为政的格局，建立有效的政府激励机制和市场推动机制。政府激励机制是指地方政府要有动力实施解决“大城市病”的疏堵结合的政策，如产业疏解政策、公共资源的共享政策等。市场推动机制是指在人口流动、交通拥堵和环境治理方面发挥市场调节机制的作用，通过价格引导资源的合理配置。京津冀协同就是要打破“一亩三分地”的思维定式，按照国家全面深化改革的要求，充分发挥市场配置资源的决定性作用，着力破除制约要素跨区域流动的制度“瓶颈”，加快建立有利于疏解非首都功能、推动协同发展的体制机制，既为京津冀协同发展提供强有力的制度保障，也能为全国其他区域创新协调发展的体制机制提供经验和借鉴。

京津冀协同发展有力推进构建跨区域协同创新共同体，打造全国创新驱动经济增长新引擎。京津冀区域创新资源丰富，但分布不均衡，三省市在创新资源、创新投入、创新成果等方面存在较大落差。北京科技资源优势独特、创新基础雄厚，集聚了全国1/3的国家重点实验室、2/3以上的院士，科技创新走在全国前列，具备建设全国科技创新中心、引领和服务全国创新发展的基础条件。相比较而言，河北省研发创新活力不足，与京津两市差距悬殊。实施创新驱动发展战略，发挥北京全国科技创新中心的引领作用，构建京津冀协同创新共同体，这既是充分释放首都科技创新资源、推动京津冀协同发展的根本动力，也是我国建设世界科技强国的重要支撑。推动京津冀协同发展，要充分利用北京的科技创新资源优势、天津的研发转化能力、河北的产业化资源条件，加快推进全面创新改革试验区建设，促进京津冀三地创新链、产业链、资金链和政策链的深度融合，推动形成协同创新共同体，打造成为引领全国、辐射周边的创新发展战略高地。

京津冀协同发展有助于整合区域优势资源。对于区域经济发展来说，区域内资源的整合程度决定了区域产业集群的竞争力水平。长期以来，京津冀三地受行政壁垒和地方利益的影响，区域性要素市场发展滞后，资金、土地、产权、技术、人才、劳动力等要素在区域内流动不畅，导致区域产业发展不平衡。京津冀协同发展主要是推动要素市场一体化，其中包括推进金融市场一体化、土地要素市场一体化、技术和信息市场一体化。随着京津冀协同发展一体化要素市场的建立以及区域资源配置的优化，京津冀三地产业对接能力将大幅提高，这将有助于形成以产业链为纽带的区域性产业集群。

京津冀协同发展构建创新型区域经济体、新的经济增长极。受经济发展方式粗放、经济结构偏重的发展惯性影响，近些年京津冀产业结构优化效果并不显著，天津、河北的重化工业比重仍然较大。经济增长方式粗放、产业结构失衡是制约经济发展的主要“瓶颈”，也是导致经济增长减速、增长质量不高、增长潜力不足的主要原因。在经济新常态背景下，转变增长方式、优化产业结构及以此构建创新型经济体是突破资源承载“瓶颈”，推动经济可持续发展的根本动力。京津冀协同发展的最终目标是打造创新经济体，明确了京津冀三地科技创新优先发展领域，即北京重点提升原始创新和技术服务能力，天津重点提高应用研究与工程化技术研发转化能力，河北重点强化科技创新成果应用和示范推广能力。同时，为推动首都非核心功能疏解，京津冀三地正探索建立园区共建机制、区域性产业联盟、区域产业合作基金、创新型产业集群协同工作机制，这将有助于将创新要素融入产业链和产业集群，打造具有国际竞争力的创新型区域经济体，使创新成为推动京津冀经济发展的重要引擎。

京津冀协同发展有助于优化城市群结构、打造世界级城市群。京津冀协同发展的核心任务是疏解首都非核心功能。为推动首都非核心功能疏解，北京市首先要优化城市空间结构和经济结构，而京津冀其他城市则要创造条件来承接转移产业和转移的城市功能，这也必然要推动这些城市空间结构和经济结构优化。此外，《京津冀协同发展规划纲要》确定了京津冀三地的主要功能，如确定北京市是全国的政治中心、文化中心、国际交往中心、科技创新中心；天津市是全国先进制造研发基地、北方国际航运核心区、金融创新运营示范区、改革开放先行区；河北省是全国现代商贸物流重要基地、产业转型升级试验区、新型城镇化与城乡统筹示范区、京津冀生态环境支撑区。京津冀三地各自确立的功能定位，实质是其经济结构调整的目标。随着京津冀协同发展战略的实施，京津冀三地的交通一体化、要素市场一体化、公共服务一体化、生态保护一体化和产业一体化发展步伐正在加快，其所代表的能源、资源承载力、生态承载力、交通承载力、经济承载力、公共服务承载力将得到极大提升。京津冀城市群的综合竞争力的提升，将有助于各城市依托北京市的科技研发优势，打造完善的区域产业链体系，形成以创新型产业集群发展带动的具有全球竞争力和影响力的世界级城市群。

京津冀协同发展有助于疏解首都非核心功能、根治“大城市病”。特大城市集聚经济效应在形成城市中心的同时，也将随着集聚经济扩散效应的增强而在城市中心外围形成多个产业集聚中心，从而推动人口向外围扩散，特大城市也因此从单中心城市转变为多中心城市。由此可见，特大城市空间结构一般具有显著的多中心结构特征，以此来分散人口和就业，降低人口拥挤度和交通拥堵水平。北京作为我国超大城市的代表，其所拥有的政治、文化中心功能是其他城市所不具备的，正是在这两种功能的推动下，北京经济发展的极化效应得到了强化，并最终形成对周边区域的“虹吸效应”。再加上城市空间结构不合理，近年来面临着严峻的人口拥挤、交通拥堵、生态环境恶化、公共资源紧张、房价高企等“大城市病”问题，严重影响了北京的可持续发展和首都的国际形象。京津冀协同发展一方面，有利于在更大空间范围内优化北京的城市功能布局，提升首都核心功能，疏解非首都功能，通过与周边区域的功能分工，破解长期积累的深层次矛盾和问题，探索出一条中国特色“大城市病”治理模式与路径。另一方面，能够充分发挥京津冀三地各自的比较优势，加快区域经济转型发展，走出一条内涵集约发展的新路子，探索出人口经济密集地区优化开发的新模式，为全国同类区域发展提供经验借鉴。

京津冀协同发展有利于加快生态环境保护，建设全国生态修复环境改善示范区，实现区域更高层次、更高水平发展。近年来，京津冀面临严峻的生态环境压力，居民对改善生态环境的需求十分强烈。一是水、大气等环境污染严重。二是区域生态质量大幅下降，城市宜居品质不高。北京首要污染来源是机动车，石家庄首要污染来源是燃煤，天津首要污染来源分别是扬尘、流动源、工业生产。区域生态环境服务属于公共物品，区域生态环境治理相当于为提高公共物品质量而进行的投资。由于区域内拥有多个行政主体及众多企业主体，行政主体的公共物品供给的“搭便车”行为会进一步激励企业主体采取弱化环境保护行动，从而提高了区域生态环境治理难度。推进京津冀协同发展，以“绿色、低碳”理念为引领，通过严格划定生态保护红线、环境质量底线和资源消耗上限，以及深化大气污染综合防治、推进环首都国家公园体系和跨区域生态廊道建设、扩大绿色生态空间、推动京津冀联防联控和共建共享等重点举措，不仅能够全面提升京津冀区域生态宜居水平，而且能够增强区域可持续发展能力，加快建设全国生态修复环境改善示范区，实现京津冀区域更高层次、更高水平发展，促进人与自然和谐相处。

第二节　京津冀合体共建繁荣圈

一、“千年大计”雄安新区

2017 年 4 月 1 日，中共中央、国务院决定设立国家级新区——雄安新区。雄安新区位于河北省中部，地处北京、天津、保定腹地，规划范围涵盖河北省雄县、容城、安新 3 个小县及周边部分区域，对雄县、容城、安新 3 县及周边区域实行托管。

2019 年的《政府工作报告》提出，高标准建设雄安新区。打造北京非首都功能集中承载地是设立雄安新区的“初心”，伴随北京市“疏解”工作的陆续开展，一批来自北京、天津的优质教育和医疗资源已经在新区规划布局。

如今，雄安新区规划的顶层设计已经完成，已经基本形成一套高水平规划体系，为承接北京非首都提供了“路线图”。在大规模实质性开工建设之际，雄安新区的工作重点是将蓝图转化为现实行动。有序承接北京非首都功能积极完善配套设施，雄安新区积极稳妥地做好征迁安置工作，切实加大工程项目推进力度，大力发展高端高新产业，深入实施白洋淀生态环境治理工程，大规模开展植树造林，确保“千年大计、国家大事”开好局、起好步。陈刚表示，在下一步的大规模开发建设阶段，雄安新区要坚持科学施工，加强全程监管，确保工程质量，努力打造质量工程、精品工程、廉洁工程，建设“廉洁雄安”。

设立雄安新区，对于集中疏解北京非首都功能，探索人口经济密集地区优化开发新模式，调整优化京津冀城市布局和空间结构，培育创新驱动发展新引擎，具有重大现实意义和深远历史意义。设立河北雄安新区，是以习近平同志为核心的党中央做出的一项重大的历史性战略选择，是继深圳经济特区和上海浦东新区之后又一具有全国意义的新区，是千年大计、国家大事。对于集中疏解北京非首都功能，探索人口经济密集地区优化开发新模式，调整优化京津冀城市布局和空间结构，培育创新驱动发展新引擎，具有重大现实意义和深远历史意义。

雄安新区地处京津保腹地，与北京、天津距离适中，区位优势明显，交通便捷通畅，生态环境优良，资源环境承载能力较强，现有开发程度较低，发展空间充裕，具备高起点高标准开发建设的基本条件，是集中承接北京非首都功能疏解的首选之地。雄安新区规划建设以特定区域为起步区先行开发，起步区面积约 100 平方公里，中期发展区面积约 200 平方公里，远期控制区面积约 2000 平方公里。区位优势明显、交通便捷通畅、生态环境优良、资源环境承载能力较强，现有开发程度较低，发展空间充裕，具备高起点高标准开发建设的基本条件。雄安新区设立目的就是疏导北京过载的非首都功能，将央企总部和部分非污染企业等迁入，并在此基础上发展出一个现代化的产业新城，并以此带动周边其他河北地区转型发展，调整整个京津冀的空间、产业和人口布局。雄安新区的战略定位，被提到了最高的战略高度，与浦东和深圳对标。

20 世纪 80 年代，中央决定创办深圳等经济特区，是我国对外开放的重大决策和突破口，对我国经济体制改革和现代化建设发挥了重要作用。这些特区靠近港澳，华侨多，资源比较丰富，具有加快经济发展的许多有利条件。当前，建设河北雄安新区的基础条件优越，并且有党中央的坚强领导，有国家强大的经济基础作后盾，有建设国家级经济区的成熟经验为借鉴。从我国创办经济特区的经验教训看，河北雄安新区具备良好的区位基础。当年深圳依托香港、珠海依托澳门、厦门依托台湾、浦东依托上海、滨海依托天津，经济特区建设都取得了成功。由于海南、汕头没有强大的依托，至今未取得引人瞩目的巨大成绩。河北雄安新区紧邻北京、天津、石家庄和保定，离首都新机场很近，雄安新区可作为北京、天津与河北对接、耦合的“齿轮城市”，让京津冀协同发展高效运转起来，可以把京津冀的一群城市通过核心城市的支持、中心城市的带动、重点城市的支撑，变成有机运行的京津冀城市群。建设雄安新区是深入推进京津冀协同发展的一个重大举措。京津冀地区通过其河北雄安新区的接驳，激活一盘棋，能够带动冀中平原发展，促进京津冀地区环境状况的改善。

当前，京津冀城市群发展不协调、不平衡的矛盾比较突出。一方面，北京聚集了大量的人口、科技、教育、文化等资源要素，城市规模不断扩张，交通拥堵、人口膨胀、空气污染等大城市病凸显，并且非首都功能的聚集超出北京的承载“负荷”，影响北京首都核心功能的发挥。另一方面，河北省城市发展却明显存在不足，2015 年河北省常住人口城镇化率 51.3%，低于全国城镇化率 4.8 个百分点，而且京津两个发达城市“虹吸效应”造成周边地区的“灯下黑”效应严重，2016 年河北地均经济密度为 4010 元/平方公里，仅为京津的 1/9，与周边环京津贫困带形成巨大经济发展落差和区域内部贫富不平等。

因此，雄安新区的设立将成为京津冀城市群的重要空间支撑，疏解北京人口并集中承载非首都功能，与通州形成以首都为中心的相互支撑、错位发展两翼新格局，有效配置资源并实现内涵集约发展，完善京津冀城市群空间布局与发展形态。同时，借助现代化的交通和信息通达性，促进城市群的中心城市向周边辐射，推动河北省产业结构调整和升级步伐，提升河北省城市公共服务水平和社会治理水平，转变城市群的“中心地”极化趋势，推进开放性、网络化城市方向发展，在分工合作、优势互补基础上，共同发挥京津冀城市群整体聚集优势。

雄安新区定位首先是疏解北京非首都功能集中承载地，有效吸引北京人口和非首都功能疏解转移。其次是贯彻落实新发展理念的创新发展示范区，坚持“世界眼光、国际标准、中国特色、高点定位”，建设绿色低碳、信息智能、宜居宜业，具有较强竞争力和影响力，人与自然和谐共处的现代化城市。最后是体制机制创新的高地和高端高新产业集聚地，不搞房地产开发。

集中承接北京非首都功能疏解，为解决“大城市病”探索中国方案——这是雄安新区的使命，也是初心。以雄安为基点，与周边协同发展的一条路径明了清晰：新区将着力与北京中心城区、北京城市副中心和天津市在功能上优势互补，实现错位发展、互利共赢；加强新区与保定、廊坊、沧州等周边地区相关规划的衔接，统筹承接北京非首都功能疏解，探索人口经济密集地区优化开发新模式。

建设雄安创新发展示范区，将除了探索大都市功能疏解的创新实践外，更在于在北方形成一个新型改革试验区，其功能应该与浦东、深圳具有同样作用。此类新区的设立，不仅会推动京津冀地区创新要素更加合理地布局建设一个新的创新中心，还可以为全国产业转型升级和创新驱动发展积累经验，探索出可推广政策与可复制经验。在一个全新的区域重组创新资源，至少可重新组织地域创新资源，打破创新资源之间的分割状态；可以有效链接创新成果与创新转化基地之间的联系，减少转化成本。如能通过体制改革和政策创新的推进，将可能在京津冀甚至全球范围组织创新资源：创新要素可流动，可以顺畅汇聚创新要素；创新要素可集中，能够广泛供给创新要素；创新要素能移植，能够大量重组创新要素；创新要素可增值，可以有效转化创新成果。与此同时，在一个行政等级较高、赋予较多试验示范功能的新区进行政府管理时，政策限制和干预会较少，创新的空间因而可以增大。

对雄安新区的建设，中央规划了起步区、中期、远期，按照目前京津冀协同发展的规划，远期一般是指 2030 年。实际上回顾深圳特区和浦东新区，已经远远超过了十多年，所以雄安新区的建设到 2030 年能够看到影响和规模，但是不会停止在 2030 年，会继续发展。深圳特区、浦东新区、雄安新区是到目前为止国家区域发展的三大战略，对雄安新区的期待，绝不仅仅是京津冀而已，还看得更远，还希望它在全国的发展中能成为榜样，也希望在将来对外开放中发挥作用。所以“千年大计”，一方面要有恒心耐心定力去建设雄安新区；另一方面是表明中央有这个决心，要把中华民族伟大复兴的使命进行到底。

规划建设雄安新区要突出七个方面的重点任务：一是建设绿色智慧新城，建成国际一流、绿色、现代、智慧城市。二是打造优美生态环境，构建蓝绿交织、清新明亮、水城共融的生态城市。三是发展高端高新产业，积极吸纳和集聚创新要素资源，培育新动能。四是提供优质公共服务，建设优质公共设施，创建城市管理新样板。五是构建快捷高效交通网，打造绿色交通体系。六是推进体制机制改革，发挥市场在资源配置中的决定性作用和更好发挥政府作用，激发市场活力。七是扩大全方位对外开放，打造扩大开放新高地和对外合作新平台。

建设国际一流的绿色智慧雄安新区需要总体规划、过程规划、具体规划、层层落实。一方面要积极出台智慧城市国家层面相关政策，增强政策的可操作性；另一方面在规划方面坚持前瞻性、协同性和约束性原则。发挥专家学者的论证作用，规避城市建设中的“摊大饼”模式，克服可预见的“大城市病”对未来城市发展的冲击，在人口规划、产业规划、交通规划等方面要具有前瞻性。同时改变传统重建设轻管理，重经济效益轻社会效益的发展理念，树立以人为本的服务宗旨，打破部门之间“一亩三分地”的旧观念，建立纵向和横向的协同机制，在管理模式上达到信息互通、资源共享的协同化、一体化、智能化的管理效果。积极编制雄安新区总体规划、具体规划，使城乡、产业、交通规划等在规模、强度和布局上与之衔接，确保统一指挥、明确城市定位、稳定房价，保障绿色智慧雄安新区建设科学、系统、有序实现。

绿色智慧城市的规划、建设、运营需要多方参与。倡导以政府为主导，企业、市民多方参与的智慧城市建设模式，同时要具有世界眼光，加强与国际发达国家的合作交流，参与竞争，扩大开放。积极发挥市场的作用，搭建“互联网+”的招商引资平台，调动民间资本、小额信贷公司、商业银行信贷等多层次的融资体系和多样化的融资渠道。让“有形之手”与“无形之手”联合起来共同推动绿色智慧雄安新区的建设。同时培养公众的参与意识与参与热情，创建反馈式、回应式、交互式的政民沟通平台，将居民反馈信息与城市管理决策相结合，以更加多元化、互动式的管理方式发挥智慧技术的价值，提升绿色智慧雄安新区的建设水平。

雄安新区要建设绿色生态宜居新城，必须坚持走生态优先、绿色发展的新路子。一是要坚持“多规合一”，制定生态保护和水环境保护的专项规划，以水定城，做好资源和环境承载能力评估。二是要保障生态用水和生活用水。三是要在全域实行污水集中处理、垃圾分类收集处理，实现第三方运营。四是要在全域实行煤改气、煤改电，预防和减少大气污染。加强区域联防联控，既防止自己产生大气污染，也共同防治其他区域传来的污染。五是要在全域推广电动出租车、公交车和区际轨道交通。国有企业与政府单位公务用车全部用新能源车。六是要划定生态保护红线，建设海绵城市。

积极引进一部分北京的高新产业，同时积极探索与我国发达地区的产业合作，通过“外来血液”的输入使雄安新区在较短时间内实现产业转型和经济发展。依靠雄安新区内部驱动，培育自身的产业孵化器和创新型产业园，依靠“造血”来实现产业的升级。这些都需要体制性的创新作为保障，通过提供优惠的产业政策来吸引创业者和迁移者，抵消京津的“磁场效应”，打造高水平的创新平台，吸纳创新要素聚集，形成高科技、创新型、低耗能的新引擎产业群。

按照高标准、高起点的要求，雄安新区的教育、医疗、养老配套指标应该全都高于周边地区，甚至在许多地方将会与京津看齐乃至有所超越。一方面，通过“外引”的方式，承接北京非首都功能和天津地区的学校、医院和卫生部门的搬迁落地；另一方面，通过新建一批高水平的教育医疗等公共服务设施，逐步培育和成长一批能够服务于新区的机构和部门。只有这些公共服务设施日渐完善，雄安新区才能成为吸引人才和产业聚集的巨大“磁石”。

建立以新能源汽车为主的地面交通运输体系，因地制宜建设新能源充换电站，提高清洁能源就地消纳，推动城市交通“零排放”。建设基于电网、储能、分布式能源的新能源汽车运营平台，促进电动汽车与智能电网间的能量和信息双向互动，通过智能化手段有序用电，探索无线充电、移动充电等新运营模式。鼓励新能源车通过需求响应等方式参与电力辅助服务，提高电网柔性，增强电网安全稳定性，提升系统收益。

规划建设雄安新区对于促进京津冀协同发展，打造北京非首都功能疏解集中承载地具有重大意义。规划建设雄安新区，政府的作用主要体现在：贯彻落实新发展理念，明确雄安新区定位，编制雄安新区建设规划，推进相关体制机制改革创新；通过“放管服”改革和政策导向，创造平等竞争市场环境，增强市场配置资源的功能；制定相关政策，引导有关机构和人员向雄安新区迁移等。在市场经济的条件下，规划建设雄安新区还要尊重市场的规律，充分利用民间资本和社会力量，尽量让市场配置资源，调节竞争关系，让市场发挥更大作用，带动劳动力、人口、商品等要素有效流动，促进各类企业创新发展。如果离开市场的力量，人员流动、资源配置就会不稳定，就难以实现可持续发展。

作为打造京津冀世界级城市群的重要一环，雄安新区从一开始设立，就被赋予开放发展先行区的历史使命。雄安新区将坚持把开放作为高质量发展的必由之路，顺应经济全球化潮流，积极融入“一带一路”建设，加快政府职能转变，促进投资贸易便利化，形成与国际投资贸易通行规则相衔接的制度创新体系；主动服务北京国际交往中心功能，培育区域开放合作竞争新优势，加强与京津、境内其他区域及港澳台地区的合作交流，打造扩大开放新高地和对外合作新平台，为提升京津冀开放型经济水平作出重要贡献。

设立雄安新区是具有重大历史意义的战略选择，是疏解北京非首都功能、推进京津冀协同发展的历史性工程。实现京津冀协同发展，是今天中国作为世界第二大经济体、经济发展步入新常态的大时代背景下实现高质量发展的必然选择，也是在中国北方打造新增长极的迫切需要。规划建设雄安新区，有利于集中疏解北京非首都功能，与北京城市副中心共同形成北京新的两翼；有利于加快补齐区域发展短板，提升河北经济社会发展质量和水平，培育形成新的区域增长极；有利于调整优化京津冀城市布局和空间结构，对于探索人口经济密集地区优化开发新模式，打造全国创新驱动发展新引擎，加快构建京津冀世界级城市群，具有重大现实意义和深远历史意义。

中国特色社会主义进入新时代，在迎来改革开放 40 周年的特殊年份，在中国经济由高速增长转向高质量发展的关键阶段，雄安新区的规划建设承载着新的历史使命，将成为新时代高质量发展的一个样板。雄安新区，是党的十八大以来以习近平同志为核心的党中央谋划设立的一个新区，也是以习近平新时代中国特色社会主义思想为指导、全面贯彻落实党的十九大精神，规划建设的一座新时代的标杆之城。

二、建设北京城市副中心

北京城市副中心的建设是为调整北京空间格局、治理大城市病、拓展发展新空间的需要，也是推动京津冀协同发展、探索人口经济密集地区优化开发模式的需要而提出的。与雄安新区一道，北京城市副中心的建设被称为“千年大计、国家大事”。

为了治理“大城市病”，2012 年，北京市政府在借鉴东京等国际大都市发展经验和教训的基础上，尝试调整城市空间布局，提出打造功能完备的通州城市副中心。中共十八大召开后，在通州建设城市副中心的设想，开始步入实质性的操作阶段。2016 年 5 月，中央政治局会议决定在通州规划建设北京城市副中心。北京城市副中心要构建蓝绿交织、清新明亮、水城共融、多组团集约紧凑发展的生态城市布局，着力打造国际一流和谐宜居之都示范区、新型城镇化示范区、京津冀区域协同发展示范区。从行政副中心到城市副中心，这一变化表明未来的北京城市副中心，将不单纯是北京市行政中心，而将是一个类似于东京新宿、巴黎拉德芳斯都会区、纽约曼哈顿的城市经济文化中心。行政副中心定位强调把北京市行政功能搬迁到通州，城市副中心则更为强调综合的城市功能。

历史上，由于大运河漕运的缘故，通州地位显赫，享有“一京（北京）、二卫（天津）、三通州”之称。近些年，随着北京的发展，通州的定位也在不断地发生变化。1993 年，通州镇被定位为北京 14 个卫星城之一。2005 年，通州新城与顺义新城、亦庄新城成为北京重点发展的三个新城；其中通州新城还被定位为“北京未来发展的新城区和城市综合服务中心”，是中心城行政办公、金融贸易等职能的补充配套区。这在 11 个郊区新城中是绝无仅有的。2009 年，通州的地位进一步得到强化。当年年底北京市委全会明确提出，“集中力量、聚焦通州，借助国际国内资源，尽快形成与首都发展相适应的现代化国际新城”。在 2010 年前后，北京人口增长过快、交通拥堵、空气污染等问题开始凸显出来。

北京城市副中心规划面积155平方公里，除了已经开工的行政办公区工程外，其他区域和项目目前都在进一步完善规划。外围控制区即通州全区约906平方公里，进而辐射带动廊坊北三县地区协同发展。到2035年，副中心初步建成国际一流的和谐宜居现代化城区，成为低碳高效的绿色城市、蓝绿交织的森林城市、自然生态的海绵城市、智能融合的智慧城市、古今同辉的人文城市、公平普惠的宜居城市。城市副中心常住人口规模控制在130万人以内，其中就业人口为70万~75万人；城乡建设用地控制在100平方公里左右；地上建筑规模约1亿平方米，这1亿平方米不是纯新建，而是包括通州老城现存的大量建筑。同时，预留了约9平方公里的留白地区，作为未来重大发展战略、重大技术变革、重大项目的弹性发展空间。

坚持高质量发展，是北京城市副中心规划最重要的特点之一。北京城市副中心是千年大计，为带动中心城区功能疏解和公共服务资源转移，要将北京城市副中心建成绿色城市、森林城市、海绵城市、智慧城市，着力打造成为国际一流和谐宜居之都示范区、新型城镇化示范区、京津冀区域协同发展示范区。除此，作为北京的一翼，北京城市副中心将以行政办公、商务服务、文化旅游三大功能为重点，牵引带动公共服务资源向副中心疏解，做大做强京津冀协同发展板块，搭建科技创新平台，培育带动文创产业发展，精准构建北京城市副中心产业体系，形成配套完善的城市综合功能。

发挥行政办公区的示范带动作用，有序推动中心城区市级党政机关和市属行政事业单位搬迁，带动中心城区其他相关功能和人口疏解。随着北京市政机关和市属行政事业单位整体或部分的转移，更将带动相关功能和人口疏解，至2030年承接中心城区40万~50万常住人口疏解，通州将建设成为职住平衡、宜居宜业的城市社区。

依托运河商务区和副中心综合交通枢纽等地区，加强商务服务功能的细化落实，制定详细的准入门槛、激励政策与退出机制，重点承接部分中心城区商务服务功能财富管理作为高端金融业态，是高水平建设北京城市副中心的有力支撑。城市副中心将对标国际一流标准，为各类金融、保险等机构主动提供服务和支持。城市副中心将以运河商务区为依托，进一步优化营商环境，引进和集聚一批国内外知名企业，将北京城市副中心财富管理打造成为首都现代金融服务业的新名片。

充分发挥通州深厚的历史文化底蕴优势，以文化旅游区和宋庄文化创意产业集聚区为重点，促进文化与传统、文化与科技、文化与时代的融合。规划深入挖掘通州历史文化底蕴，构建以大运河为核心的历史文化保护与传承体系，以大运河、燕山南麓大道水陆两线串联各类历史文化遗存，营造传统文化与现代文明交相辉映的人文环境。因地制宜，分类实施通州古城、路县故城与张家湾古镇保护，整体提升古城历史文化价值。以更开阔的视角不断挖掘历史文化内涵，拓展和丰富保护对象，努力做到应保尽保。划定历史文化保护线，历史文化保护重点管控区占城市副中心总面积的比例达到8%以上。

未来，在蓝绿交织水城共融的绿色空间结构中，大尺度的“城市绿心”公园将成为亮点，促进了北京城市副中心行政功能与其他城市功能的有机结合，让通州成为生态和谐宜居的城市样板。副中心将充分利用多河、富水的生态本底，秉承自然生态理念，营造自然宜人滨水环境，重构水与城、水与人的和谐关系。城市绿心指在城市中央或者多个城市组团围合起来的绿色空间。北京城市副中心规划建设的“城市绿心”空间结构为“一核、两环、三带”。其中“一核”就是指生态保育核心区。该区域位于“城市绿心”的中心地带，原址为经营了近40年的北京东方化工厂。目前，经过土壤修复和地下水专项治理，化工厂的污染物基本清除。该区域将运用近自然生态修复策略，营造稳定、层次丰富的密林植物群落，形成生物多样性和生物栖息地最丰富的区域，同时减少人工干预，限制游人进入。用生态办法解决生态问题，利用自然生命力修复重污染区域，恢复自然生态系统。“两环”是指动感活力环和森林游憩环。五星形状的“动感活力环”将串联起五大功能组团和绿色开放空间，是“城市绿心”的功能纽带，也是四季分明的景观大道。以千年大树为骨干树，形成带状特色森林环。此外，“三带”是指大运河文化带、运河故道景观带和六环高线公园带。9.8平方公里的城市绿心生态绿色景观空间，总面积是颐和园的3倍，更有大尺度的水域面积，建成后将成为集城市剧院、图书馆、博物馆、健身、休闲、景观于一体的城市公园。

这片绿地覆盖率超过70%超级城市绿心的意义，不亚于纽约中央公园、伦敦海德公园。纽约中央公园、伦敦海德公园、杭州西湖作为世界级的城市绿肺，它不仅能为钢筋水泥的城市输出鲜氧，过滤空气中的浊气和扬尘，更为重要的是它的城建价值，在促进周边物业升值的同时，带动一方区域，甚至是一座城市的进一步繁华。未来，北京城市副中心也将有一个可与纽约中央公园相媲美的“城市绿心”，面积和规模上甚至更是世界上最大的人造自然景观之一纽约中央公园的3倍！

城市副中心交通规划的首要目标，是要远离“拥堵—扩路—再拥堵”的怪圈，坚持推进绿色出行的普及。新建住宅推广街区制，原则上不再设封闭住宅小区；“小街区、密路网”先进理念的落地，将让副中心远离拥堵—扩路—再拥堵的怪圈；在绿色出行方面，由以车为本转变为以人为本，构建不依赖小汽车出行的绿色交通系统，绿色出行比例达到80%以上。构建舒适便捷的小街区、密路网，实现路网密、节点通、快慢有序，集中建设区道路网密度达到8公里/平方公里以上。坚持轨道交通引导城市发展，实现居住区与重点功能区之间轨道一次换乘即可到达，使内部公共交通通勤时间控制在30分钟以内。同时，建设步行和自行车友好的城区，构建连续舒适的林荫路步行系统，营造舒适宜人的街道空间尺度，加强道路绿化，实现街区道路100%林荫化。

三、发展京津冀城市群

中国现代城市发展通过打造区域中心城市，进而联合中心城市周边所有城市，组成城市群经济，以单个或多个核心，驱动数个或数十个成员城市整体发展。京津冀地域面积21.6万平方公里，人口1.1亿人，是我国经济最具活力、开放程度最高、创新能力最强、吸纳人口最多的区域之一。2016年，全国有25%的外商直接投资落地这一区域，研发经费支出也占全国15%。京津冀以全国2.3%的国土面积，承载了全国8%的人口，贡献了全国10%的国内生产总值。同时，京津冀也面临着发展不平衡、不充分的问题：京津两极过于“肥胖”，而周边中小城市过于“瘦弱”，区域发展差距悬殊。如今，京津冀正在迎来蜕变。习近平总书记在十九大报告中指出：以疏解北京非首都功能为“牛鼻子”推动京津冀协同发展，高起点规划、高标准建设雄安新区。

城市群是中国新型城镇化“主体区”和未来国家经济发展的“核心区”，主导着国家经济发展命脉，决定着国家新型城镇化成败。但恰恰这些地区又释放了全国3/4的污染，城市群发展呈现出不可持续的高密度集聚、高速度扩张、高强度污染和高风险的资源环境保障威胁，变成了城市病及生态环境问题突出的“重灾区”。京津冀城市群是国家创新能力最强，但城市病问题最突出的世界级超大城市群，也是生态环境压力最大、污染最严重、国家战略需求最紧迫的城市群，如果能够回答京津冀城市群的问题，那么其他城市群问题也许就能够更加容易地得到回答。

随着“珠三角”“长三角”经济区的快速发展，外商在这两大区域的土地、劳动力、基础设施等的投资成本在逐步提高，外资北移以及地区间产业转移的势头正逐渐加快，国家有关部门对于京津冀这一区域发展“第三极”的重视程度与日俱增，这是符合区域经济发展和产业转移客观规律的必然选择。而京津冀作为北方经济版图的核心区域，在国家区域规划中占有无可替代的重要地位。随着城镇化的快速发展，城市对周边区域的拉动作用日益突出，城市间尤其是中心城市间的关系日趋重要，几大城市群的格局逐渐形成，并将成为未来带动我国区域经济发展的重要增长极。其中，由于京津冀城市群的特殊区位、经济实力、科研潜力，京津冀城市群作为我国首都城市群，其内部的协同、合理发展至关重要。

根据各国首都城市群的发展，可以将首都城市群的发展模式分成两类：一是单功能首都城市群。在该模式中，首都城市是单功能首都城市，即首都城市的发展以政治中心和文化中心为目标，重点建设成为功能单一的政治型、文化服务型城市，同时该首都城市群内或其他城市群中往往存在着一个经济中心，为当地提供经济服务，如华盛顿首都城市群、渥太华首都城市群等。二是多功能首都城市群。在该模式中，首都城市是多功能城市，即首都城市的发展以政治、经济、文化多功能中心城市为目标，着力建设成为综合型或“全能型”大都市，成为所在城市群的核心城市，如东京城市群、伦敦城市群等。

我国首都城市群发展模式既不同于单功能首都城市群发展模式，也不同于多功能首都城市群发展模式。北京在 21 世纪之前的发展轨迹类似于多功能首都城市发展模式，即北京以全国的政治中心、文化中心、经济中心为目标；进入 21 世纪后，北京开始从多功能首都城市向单功能首都城市转变，即不再承担经济中心的功能，而只是政治和文化中心。中央明确了北京是全国政治中心、文化中心、国际交往中心、科技创新中心的城市战略定位。这一转变就使我国首都城市群发展模式表现出不同的特征，即由多功能模式向单功能模式过渡，由单核模式向双核模式过渡，由城市个体、无序发展向城市组团、协调发展过渡。这就必然要求对中心城市尤其是京津间关系、中等城市间关系、中心城市与周边中等城市间关系进行梳理，重点对各城市的功能定位、城市间分工协作及其机制构建进行重新规划与定位。

当前，京津冀城市群已是我国北方区位最优、规模最大、创新能力最强的经济中心区域，伴随京津冀协同发展的深化，京津冀城市群进一步优化城市与区域分工与合作，集聚大量的产业和企业，为我国经济发展提供持续动力。同时，由于京津冀集聚优质的教育、医疗等公共资源，拥有完善的基础设施配套体系，通过大城市带动周边的中心城市和卫星城镇连片发展，形成资源、环境、基础设施共享，产业经济活动密切关联，有利于京津冀城市群形成错落有致、优势互补的城市产业功能结构。然而，从目前发展来看，京津冀城市群还处于城市群的初级发展阶段，从城市人口规模来看，2015 年北京市常住人口 2170. 5 万人，2015 年天津市常住人口 1546. 95 万人，而河北人口在 300 万人以上 500 万人以下的城市仅有唐山市一个，其他城市均为中等城市和小城市，城市层级偏低致使区域间深度梯度合作难以形成。另外，相比其他成熟的国际城市群，京津冀单体城市产业同质竞争严重，其本质遵循了大都市自我发展的发展理念和模式，对外辐射明显强于对内扩散，京津冀都市圈的整体效应远没有发挥，城市群内区域协调和一体化水平明显存在不足。

今全球经济体系建立在“流”、网络和节点的空间结构基础上，城市群正是资金流、人才流、技术流的汇集地，是连接区域经济和全球经济网络体系的节点，是国家进行政治、经济、文化多层面竞争的重要空间载体。国际上，美国纽约城市群、日本东京城市群、英国伦敦城市群、法国巴黎城市群等都已成为国家或大区域发展的重要增长极，是配置全球资源要素和参与全球激烈竞争的核心区域。京津冀城市群作为我国三大城市群之一，科技人才汇集、创新资源丰富，具有雄厚的政治、文化、历史底蕴，并且是我国自主创新、高端服务、现代制造的核心区域，已成为我国连接全球经济网络的重要枢纽，将是我国参与全球竞争和国际分工中重要的世界级城市群。

然而，当前京津冀城市群发展仍面临诸多问题，城市与城市之间资源和要素争夺激烈，功能交叉、同质化竞争比较严重。同时，京津双核极化效应明显，城市间不平衡与发展差距仍在加剧，还未形成合理城市分工和层级体系，造成京津冀资金、技术与人才资源浪费与低效配置。因此，如何破解京津冀都市圈长期积累的深层次矛盾，完善以首都为核心的城市群形态，解决“产业同构、项目建设重复”粗放城市发展模式，是当前京津冀城市群发展亟待解决的重大命题。雄安这一国家级新区的成立，将在空间上与京津形成新三角空间联系，疏解北京人口和非首都功能，释放区域间“人才、资本、信息、技术”等要素活力，实现区域间资源高效配置和市场深度融合，有利于突破“以邻为壑”形成“共生互动”的城市群。同时，雄安新区的设立将加强基础设施、人才、资金、服务等向整个京津冀空间拓展，实现技术、产业与人才等向城市群的外围延伸，缓解中心城市与城市群之间的矛盾，理顺城市层级间资源配置关系，形成以首都为核心的世界级城市群，赋予我国经济发展的新动能。

京津冀城市群是国家参与竞争和全球劳动地域分工全新地域单元，也影响着21世纪全球经济的新格局。世界经济重心第一次在欧洲，第二次转移到北美，第三次转移到亚太地区以后，亚太地区靠一两个城市群是承担不起来的。城市群作为我们国家城市化的主体形态，是国家经济要素的精华所在，是参与全球化竞争合作的最高端平台。但我国城市群与世界发达国家城市群相比存在一定差距。与全球特大城市群比，京津冀城市群本应担当起世界经济重心转移和“一带一路”建设的全球历史重任，但因目前发育程度低、经济总量低、投入产出效率低、资源环境保障程度低而无力承载和担当，亟须通过研究模拟为城市群“强身健体，练好内功”提供科学的资源与生态环境保障支撑。所以国家提出了京津冀城市群协同发展战略，重点是交通一体化先行，产业一体化作突破口，城市群一体化作为空间载体等五位一体。

从城市化发展路径看，过去30多年中国城市化进程中的发展路径是人跟着产业走，对应的城市化发展模式是“房地产＋园区＋港口”或者“高速公路＋宽马路”。未来，城市化竞争力要提升就面临转型，即发展逻辑转变为产业资本跟着人才走，人才跟着城市的公共服务和生态环境走，对应的城市发展模式则是“公共/服务业＋TOD/街区＋机场/高铁＋轨道”。

京津冀城市群在经济规模上已经具有世界级体量，但在经济联系与功能分工上，不仅与国外世界级城市群存在很大差距，而且与国内的长三角城市群相比也存在不小差距。从核心城市的功能来看，京津冀城市群核心城市——北京已经具备了很强的国际竞争力和世界影响力，但其服务业的国际竞争力和世界影响力还有待进一步提高。

长期以来，河北中部由于缺乏大城市，导致该区域人口与生产要素大量流向北京、天津两个城市，在加剧北京市“大城市病”的同时，也削弱了河北内生发展的动力。通过培育雄安新区这一新的区域增长极，使之成为北京的“反磁力中心”，可促进全国、全世界的经济要素向雄安新区集聚，有效带动雄安新区周边区域的发展，进而推进京津冀空间格局的优化。除了雄安新区，应在河北选择一些具有区位优势和发展潜力的地区作为战略性功能区，通过打造产业发展平台，改善投资环境，吸引产业聚集。国家给予的强有力支持，必将在京津冀协同发展中起到重要的引领和支撑作用。

发挥京津双城的引擎作用，提升对河北各市的辐射带动力。北京、天津两市是京津冀协同发展的主要引擎，应进一步强化京津联动，全方位拓展合作广度与深度，加快实现同城化发展，共同发挥高端引领和辐射带动作用。北京主要通过分散疏解来实现对河北各市的高端引领和辐射带动；而天津主要通过产业链条的延伸和创新、改革、开放功能的延伸来发挥对周边河北地区的带动作用。

扩大河北城市规模，构建合理的城镇体系。京津冀城市群规模结构存在明显“断层”。未来应重点推动石家庄、唐山、保定、邯郸等重点城市加快发展，增强其他节点城市要素集聚能力。可适当增设地级市，同时，对具备条件的县，有序改市（区），培育中小城市和特色小镇，形成定位清晰、分工合理、功能完善、生态宜居的现代城镇体系。

加快建设沿海城市带，优化空间开发格局。依托秦皇岛北戴河新区、唐山曹妃甸区、天津滨海新区、沧州渤海新区等战略性功能区的开发建设，加强津冀沿海港口规划与建设的协调，优化配置区域港口资源。加强港城互动，促进临港开发区与城市的有机融合。

推进京津周边市县区与京津同城化发展。推进北京大兴、天津武清与河北廊坊的同城化发展；推进北京通州、廊坊北三县（三河、香河、大厂）、天津宝坻区的同城化发展；推进昌平、延庆、怀来、涿鹿、赤城的同城化发展。河北省应支持廊坊、保定在全面放开外地人落户的同时，提升廊坊、保定等距离京津较近地区的教育、医疗等公共服务水平，为吸纳人口、产业向廊坊、保定转移创造条件。

四、开发环渤海经济带

环渤海经济圈，是从全国、东北亚经济圈、太平洋经济圈的更大视角提出来的。环渤海地区是指环绕着渤海全部及黄海的部分沿岸地区所组成的广大经济区域，它位于中国沿太平洋西岸的北部，环渤海经济圈连接东北、华北和华东地区。环渤海地区是指环绕着渤海全部的沿岸地区所组成的广大经济区域。区域间的经济合作、横向联合、优势互补为环渤海地区开拓了广阔的发展空间。环渤海地区包括北京市、天津市、河北省、辽宁省、山东省和山西省、内蒙古自治区，面积 186 万平方公里。党的十四大报告中提出要加快环渤海地区的开发、开放，将这一地区列为全国开放开发的重点区域之一，国家有关部门也正式确立了“环渤海经济圈”的概念，并对其进行了单独的区域规划。

在我国沿太平洋西岸的北部，中国唯一的内海就是渤海湾。该区处在东北亚经济圈的中心地带，东邻太平洋与日本、韩国隔海相望，东北与俄罗斯相通。这种独特的地缘优势，为环渤海区域经济的发展、开展国内外多领域的经济合作，提供了有利的环境和条件，成为海内外客商新的投资热点地区。

出于区域协调发展的战略考虑，进入 21 世纪以来，国家在提出实施西部大开发战略的同时，先后实施了振兴东北等老工业基地、促进中部崛起、东部率先发展等重大战略举措，从而形成了目前“四轮驱动”的区域经济发展格局——“推进西部大开发，振兴东北地区等老工业基地，促进中部地区崛起，鼓励东部地区率先发展的区域发展总体战略”，这将成为中国统筹区域发展、构建中国社会主义和谐社会的主要着眼点和落脚点，从而促进各区域的协调发展。新的区域经济发展战略的推进，使我国区域经济格局也将发生比较明显的变化，其中一个变化是经济重心向北转移的趋势有可能成为现实。

环渤海地区凭借它已有的政策优势，在对外开放中取得了显著成绩。环渤海地区是我国北方开放的前沿，韩国则把与其西海岸隔海相望的环渤海地区作为进入中国市场的最终战略目标。这为环渤海地区深入开展国际经济合作，扩大对外开放，进一步吸引国内外的资金与技术奠定了良好的基础。

环渤海地区加速发展形成巨大经济规模的自然条件是由于其具备发展现代经济的一切自然资源。其一，这一地区各类矿产资源丰富，而且关键矿种和贵重矿种含量十分丰富；其二，该区自然条件优越，暖温带、温带季风气候的水、热条件，适宜多种农作物的生长；其三，该区海岸资源众多，沿海还有大量的滩涂，适宜海产品的养殖。此外，这一地区旅游资源得天独厚，许多人文景观和自然景观均居全国之首。著名的长城和故宫，对海内外游客有较大的吸引力。

环渤海地区拥有 40 多个港口，构成了中国最为密集的港口群；环渤海地区是中国交通网络最为密集的区域之一，是我国海运、铁路、公路、航空、通信网络的枢纽地带，交通、通信连片成网，形成了以港口为中心、陆海空为一体的立体交通网络，成为沟通华北经济和进入国际市场的重要集散地。

环渤海地区是中国最大的工业密集区，在全国沿海各大经济区中，这里是最重要的重化工业基地、重要工业基地和电子工业基地，也是全国最大的建材基地，有资源和市场的比较优势。工业门类齐全，从而形成了轻重工业配置完备的工业体系，它有着能源、钢铁、石油化工、建材、机械电子、轻纺等工业明显的优势。

环渤海地区虽然人口不多，但是该地区科研机构和大专院校集中，特别是不乏全国一流的高校和科研单位。此外，这里还有发展知识密集型、技术密集型产业的雄厚智力基础即全国最大的科技信息中心和图书资料中心。环渤海地区将是产业结构国际传递和国内产业结构调整的最理想的结合部。

环渤海地区以京津两个直辖市为中心，大连、青岛、烟台、威海等沿海开放城市为扇面，以沈阳、济南、石家庄、太原、呼和浩特等省会城市为区域支点，构成了中国北方最重要的集政治、经济、文化、国际交往和外向型、多功能的密集的城市群落。在全国和区域经济中发挥着集聚、辐射、服务和带动作用，有力地促进了本地区特色经济区域的发展。在国际经济中心不断向亚太地区转移的大趋势下，环渤海地区蕴藏着巨大的发展潜力。

京津冀协同发展是我国新时期重大战略。为贯彻落实京津冀协同发展重大国家战略，共同推进京津冀开发区协同发展和产业对接协作，促进京津冀产业合作示范区建设，推动京津冀开发区转型升级、创新发展，通过增强区域整体优势，进一步激活和带动环渤海经济圈发展。京津冀三地围绕推动基础设施相连相通、产业互补互促、资源要素对接对流、生态环境联防联控、公共服务共建共享等多个方面，扎实推动各项工作有序开展。

环渤海地区工业化进程还很不平衡，5 省市只有北京市的“后工业化”特征明显，因而使得总体平均值降低，其余 4 省市的工业份额与全国平均水平相当，还处于工业化初中级阶段。环渤海经济圈的产业结构特点：在三次产业结构方面，第二产业比例最大；区域结构上，形成了京津冀、辽东半岛、山东半岛三个板块；工业结构上，重、化工业比重大；所有制结构方面，国有经济比重高，是以重化工业为主体的国有大中型企业集聚和集中的地方。资料显示，环渤海地区经济结构一直呈现“二、三、一”工业化结构特征，即第二产业占主要地位，第三产业次之，第一产业位居第三位。在产业分布上形成了京津冀、辽东半岛、山东半岛三个产业带。京津冀产业带是以石油化工、钢铁冶金、机械电子为主导的综合型工业带，工业结构偏重于重工业。辽东半岛产业带是以重型机械、造船、化工等为主体的重型工业基地。山东半岛产业带是以电子、机械、石化、轻纺、食品等工业为主的轻型工业带。

环渤海地区的国有经济比重较大，行政干预经济的力量还比较强，市场力量决定资源配置还相对较弱。环渤海经济圈尽管存在着许多发展横向经济联系的有利条件，但由于多种原因目前仍没有形成一个比较理想的横向经济联系局面，经济圈内相互协作与经济一体化的关系还没有真正形成。环渤海地区内部产业结构不合理、调整结构方向差距大，使得出口加工区难以迅速发展，无法成为地区经济增长的重要动力。该地区的产业结构和产品结构在改革伊始就已明显老化，技术装备落后状况比较严重。环渤海地区产业同构性强，区域之间的产业关联少，区域内产业链残缺、不完整。除了大部分省市都有钢铁、煤炭、化工、建材、电力、重型机械、汽车等传统产业外，目前又在竞相发展电子信息、生物制药、新材料等高新技术产业，甚至都要求有自己的出海口。

加快环渤海地区合作发展，是推进实施“一带一路”建设、京津冀协同发展等国家重大战略和区域发展总体战略的重要举措，事关国家改革开放和区域协调发展大局，具有重大意义。努力把环渤海地区建设成为我国经济增长和转型升级新引擎、区域协调发展体制创新和生态文明建设示范区、面向亚太地区的全方位开放合作门户。

近20年来，地域分工越来越复杂，许多的生产过程都成为一个一个的断片，全球规模的地理区位移动迅速发展。发达国家产业结构升级加快，致力于发展服务业以及制造业中的高新技术产业，而那些资源、资本密集型重化工业、高新技术产业中的劳动密集型工序等向发展中国家和地区转移。环渤海是日本和韩国向外转移重型产业如石油化工、钢铁、造船等的理想输出地。在日韩的产业转移中，环渤海完全可以成为受益地区。从我国经济发展格局来看，我国经济增长重心出现北移趋势，跨国公司在我国投资重心也正在北移。这些都有助于环渤海经济圈依靠区位、港口和制造业基础优势，引进、创新和发展高新技术产业和资本型制造业，加快产业与国际接轨，促进产业结构、产品结构和技术结构升级，促进经济发展。要充分利用产业结构的梯度转移规律，加快生产要素在环渤海经济区的流动，引导和鼓励环渤海经济圈区域内产业的分工、转移和调整，促进产业结构梯度转移，推进环渤海地区经济布局和产业结构合理化。

渤海湾国家级的战略规划，“一核两翼”战略框架初步成型——由京津冀和首都经济圈组成的中间板块，由辽宁沿海经济带和沈阳经济区组成的辽东半岛板块，以及以山东半岛蓝色经济区为主的山东半岛板块。以北京、天津为中心引领京津冀城市群发展，带动环渤海地区协同发展。经济发展和转型升级取得进展，整体发展水平和综合竞争力进一步增强，扶贫开发取得积极成效，区域城乡收入差距进一步缩小，总体实现基本公共服务均等化。生态环境质量有效改善，主要污染物排放总量减少，单位地区生产总值能耗持续下降，区域可持续发展能力进一步增强。到2025年，环渤海地区合作发展体制机制更加完善，基础设施、城乡建设、生态环保、产业发展、公共服务、对外开放一体化水平迈上新台阶，统一开放大市场基本形成，合作广度深度明显拓展。基本实现基本公共服务均等化，环渤海地区成为拉动我国经济增长和转型升级的重要引擎。

环渤海区域经济已进入一个跨越式发展期。未来环渤海经济在全国经济中的比重会进一步增大。环渤海 5 省市提速发展的态势将会进一步明显。中国已经进入工业化加速时期，由此带动的重化工业加速发展也将为“环渤海经济圈”带来历史性发展机遇。环渤海地区未来发展具有巨大的潜力和空间。

第三节 推进京津冀一体化发展

一、构建京津冀一体化发展

一般来说，一个经济区域的形成必须具备几个基本要素，即经济中心、经济腹地和经济网络。当前，京津冀经济区进一步加强、加深区域协作，具备了天时、地利、人和等各方面的有利条件，合作、协同发展是必然趋势。三方合则共赢，分则同亏；同则共利，分则共损。这里所谓的“同”并非在产业上完全一致，更不是搞产业趋同，而是“和而不同”，同中存异，依靠产业链中的合理分工实现密切协作。而京津冀三者间的相互合作需求是支撑三方相互协作的基本条件，如果没有彼此间的需求，区域间的合作很难持续下去。因此，三方应立足自身及对方的实际需求，合理谋划，衷心合作，切实推动京津冀协同发展。

早在 20 世纪 80 年代中期，当时的国家计委就提出过包括北京、天津、唐山、廊坊等在内的“首都圈”或“京津唐”地区的协作与发展规划；进入 21 世纪后，随着 2001 年吴良镛院士主持完成的《京津冀地区城乡空间发展规划研究》报告的发布，又掀起了新一轮关于“大北京经济圈”或“京津冀经济区”协作与发展的研究和讨论，并引起了各方的广泛关注。

30 多年的发展，无论是在经济总量方面，还是在区域经济合作取得的成效方面，都已经落后于长三角和珠三角；无论是初期提出的京津唐发展规划，还是后来成立的环渤海地区合作组织，以及达成的以“廊坊共识”为代表的一系列共识、备忘等，都没有在推动区域经济综合竞争力提升发挥出应有的作用。60 多年踟蹰纠结的京津冀协同发展，急需一个突破口。

时至今日，虽然社会各界关于京津冀必须加强问题已初步达成共识，京津冀在基础设施建设、产业转移等协作方面取得了一定进展，但无论是距离京津冀分工协作的实际要求，还是与长三角地区的协作发展水平相比，都还存在较大差距。而且从现实看，区域及城镇化发展进程尤其是京津冀发展形势的变化，对京津城市功能转型、京津冀产业分工协作、首都城市群发展、人口与环境的要求和压力也与日俱增，并引起了中央领导的高度重视。社会各界之所以再次对京津冀给予如此大的关注，是因为国家对区域经济发展的规划重点以及北京、天津、河北发展所面临的形势发生了很大的变化，因此无论是从国家层面还是京津冀自身发展层面，都必须在新形势下对京津冀进行顶层设计、合理规划、重新定位、协同发展。

社会主义制度的优越性是根本保证。党的领导、单一制的国家体制是社会主义制度的重大优越性，也是京津冀协同发展战略有序推进的根本保证。京津冀地区需要协调中央与地方，地方内部省、市、县不同层级以及相同层级之间的复杂关系。以往实施的双方甚至多方合作、协调、会谈机制往往范围受局限，且缺乏可持续性。在现有行政体制的框架下，靠三地自己难以实现真正的协调。之前京津冀协同发展多年来效果不佳的一个重要原因就是三地缺乏协调统筹，缺少区域整体性的观念，发展经济、基础设施等都是如此。必须建立一个超越三方行政权力的高层次协调机构，统筹推进京津冀的协同发展。

在“京津冀协同发展领导小组”基础上，强化领导，推动京津冀长远发展的战略性规划、协调发展中遇到的重大问题、监督和评价协同发展的工作进展情况，推进京津冀协同发展顺利实施。在该小组的统一领导下，京津冀三方政府及对口单位应尽快建立和完善协调机制和对话体系，强化京津冀内部的沟通合作。实施好京津冀“十三五”规划，通过科学合理总体布局，努力推动三地“一张图”规划、“一盘棋”建设和“一体化”发展。

发挥中央政府权威，强化国务院的区域协调和领导功能；制定区域发展总体战略，决定促进区域协调发展的政策措施和法律、法规，管理和仲裁区域发展中出现的争端和冲突；在国家发展和改革委员会设立专门办公室，负责研究和提出京津冀区域发展战略、重大问题和有关政策、法律、法规相关建议，协调推进京津冀区域发展的各项任务，监督有关决策的执行和落实。

强化规划引导，紧密围绕京津冀协同发展的客观需要，抓好顶层设计。顶层设计是区域发展的基础和前提，一个战略性、综合性、长远性的规划和蓝图是区域全面协调可持续发展的关键。因此，必须强化顶层设计和战略规划的基础性地位，加强规划引领和规范作用。

编制京津冀地区战略性规划，描绘本地区未来发展蓝图；保障规划的权威性，一旦制定不能随意更改；严格执行战略规划，使得地区居民、投资者、管理者有明确的预期；在战略性规划基础上，层层编制详细规划，丰富完善规划体系；在详细规划中合理协调严肃性与适度弹性之间的关系，使规划更符合实际和可操作性；以每 5 年一次检查、每 10 年一次调整为周期，保障规划编制的科学合理性。

着力加强顶层设计，抓紧编制首都经济圈一体化发展的相关规划，明确三地功能定位、产业分工、城市布局、设施配套、综合交通体系等重大问题，并从财政政策、投资政策、项目安排等方面形成具体措施。必须强化顶层设计和战略规划的基础性地位，加强规划引领和规范作用。编制京津冀地区战略性规划，描绘本地区未来发展蓝图；保障规划的权威性，制定后不能随意更改；严格执行战略规划，使地区居民、投资者、管理者有明确的预期；在战略性规划基础上，编制详细规划，丰富完善规划体系；在详细规划中合理协调严肃性与适度弹性之间的关系，使规划更符合实际和可操作性；检查和调整并重，保障规划编制的科学合理性。建立跨区域规划的编制与实施工作的新体制、新机制。

利用区域内智力资源密集的优势，以京津冀的协同发展为目标，抓好京津冀发展大载体建设。充分发挥京津冀空间协同发展规划的综合协调平台作用，使得中央领导单位和京津冀三方能够密切和及时沟通，开展专项规划对接，加强重大空间布局问题的协商沟通，抓好京津冀协调发展大平台建设。还应搭建“政府+企业+社会”的合作平台。企业是京津冀协同发展的重要力量，企业和政府的互动程度很大程度上决定了京津冀协同发展的实际效果。随着经济的不断深化发展，社会功能已经成为不可缺少的组成部分。特别是京津两大都市，各种类型的社区、非政府组织已经成为社会治理不可缺少的部分，环境和生态建设，文化发展和教育创新，社会发挥的作用越发突出。社会和政府、企业三者之间的互动程度，决定着当地的实际发展水平，直接关系到京津冀一体化的广度和深度。

抓好责任主体和监督主体建设，确保战略全面落地。明确责任主体：政府和企业。政府作为公共利益的代表，是区域治理的主导者和最重要的参与者。在京津冀协同发展战略中，中央政府是区域治理的决策者。中央政府制定协同发展规划，运用行政手段，通过行政系统自上而下地调节三地关系。在京津冀三地关系不能够自发协调的情况下，中央政府必须承担统筹协调的责任，引导三地从各自为政走向协商合作。中央政府的权力主要通过设立的专门机构——“京津冀协同发展领导小组”和相关的职能部门来行使，中央各部委的条线职能的发挥，也是推动京津冀区域治理的重要力量。因此，中央政府各个相关的职能部门也是京津冀协同发展的重要力量。还涉及中央政府派驻京津冀的派出机构，如水利部派出的海河流域管理委员会，负责保障流域水资源的合理开发利用。

京津冀地方政府是京津冀协同发展的重要力量。地方政府代表地区利益，行政辖区的利益是地方政府最为关注的问题：一是本地区在经济发展方面的需要和满足；二是地方政府官员追求政绩的需要和满足。地区利益的客观存在导致了地方政府利益诉求上的差别。地方政府是区域治理体系中权力最大、掌握资源最多、对区域治理影响最大的主体。

企业作为独立经济主体在京津冀协同发展中发挥着重要作用，是协同发展不可或缺的力量。经济发展需要以企业为代表的产业发展。企业跨区发展是市场经济条件下协调区域经济发展的一种有效方式。企业跨区域发展在实现本企业扩张的同时对所涉及的区域的经济发展能够产生刺激和推动作用，能够密切区域之间的经济联系和交往。企业的发展能够自下而上地推动地方政府遵循市场经济规律，从整个经济区的角度进行资源配置与产业布局，推动区域协调发展。企业是京津冀协同发展的重要角色。国有企业是企业利益与政府利益的代表，国有企业与政府之间有着密切的联系。在京津冀地区，国有企业及国家控股企业经济规模庞大，实力强大，在京津冀的宏观调控中发挥着重要作用。非国有大型企业对京津冀区域经济治理也发挥着重要影响力。京津冀区域内拥有摩托罗拉、三星电子、空中客车等。这些大型企业对区域内财政和税收贡献巨大，经营活动对区域经济影响深远。京津冀中小企业数量众多，经营范围广泛，行业种类齐全，吸纳就业最多，是推动区域经济发展的生力军。但是中小企业个体经济实力较弱，在市场经济发展中处于弱势地位。所以京津冀协同发展必须注意保护中小企业的利益，促进中小企业健康发展。

监督主体则包括政府、企业和非政府组织。政府方面的监督主体应包括上级对下级的监督——中央政府、“京津冀协同发展领导小组”对京津冀及其下属单位的监督，也应包括党和政府的专门监督机构的监督——各级纪委、监察局和检察院。企业作为市场主体，广泛参与经济活动，能够对相关政府部门进行有效监督。而非政府组织在促进区域产业协调发展、生态环境保护、教育卫生发展等方面都发挥着重要作用。它们代表各种利益群体对政府和企业进行沟通和监督。公民个人也能通过参与经济活动和公益活动等发挥监督作用。

二、统筹京津冀协调发展

在协同发展初期阶段，基础设施建设是重中之重。交通一体化是京津冀协同发展的骨骼系统和先行领域，是有序疏解北京非首都功能的基本前提。自 2014 年习近平总书记提出京津冀协同发展战略以来，按照国家对交通一体化在协同发展里要做“主骨架、先行官、试验田”的要求，北京市携手天津市、河北省抓好一批重大交通项目落地实施，为京津冀交通一体化打下了坚实基础。交通一体化的抓手在于合则互利、分则互相制约。应加快建立“网络化、低碳化、安全化”的区域交通运输体系，提升天津、石家庄等中心城市的客货运枢纽地位，与北京共同构筑国际门户和国家综合交通枢纽。促进京津冀地区各机场之间的分工协作，立足北京新机场建设服务于区域的立体交通运输体系与国际物流基地。着重完善互联互通的城际轨道网。借助交通一体化实现京津冀交通体系的互利共赢。

京津冀协同发展战略将产业升级转移作为三个率先取得突破的重点领域之一，同时要求到 2020 年，产业联动发展取得重大进展。京津冀协同发展战略要求优化区域分工和产业布局、优化经济结构和空间结构、明确三省市产业发展定位和加快产业转型升级。这就要求探讨如何进一步明确产业发展定位和方向，进一步加快产业转移对接和转型升级及优化产业空间格局，进一步强化创新驱动产业转型与协同发展等重大战略问题。产业转移的基础在于三地产业差异巨大且角色和分工不同，产业转型升级的出路在于创新驱动。北京将主要发挥科技创新中心作用，天津优化发展高端装备、电子信息等先进制造业，河北积极承接首都产业功能转移和京津科技成果转化。京津冀协同发展，创新驱动十分重要，必须将创新驱动深入推进与产业转型升级有效结合。努力促进三地产业分工符合现行政策规范要求，符合京津冀长远发展需要，发挥三地合作优势，逐步构建起步调一致、协同发展、可持续发展的京津冀产业体系。京津冀产业协同发展应以实现国家赋予的发展战略定位为导向，探索符合京津冀三省市发展阶段性特征、资源禀赋条件、发展基础的区域产业分工合作方向，促进产业转型、分工合作及空间格局优化，建立健全现代高效共赢的京津冀现代产业分工合作体系。

要素市场的一体化改革正与2015年末2016年初中央提出和强调的供给侧结构性改革——提高全要素生产率，以更好地满足群众生产生活需要，促进我国经济、社会的可持续健康发展的目标指向一致。要大力促进创新驱动发展，增强资源能源保障能力，统筹社会事业发展，扩大对内对外开放。要严控增量、疏解存量、疏堵结合调控北京市人口规模。要加快破除体制机制障碍，推动要素市场一体化，构建京津冀协同发展的体制机制，加快公共服务一体化改革。要抓紧开展试点示范，打造若干先行先试平台。加快建设京津冀地区统一的要素市场信息平台是实现京津冀地区要素市场一体化的前提和基础，是助推区域供给侧结构性改革的重要措施。完整掌握资金、人口等要素信息，构建要素体系，服务京津冀协同发展大局。

京津冀地区的教育既集聚了我国顶尖的优质教育资源，又是区域人才与科研成果的供给者，不仅肩负着为我国建设教育强国、世界一流大学、一流学科的重任，而且还要为区域经济社会协同发展提供有力的支撑与服务。京津冀区域教育协同发展不是普通意义上的增量改革，而是涉及中观层次的存量改革尝试和实践。京津冀教育协同发展有着良好的历史基础，特别是近几年在实践推进方面，开展了一系列富有成效的探索与尝试。北京的定位应当是建设成具有中国特色的世界级都市，倡导文化产业创新，打造文化创意发展平台。要做到完善文化政策的制定与实施程序，提高文化产业的市场化运作水平，优化文化产业的内部结构与外部环境，细化文化市场及目标人群等。三地应不断优化教育资源布局，推动公共教育服务均衡化，实现教育优势互补，整体提升京津冀地区的教育现代化水平和影响力。建议中央和京津冀合作设立教育协同发展专项资金，支持重大教育协同发展项目，选择部分地区建设“京津冀教育综合改革试验区”，探索可复制可推广的经验。应努力实现教育公平和文化产业大发展，为京津冀创新发展提供不竭动力。

随着京津冀协同发展的不断加快，区域间人财物流动日益频繁，社会生活关联度不断增强，使京津冀区域治安问题趋同互动，在一定程度上形成了相互联系、相互影响、相互制约、相互依存的局面。公安机关加强京津冀协调发展的警务合作，是贯彻中央这一战略决策的组成部分。加强京津冀一体化警务合作，构建治安防控体系是经济一体化深入发展的客观需要，是应对当前复杂治安形势的重要保障，有助于在更大范围内整合社会资源，形成合力，取长补短。借助政府、企业和非政府组织的力量，大力推进社区建设，构造良好社会治理体系。

京津冀三地的生态体系具有一体性、不可分割性。实现经济的共同发展，更需生态文明的共同进步，使环境与经济实现最优化组合。坚持生态优先为前提，推进产业结构调整，建设绿色、可持续的人居环境。以区域资源环境，特别是水资源、大气环境承载力等为约束，严格划定和遵守保障区域可持续发展的生态红线，明确城镇发展边界，从首度的东南西北四个方向，合作推进“环首都国家公园”和区域性生态廊道建设。提高城镇的用地集约利用效率，实现“存量挖潜、增量提质”，构建生态、生产、生活相协调的城乡空间格局。落实首都功能定位和京津冀协同发展的需求，调整京津冀空间布局，逐步形成有利于大气污染物扩散的空间布局；从京津冀协同发展的高度，统一环保政策、环保标准和环境执法，加强大气污染联防联控，探索建立起京津冀地区大气污染市场化补偿机制和市场化的治污措施；在京津周边建设国家森林公园、沿高速公路和铁路建设绿色廊道，开辟精品旅游路线，打造优质旅游目的地等，是京津冀优质生态资源发展的方向。逐步恢复和建构起符合首都运行和发展需要、能够满足京津冀可持续发展的生态体系。

此外，加快落实精准扶贫精准脱贫政策，加快实施异地扶贫搬迁、以工代赈、整村推进等扶贫工程。张家口、承德地区生态保护修复与脱贫致富工程联动推进。持续加大对河北燕山——太行山集中连片特困地区和黑龙港贫困地区基础设施、产业发展、生态环保等方面的支持力度，京津两市对口帮扶张家口、承德贫困地区，加快环首都贫困地区脱贫攻坚步伐。

三、国际城市群经验借鉴

世界级城市群起源于法国地理学家戈特曼[①]的研究。戈特曼将类似于美国东北部以纽约、波士顿等十几个城市联合而成的具有3000万以上人口的城市密集

① 吉恩·戈特曼（Jean Gottmann，1915—1994），法国地理学家，以其对美国东北特大城市地区的开创性研究而闻名。

区称为世界级城市群。一般来说，世界级城市群的城市数量比较多且较为密集，城市规模比较大，核心城市与外围地区的经济一体化程度较高，有较为快速便捷的交通网络，在全球经济层面具有巨大影响力。目前世界上著名的城市群包括：以纽约为中心的美国东北部大西洋沿岸城市群、以芝加哥为中心的北美五大湖城市群、以东京为中心的日本太平洋沿岸城市群等。这些城市群往往具有以下特征：区域内城市高度密集，人口规模巨大，城市间具有建立在分工明确、各具特色、优势互补基础上的密切的经济联系，是一个国家和地区经济最活跃、最重要的区域。

在全球经济化和区域经济一体化的背景下，世界城市化发展已进入大都市引领的城市群发展阶段，城市群已成为城市发展的特殊区域新空间单元。1950 年全球人口超过 500 万人的特大城市仅有 7 个，2015 年增加到 73 个。美国纽约城市群人口已达 6500 万人，占美国总人口的 20%，城市化水平超过 90%，金融业及其衍生产业高度发达，已成为美国至全球的金融中心；英国伦敦城市群聚集了英国百强公司 50% 以上，拥有 100 多个欧洲 500 强企业的总部，成为欧洲及全球的金融、保险、证券交易和股票交易中心，城市群已成为国家和区域与全球经济体系连接的重要门户，是参与国际竞争的重要空间载体。

然而从世界城市群发展历史看，这些大城市群的形成并非一蹴而就，而是城市发展演进与城市群空间规划的结果。无论是纽约城市群、巴黎城市群还是伦敦城市群，都经历了土地利用效率低下、城市无序蔓延、区域发展不均衡的“恶性循环初级阶段”，表现为住房条件恶化、环境质量下降、城市用地紧张等问题，集中反映了首位城市与其他城市发展之间矛盾以及城市群人口增长、经济发展与生态环境保护之间的冲突。因此，面向首位城市通过反磁力中心的建设，进行空间规划与城市职能划分，建立“分散型网络结构”的区域空间模式，化解大城市病与拓展城市群发展新空间，在更大地域范围内解决中心城市与周边地区非均衡发展，成为重要手段与解决途径。

世界级城市群的经济规模巨大，甚至超过许多国家经济体。2011 年，以伦敦为核心的英国东南部城市群地区生产总值约为 11354 亿美元。2013 年，以纽约为核心的美国波士华城市群地区生产总值约为 30828 亿美元。如果把城市群与国家经济体相比较的话，美国波士华城市群相当于全球第 5 大经济体，而英国东南部城市群相当于全球第 16 大经济体。京津冀城市群已经具有同英国东南部城市群相当的世界级经济体量，2013 年，京津冀城市群地区生产总值约为 10045 亿美元，超过印度尼西亚（8703 亿美元），相当于全球第 16 大经济体。①

从城市群的发展历程看，城市之间存在着由互不关联、孤立发展演变为彼此

① 京津冀城市群与世界级城市群存在哪些差距？http：//www. sohu. com/a/208631633_99921076。

联系、不平衡发展，再到紧密关联、一体化发展的规律。数据显示，按全市地区生产总值计算，首先是英国东南部城市群的一体化水平最高，其次是美国波士华城市群，再次是长江三角洲城市群和珠江三角洲城市群，京津冀城市群的一体化水平最低；按市辖区人均地区生产总值计算，英国东南部城市群和美国波士华城市群仍然位居前两位，接下来是长江三角洲城市群和珠江三角洲城市群，京津冀城市群依然是最低的。由此可知，尽管中国三大城市群在经济规模上已经达到世界级的标准，但内部的发展差距问题依然突出，一体化水平有待提升。

作为世界级城市群的核心城市，往往是全球资本的控制中心，跨国企业总部的主要集聚地，高端服务的生产场所，也是全球的创新创意中心，具有高度活跃的国内外经济联系，是全球城市网络的重要节点和全球价值链的关键节点，在世界经济中发挥着至关重要的影响力。因此，核心城市的强弱直接决定整个城市群的全球竞争力。

城市群在不同的时代背景与不同的发展阶段，采取的发展策略也不尽相同。在城市群形成初期，城市群的发展重点主要是解决核心城市的过度集聚带来的城市效率下降问题；在城市群发展中期，是依靠核心城市带动周边地区发展的问题；在城市群发展的高级阶段，尤其是在全球化背景之下，城市群主要解决的问题是多个城市的分工与专业化问题，以便提升整个城市群在全球的竞争力，使之成为国家参与全球竞争的重要平台。

城市群的结构优化离不开市场与政府的双重作用。在市场经济条件下，市场决定城市群的规模和形态，但基于城市群所在国家和地方政府的体制差异，也会使不同国家的城市群呈现不同的发展模式。大体来看，主要有两种模式：一是市场主导型城市群发展模式。二是政府主导型城市群发展模式。近年来，围绕维持并提升全球竞争力，欧美国家也开始制定与世界城市及城市群相关的区域规划。在经济全球化的大背景下，政府主导型是后发国家普遍采取的模式，尽管市场的影响日益凸显，但经济效果不仅取决于各种市场力量，还需要政府政策的推动。政府通过内部的资源整合，促使某一区域具有先发优势和规模优势。

城市间在转型中形成了较好的分工。美国波士华城市群发展的初中期，波士顿由于受到纽约的挑战，在区位上远离西部和南部腹地、商业优势不复存在的背景下，转而发展工业经济，在城市周边建设了洛厄尔纺织城等一系列工业城镇，从而形成了与纽约错位发展的格局。2008 年，纽约—纽瓦克—泽西都市圈的制造业占比为5.61%，而其周边的阿伦敦—伯利恒—伊斯顿城市圈、布里奇波特—斯坦福德城市圈、东斯特劳斯堡城市圈、纽黑文—米尔福德城市圈制造业占比则分别为15.28%、14.5%、21.92%和15.56%，由此呈现一种中心服务、外围制造的分工格局。即便是进入后工业化时代，在整个城市群均以服务业为主导的产业格局下，其内部分工也较为明确。[①]

核心城市带动中小城市共同发展。综观全球各大城市群的发展历程，均呈现出大城市带动中小城市共同发展、互为支撑的格局，大城市将劳动力密集性和成本敏感性产业扩散到中小城市，中小城市借助于大城市的市场、技术等方面的空间溢出效应，在促进自身发展的同时，也为大城市高端产业提供了市场。在美国波士华城市群的形成发展过程中，纽约市凭借着强大的经济总量和服务能力，以现代化的交通网络、互联网等载体向周边城市输出资本、信息、技术劳动力和游客等，带动了周边中小城市的发展；日本东京市通过产业转移与周边中小城市形成了“总部—制造基地”的区域合作链条，并通过这一链条带动周边中小城市产业发展。

交通一体化成为城市群共同发展的基础。城市群内发达、完善的交通网络是推动城市群一体化的重要基础。19 世纪中后期以来，在电车和火车组成的快速、大容量交通系统连接下，城市之间的经济社会联系开始大幅度增强，由此也推动了城市空间由紧凑式的空间布局转向放射状发展，进而为城市群的经济活动奠定了基础。从美国波士华城市群的交通发展来看，1835 年，华盛顿和巴尔的摩之间修通了铁路，3 年后铁路就延伸到了纽约。1846 ~ 1847 年，纽约与奥尔巴尼、波士顿和布法罗被沿着伊利湖向前延伸的铁路干线连接起来。铁路与运河的建设使得波士华城市群整体框架最终形成。当前以高速公路和铁路干线为主的区域交通系统将波士顿—纽约—费城—巴尔的摩—华盛顿五大城市及沿线城市连接起来，成为美国客运量最大、发车频率最高的交通走廊。借助于交通一体化的推进，城市群内各个城市间的经济社会联系得以大幅度增强，并形成一个紧密的整体。从英国东南部城市群来看，依托以伦敦为核心的铁路网络，伦敦与英国东南部其他城市互动非常密切。从到伦敦的人数来看，英国东南部和东部到伦敦的人口通勤量最大，分别为 50.7% 和 40.4%，总占比为 91.1%；在伦敦就业份额占比上，东南部地区占比为 22.4%；在劳动者份额上，其占比为 17.8%。依据《大伦敦规划（2011 ~ 2030 年）》，为深化与周边城市的关系，伦敦加强了与英国东南部地区在交通、物流及其他基础设施（如开放性空间、教育、医疗以及其他服务）上的对接，通过区域政策实现伦敦与周边地区的一体化发展。[②]

建设“反磁力中心”，治理“大城市病”。从国外城市群的形成发展过程来看，均存在着核心城市因产业和人口过度集聚而产生的“大城市病”。比如，在美国波士华城市群、日本东海道城市群和英国东南部城市群的形成过程中，都存在着人口过度向纽约、东京、伦敦等核心城市集聚而产生的如房价过高、交通拥

---

① 京津冀城市群与世界级城市群存在哪些差距？http：//www.sohu.com/a/208631633_99921076。

② 京津冀城市群与世界级城市群比较（下），http：//www.sohu.com/a/204218965_485176。

堵、贫民窟与犯罪、生态环境恶化等“大城市病”，而其解决此问题的途径，均选择了建设新城的做法。新城就是核心城市的“反磁力中心”。从英国东南部城市群发展历程来看，伴随着全国铁路网的建设，伦敦作为工业革命的中心地之一，人口规模迅速膨胀。100 年中，伦敦人口从 1801 年的 95.9 万人上升到 1901 年的 453.6 万人，大于巴黎，是美国纽约的 3 倍，占英格兰和威尔士人口总和的 12% 以上，成为当时世界上最大的城市。1945 年，英国政府颁布了《产业分配法》，推动伦敦城区的制造业向周边地区主要是东南部地区转移。1964 年，英国政府提出发展对伦敦具有反磁力效应的第三代新城，这些新城主要设置在南安普顿—朴次茅斯、切尔贝利地区。1968 年，又提出依托现有交通道路，发展少数几个地区。在这一背景下，东南部的米尔顿凯恩斯、北安普顿和彼得伯勒等新城开始建设。至此，英国东南部的内部联系逐渐提升，在新城的建设和发展中不断与伦敦进行互动，推动了人口向周边“反磁力中心”——新城的转移，减缓了伦敦这一核心城市因人口集聚带来的过大压力。《大伦敦规划（2011—2030 年）》提出，通过区域合作，伦敦与周边地区联合打造泰晤士门户和伦敦—斯坦斯特德—剑桥—彼得伯勒这一英国成长型区域，加强跨区域的联系，扩展这一区域的人口和经济容量；重点投资建设与伦敦地区相联系的城市走廊，包括西部楔形地域、温德尔谷和伦敦—卢顿—贝德福德走廊。

京津冀城市群在经济规模上已经具有世界级体量，但在经济联系与功能分工上，不仅与国外世界级城市群存在很大差距，而且与国内的长三角城市群相比也存在不小差距。从核心城市的功能来看，京津冀城市群核心城市——北京已经具备了很强的国际竞争力和世界影响力，但其服务业的国际竞争力和世界影响力还有待进一步提高。

第四章

长江经济带融合发展

第一节　深入推动长江经济带发展

一、长江经济带内涵

长江是我国第一大河，世界第三长河，干流流经青、藏、川、滇、渝、鄂、湘、赣、皖、苏、沪九省（区）二市，干流全长6300公里，流域面积180万平方公里，约占全国总面积的1/5。它自西向东横贯我国中部，战略地位十分重要。长江流域气候温暖、雨量充沛、支流湖泊众多。经过几千年的开发建设，长江流域已成为我国农业、工业、商业、文化教育和科学技术等方面最发达的地区之一。

长江经济带是一个区域概念，不是一个流域概念，并非靠近长江就属于长江经济带，不靠近长江就不属于长江经济带。出于这个高度和理念，2014年，长江经济带的范围从“7+2”扩大到“9+2”。即江苏、浙江、安徽、江西、湖南、湖北、四川、云南、贵州以及上海、重庆。这充分体现了长江一盘棋，以及长江经济带中的发展加入了环保共同治理，共享成果的元理念，这也充分体现了区域协同发展的智慧。“9+2”区域面积约205万平方公里，约占全国陆地面积20%多一点，2014年总人口5.84亿，占全国的42.9%；地区生产总值28.47万亿元，占全国的41.6%。总体来看，长江经济带以21%的土地面积，集聚了40%以上的人口和经济规模，人口与经济密度是全国平均水平的2倍。

长江经济带横跨我国东中西三大区域，具有独特优势和巨大发展潜力。改革开放以来，长江经济带已发展成为我国综合实力最强、战略支撑作用最大的区域之一。长江经济带横跨中东西，位于南北分界线。通江达海，公路高铁，交通便利，扼制中国中枢。水资源在国内最丰富，自然地理条件全国最优越。科教发达，在校大学生人数超过千万，全球第一。随着产业转移的推进，中部成为中国制造业重地。长江经济带拥有中国最高的增速。2017 年中国经济增速最高的 10 大省市，长江经济带占了 7 个，最高为贵州的 10.2%，云南的 9.5%，重庆的 9.3%。在前 15 位中，长江经济带占了 10 个。

20 世纪 90 年代以前，长江经济带的发展主要处于自我发展建设时期。这一时期，虽然全国国土总体规划纲要提出了以沿江和沿海“T”字形为主轴线的开发模式，国家也把南通、上海、宁波等城市辟为开放城市。但总体上，长江经济带各地区处于自我发展建设时期。例如，这一时期上海、苏南等地大力发展乡镇工业与外向型经济，对原有部分工业企业进行大规模的设备更新和技术改造，电子、家用电器、机械、纺织、食品等工业有了很大的发展。另外，加强了能源和原材料工业项目建设，宝钢和仪征化纤等一批大型企业投产，中上游原有的工业基地，包括攀钢、武钢、湖北汽车制造、四川重型机械和电子工业等也进行了一定程度上的提高和扩建，初步形成了较强的生产能力。

20 世纪 90 年代，长江经济带进入以浦东开发开放为带动的重点建设时期。这一时期，长江经济带的开发模式从水电开发、防洪排涝、水土整治和重点产业建设，转向了以港口发展和产业园区建设为主的经济开发，从以沿岸主要中心城市为主的重点开发，转向沿江区域整体开发。1992 年 10 月，中共十四大决定“以上海浦东开发开放为龙头，进一步开放长江沿岸城市，尽快把上海建成国际经济、金融、贸易中心之一，带动长江三角洲和长江流域地区经济的新飞跃”。同年，全国人大批准通过兴建“三峡”水利枢纽工程，为中上游、“三峡”库区的建设提供了机遇。长江中上游地区的武汉、宜昌、芜湖、九江、岳阳、重庆等先后开辟为对外开放城市，三峡库区包括宜昌、秭归、巴东等湖北、四川二省 17 个县市确定为长江三峡经济开放区。随着浦东的开发开放，长江沿岸各省市产生了强烈的开发开放意识，各地逐步把发展战略的重点转向长江沿岸地带，与浦东毗邻的长江三角洲地区纷纷与浦东开发开放政策接轨，利用优惠政策与优越的投资环境，取得突破进展。

21 世纪前 10 年，沿江开发建设主体开始由点到面拓展。这一阶段，长江沿江省市开始重视沿江区域开发，纷纷将各自的经济发展重点转向本省（市）临江城市或地区。例如，上海积极推进产业结构优化和升级，转变经济发展方式，加快发展现代服务业和先进制造业，建设国际金融中心和国际航运中心。江苏省从 2003 年开始正式实施沿江大开发战略，2007 年编制的《江苏省沿江发展总体规划（2011—2030 年）》，指出江苏未来沿江地区将努力建成沿江经济带、沿江城市带、现代化港口群、基础设施网和生态环境宜居区。安徽省则提出以加速融入长三角为核心的“东向开发战略”，提出要把沿江城市群建设成为全省跨越式发展的龙头、对外开放的门户、长江流域重要的新型工业化基地。2011 年安徽省颁布了《皖江城市带承接产业转移示范区开发园区发展规划纲要》。另外，江西、湖北、湖南、重庆等省市也相继提出本省（市）的沿江开发战略。

“十二五”以来，长江经济带上升为国家战略，进入整体推动时期。这一时期，重点依托长三角城市群、长江中游城市群、成渝城市群，全面推进新型城镇化；增强武汉、长沙、南昌中心城市功能，促进3大城市组团之间的资源优势互补、产业分工协作、城市互动合作；提升重庆、成都中心城市功能和国际化水平，发挥双引擎带动和支撑作用，推进资源整合与一体发展；做大上海、武汉、重庆3大航运中心，发展长江航运；促进多向开发开放，形成全方位开放新格局；提升长江黄金水道功能，建设综合立体交通走廊，促进产业转型升级，整体推动长江经济带的发展，最终拓展我国经济发展空间，形成转型升级新的支撑带。

长江经济带战略作为中国新一轮改革开放转型实施新区域开放开发战略，是具有全球影响力的内河经济带、东中西互动合作的协调发展带、沿海沿江沿边全面推进的对内对外开放带，也是生态文明建设的先行示范带。2016年9月，《长江经济带发展规划纲要》正式印发，确立了长江经济带“一轴、两翼、三极、多点”的发展新格局。规划的干支流高等级航道1.2万公里，占全国的63%。作为一条东西交通大动脉，长期以来，凸显的是交通功能，要发展成为一条聚集更多产业和人口的经济带，实现上中下游经济社会一体化发展，在国家经济社会发展中发挥更大的作用。2018年11月，中共中央、国务院明确要求充分发挥长江经济带横跨东中西三大板块的区位优势，以共抓大保护、不搞大开发为导向，以生态优先、绿色发展为引领，依托长江黄金水道，推动长江上中下游地区协调发展和沿江地区高质量发展。

《长江经济带发展规划纲要》中，“一轴”是指以长江黄金水道为依托，发挥上海、武汉、重庆的核心作用，以沿江主要城镇为节点，构建沿江绿色发展轴。突出生态环境保护，统筹推进综合立体交通走廊建设、产业和城镇布局优化、对内对外开放合作，引导人口经济要素向资源环境承载能力较强的地区集聚，推动经济由沿海溯江而上梯度发展，实现上中下游协调发展。“两翼”是指发挥长江主轴线的辐射带动作用，向南北两侧腹地延伸拓展，提升南北两翼支撑力。南翼以沪瑞运输通道为依托，北翼以沪蓉运输通道为依托，促进交通互联互通，加强长江重要支流保护，增强省会城市、重要节点城市人口和产业集聚能力，夯实长江经济带的发展基础。“三极”是指以长江三角洲城市群、长江中游城市群、成渝城市群为主体，发挥辐射带动作用，打造长江经济带三大增长极。长江三角洲城市群。充分发挥上海国际大都市龙头作用，提升南京、杭州、合肥都市区国际化水平，以建设世界级城市群为目标，在科技进步、制度创新、产业升级、绿色发展等方面发挥引领作用，加快形成国际竞争新优势。长江中游城市群。增强武汉、长沙、南昌中心城市功能，促进三大城市组团之间的资源优势互补、产业分工协作、城市互动合作，加强湖泊、湿地和耕地保护，提升城市群综合竞争力和对外开放水平。成渝城市群。提升重庆、成都中心城市功能和国际化水平，发挥双引擎带动和支撑作用，推进资源整合与一体发展，推进经济发展与生态环境相协调。“多点”是指发挥三大城市群以外地级城市的支撑作用，以资源环境承载力为基础，不断完善城市功能，发展优势产业，建设特色城市，加强与中心城市的经济联系与互动，带动地区经济发展。

推动长江经济带发展，前提是坚持生态优先。要从生态系统整体性和长江流域系统性着眼，统筹山水林田湖草等生态要素，实施好生态修复和环境保护工程。要坚持整体推进，增强各项措施的关联性和耦合性。要坚持重点突破，在整体推进的基础上抓主要矛盾和矛盾的主要方面，努力做到全局和局部相配套、治本和治标相结合、渐进和突破相衔接，实现整体推进和重点突破相统一。推动长江经济带绿色发展，关键是要处理好绿水青山和金山银山的关系。这不仅是实现可持续发展的内在要求，而且是推进现代化建设的重大原则。生态环境保护和经济发展不是矛盾对立的关系，而是辩证统一的关系。生态环境保护的成败归根结底取决于经济结构和经济发展方式。要坚持在发展中保护、在保护中发展，不能把生态环境保护和经济发展割裂开来，更不能对立起来。

推动长江经济带发展，要遵循五条基本原则。一是江湖和谐、生态文明。建立健全最严格的生态环境保护和水资源管理制度，强化长江全流域生态修复，尊重自然规律及河流演变规律，协调处理好江河湖泊、上中下游、干流支流等关系，保护和改善流域生态服务功能。在保护生态的条件下推进发展，实现经济发展与资源环境相适应，走出一条绿色低碳循环发展的道路。二是改革引领、创新驱动。坚持制度创新、科技创新，推动重点领域和关键环节改革先行先试。健全技术创新市场导向机制，增强市场主体创新能力，促进创新资源综合集成。建设统一开放、竞争有序的现代市场体系，不搞“政策洼地”，不搞“拉郎配”。三是通道支撑、协同发展。充分发挥各地区比较优势，以沿江综合立体交通走廊为支撑，推动各类要素跨区域有序自由流动和优化配置。建立区域联动合作机制，促进产业分工协作和有序转移，防止低水平重复建设。四是陆海统筹、双向开放。深化向东开放，加快向西开放，统筹沿海内陆开放，扩大沿边开放。更好推动“引进来”和“走出去”相结合，更好利用国际国内两个市场、两种资源，构建开放型经济新体制，形成全方位开放新格局。五是统筹规划、整体联动。着眼长远发展，做好顶层设计，加强规划引导，既要有“快思维”、也要有“慢思维”，既要做加法、也要做减法，统筹推进各地区各领域改革和发展。统筹好、引导好、发挥好沿江各地积极性，形成统分结合、整体联动的工作机制。

虽然长江经济带 11 省市的经济总量在国内经济发展中占据重要地位，发挥了中国经济压舱石的作用，但长江经济带内部省市之间的发展并不平衡，从以上海为中心的长江三角洲依次向西，长江流域的各个地区经济发展出现了明显的落差。从东、中、西三大板块的经济总量对比来看，东部4省市（上海、江苏、浙江、安徽）2017年经济总量占11个省市的52%；中部3省市（江西、湖北、湖南）占25%；西部4省市（重庆、四川、贵州、云南）仅为23%。从11省市各自的经济发展水平来看，江苏、浙江、安徽、湖南、江西的GDP总量排在前列，云南、贵州居后。从人均GDP的角度来看，位于长三角的上海、江苏、浙江要远高于第二梯队的安徽、江西、湖北、湖南等省市，人均GDP最高的上海是云南的3.6倍。

长江经济带日益严峻的发展难题不容回避。改革开放40年来，经过快速的工业化、城市化、市场化发展，长江经济带为国家的经济发展做出了重大贡献。但与此同时，长江经济带发展也面临着诸多亟待解决的困难和问题，主要是生态环境状况形势严峻、长江水道存在瓶颈制约、区域发展不平衡问题突出、产业转型升级任务艰巨、区域合作机制尚不健全等。

工业化的发展和生态保护之间的矛盾。改革开放以来经济迅速发展，沿海和沿江地区的化工厂都是临水而建，这成为工业发展的一个特征，一方面是运输便利，另一方面是出于安全的考虑。近年来，长江经济带的粗放式发展导致资源环境约束日益趋紧，区域性、累积性、复合性环境问题愈加突出。长江经济带产业结构重型化特点突出，重化工产业沿江高度密集布局，长江沿江省市化工产量约占全国的46%，资源消耗和污染排放强度高。产业结构重型化特点突出，重化工产业沿江高度密集布局，长江沿江省市化工产量约占全国的46%。资源消耗和污染排放强度高，长江经济带大部分区域能耗水耗和污染排放强度是全国平均水平的1倍以上，长三角地区污染物排放强度是全国平均水平的4倍以上。

城市化扩围与资源耗散的矛盾。近年来，城市化发展促进地域城市群兴起，劳动力等生产要素向中心城市集聚，但由于社会公共服务目前还存在较大短板，造成沿江中心城市资源过度集中，城市承载力下降、发展负荷过重，而其他中小城市和农村地区形成发展“漏斗”和资源耗散，造成区域内和区域间发展严重不平衡，既不利于现代化经济体系的形成，也不利于发挥产业梯度转移的扩散机制。

市场化进程与产业同质的矛盾。由于历史和体制的原因，尽管长江经济带上中下游之间存在显著的产业梯度和要素禀赋差异，但以省级为单位的行政区划形成了市场格局，多年来各省市突出地方经济发展，产业发展具有较高的同质性和攀比性，地方保护主义突出，导致产业竞争过度，市场相互割据，影响了生产要素的自由流动，产业协同性和经济互补性表现不明显，同一水道，各管一段，经济负外部性特征明显。

建设长江经济带的最大难点仍在于破除行政藩篱，构建统一开放、竞争有序的全流域现代市场体系。各自为政、市场分割，是长江经济带延宕数年却仍基本停留在“构想”阶段的深层原因所在，也是此次中央将其确定为国家战略所要力促突破的方面。京津冀地区仅涉及三个省市，实现一体化发展都举步维艰，长江经济带包含 11 个省市，协调、磨合的难度就更加可想而知。近几年来，长江沿线多个省份均制定了基于本行政辖区范围的区域发展规划，诸如安徽的两江经济合作区、湖北的武汉经济合作区，等等；从各省区的产业结构和布局来看，彼此之间也多有同质化竞争的现象。

推动长江经济带建设现代化经济体系，发展动力决定发展速度、效能、可持续性。要扎实推进供给侧结构性改革，推动长江经济带发展动力转换，建设现代化经济体系。要以壮士断腕、刮骨疗伤的决心，积极稳妥腾退化解旧动能，破除无效供给，彻底摒弃以投资和要素投入为主导的老路，为新动能发展创造条件、留出空间。统一市场准入制度，进一步简政放权，清理阻碍要素合理流动的地方性政策法规，清除市场壁垒，实施统一的市场准入制度和标准，推动劳动力、资本、技术等要素跨区域流动和优化配置。建立公平开放透明的市场规则，推动上海、重庆等地率先开展负面清单管理制度试点。加强市场监管合作，建立区域间市场准入和质量、资质互认制度。研究建立务实、高效的区域标准化协作机制。促进基础设施共建共享。统筹基础设施规划建设，加强省际沟通协调，做好设计方案、技术标准和建设时序衔接，打破区域分隔和行业垄断，逐步消除区域运输服务标准差距，构建统一开放有序的运输市场。加快物流体制改革，推进江海联运、铁水联运、公水联运有效衔接，大力发展直达运输，规范收费行为，降低物流成本。加快完善投融资体制。推动政府和社会资本合作（PPP）建设基础设施、公用事业等领域项目。鼓励地方研究设立长江经济带产业投资基金和创业投资基金，鼓励保险等资金进入具有稳定收益的投资领域。鼓励跨省区共同发起设立城际铁路、环境治理等投资基金，按照市场规则规范化运作。探索创新金融产品，鼓励开展融资租赁服务，支持长江船型标准化建设。

改革开放至今，中国奉行非均衡发展战略，优先发展沿海。当下，中国已经从外贸立国，转移到内需拉动经济的时代，内陆腹地的重要性，第一次凸显。国家寄望于长江经济带推动中国的高质量发展。到 2020 年，生态环境明显改善，水资源得到有效保护和合理利用，河湖、湿地生态功能基本恢复，水质优良（达到或优于Ⅲ类）比例达到 75% 以上，森林覆盖率达到 43%，生态环境保护体制机制进一步完善；长江黄金水道瓶颈制约有效疏畅、功能显著提升，基本建成衔接高效、安全便捷、绿色低碳的综合立体交通走廊；创新驱动取得重大进展，研究与试验发展经费投入强度达到 2.5% 以上，战略性新兴产业形成规模，培育形成一批世界级的企业和产业集群，参与国际竞争的能力显著增强；基本形成陆海统筹、双向开放，与“一带一路”建设深度融合的全方位对外开放新格局；发展的统筹度和整体性、协调性、可持续性进一步增强，基本建立以城市群为主体形态的城镇化战略格局，城镇化率达到60%以上，人民生活水平显著提升，现行标准下农村贫困人口实现脱贫；重点领域和关键环节改革取得重要进展，协调统一、运行高效的长江流域管理体制全面建立，统一开放的现代市场体系基本建立；经济发展质量和效益大幅提升，基本形成引领全国经济社会发展的战略支撑带。到2030年，水环境和水生态质量全面改善，生态系统功能显著增强，水脉畅通、功能完备的长江全流域黄金水道全面建成，创新型现代产业体系全面建立，上中下游一体化发展格局全面形成，生态环境更加美好、经济发展更具活力、人民生活更加殷实，在全国经济社会发展中发挥更加重要的示范引领和战略支撑作用。

二、长江经济带的战略发展

按照“五位一体”总体布局和“四个全面”战略布局，牢固树立和贯彻落实创新、协调、绿色、开放、共享的发展理念，坚持生态优先、绿色发展，坚持一盘棋思想，理顺体制机制，加强统筹协调，处理好政府与市场、地区与地区、产业转移与生态保护的关系，加快推进供给侧结构性改革，更好发挥长江黄金水道综合效益，着力建设沿江绿色生态廊道，着力构建高质量综合立体交通走廊，着力优化沿江城镇和产业布局，着力推动长江上中下游协调发展，不断提高人民群众生活水平，共抓大保护，不搞大开发，努力形成生态更优美、交通更顺畅、经济更协调、市场更统一、机制更科学的黄金经济带，为全国统筹发展提供新的支撑。

战略定位是科学有序推动长江经济带发展的重要前提和基本遵循。长江经济带横跨我国地理三大阶梯，资源、环境、交通、产业基础等发展条件差异较大，地区间发展差距明显。我们围绕生态优先、绿色发展的理念，依托长江黄金水道的独特作用，发挥上中下游地区的比较优势，用好海陆东西双向开放的区位资源，统筹江河湖泊丰富多样的生态要素，提出长江经济带的四大战略定位：生态文明建设的先行示范带、引领全国转型发展的创新驱动带、具有全球影响力的内河经济带、东中西互动合作的协调发展带。

（1）生态文明建设的先行示范带。全面落实习近平总书记提出的绿水青山就是金山银山、坚持绿色发展、加快推进生态文明建设等一系列新理念、新思想、新战略，推动长江经济带发展必须从中华民族长远利益考虑，走生态优先、绿色发展之路。要把修复长江生态环境摆在压倒性位置，共抓大保护，不搞大开发。但是，生态优先绿色发展的理念还有待具体落实到长江经济带地方的发展战略、规划和政策乃至重大工程项目的决策中，通过完善和改革环境影响评价制度，把好社会经济发展的生态文明和环境保护的准入门槛，全面实施绿色发展评价和生态文明建设目标考核制度。

长江经济带发展应根据长江流域生态环境系统特征，以主体功能区为基础，系统构建长江经济带的区域生态安全格局，加快确立资源利用上线、生态保护红线、环境质量底线，制定产业准入负面清单，强化生态环境硬约束，确保长江生态环境质量只能更好、不能变坏。沿江各省（市）应率先划定生态保护红线，从严管制开发边界，强化战略和规划环评，从源头上规范和约束空间开发活动，优化产业布局、城市功能分区和岸线开发利用，严禁违反生态红线的建设项目纳入相关规划，各级自然保护区原则上不得调整。

（2）引领全国转型发展的创新驱动带。打造创新示范高地，支持上海加快建设具有全球影响力的科技创新中心，推进全面创新改革试验，形成一批可复制、可推广的改革举措和重大政策。强化创新基础平台，加强长江经济带现有国家工程实验室、国家重点实验室、国家工程（技术）研究中心、国家级企业技术中心建设，支持建设国家地方联合创新平台，建立和完善一批创新成果转移转化中心、知识产权运营中心和产业专利联盟。集聚人才优势，对国家各类人才计划结合长江经济带人才需求予以积极支持，吸引高层次人才创新创业。建立高水平人才双向流动机制，鼓励地方或企业对引进急需紧缺的高层次、高技能人才给予一定的薪酬补贴。强化企业技术创新能力，深入实施技术创新工程，整合优势创新资源，打造重点领域产业技术创新联盟，构建服务于区域特色优势产业发展的高水平创新链，开展重大产业关键共性技术、装备和标准的研发攻关。营造良好创新创业生态，大力推动大众创业、万众创新，为公众尤其是以大学生为主体的创新力量提供低成本、便利化、全要素的创新创业综合服务平台。完善技术成果转让中介服务体系，加强知识产权保护执法。

培育和壮大战略性新兴产业，构建制造业创新体系，提升关键系统及装备研制能力，加快发展高端装备制造、新一代信息技术、节能环保、生物技术、新材料、新能源等战略性新兴产业。优化战略性新兴产业布局，加快区域特色产业基地建设。推进新一代信息基础设施建设，加快“宽带中国”战略实施，实施沿江城市宽带提速工程，持续推进城镇光纤到户和农村光纤入户，提升宽带用户网络普及水平和接入能力，加快4G移动宽带网络建设。促进信息化与产业融合发展，实施“互联网+”行动计划，构建先进高端制造业体系，推进智慧城市建设，开展电子商务进农村综合示范试点。

（3）具有全球影响力的内河经济带。构建长江经济带东西双向、海陆统筹的对外开放新格局。要立足上中下游地区对外开放的不同基础和优势，因地制宜提升开放型经济发展水平。发挥上海及长江三角洲地区的引领作用。加快复制推广上海自贸试验区改革创新经验。将上海自贸试验区打造成服务贸易创新政策先行区。鼓励上海及长三角地区重点发展高端产业、高增值环节和总部经济，加快培育以技术、品牌、质量和服务为核心的竞争新优势，率先打造开放型经济升级版。推动长三角与中上游地区共同构建航运、加工贸易和金融合作链条。率先构建引领跨境电子商务和国际贸易发展的规则体系。将云南建设成为面向南亚东南亚的辐射中心。加快推进与周边基础设施互联互通及跨境运输便利化。以昆明为中心构建面向南亚东南亚的进出口集散网络，促进加工贸易、保税物流、跨境电子商务等业务发展。加快云南沿边金融综合改革试验区发展，推进相关重点开发开放试验区建设。加快内陆开放型经济高地建设。推动区域互动合作和产业集聚发展，打造重庆西部开发开放重要支撑和成都、武汉、长沙、南昌、合肥等内陆开放型经济高地。完善中上游口岸支点布局，支持在国际铁路货物运输沿线主要站点和重要内河港口合理设立直接办理货物进出境手续的查验场所，支持内陆航空口岸增开国际客货运航线、航班。

（4）东中西互动合作的协调发展带。推进基本公共服务合作发展，是长江经济带区域协调发展的重要内容。区域内基本公共服务合作发展的关键，在于创新体制机制。在基本公共服务的各个领域都应考虑创新合作协调发展的体制机制问题。加快教育合作发展，推进公共文化协同发展。加快发展现代职业教育，适应上中下游劳动力转移流动的趋势，加强跨区域职业教育合作，建设一批跨区域职业教育集团。鼓励具备条件的普通本科高校向应用型转变。加强农民工职业技术培训，完善统一规范的劳动用工和跨区域培训教育等工作机制。加强高等教育跨区域合作，联合开展协同创新，联合推进学科建设。加大跨地区公共文化资源整合力度，提升公共文化发展水平。弘扬长江流域特色文化，加强历史文化名城名镇名村、非物质文化遗产保护，改造设施落后的图书馆、艺术馆、博物馆等，推进数字图书馆、数字档案馆、数字博物馆等协同开发和共享。

加强医疗卫生联动协作，完善区域社会保障体系。鼓励医疗水平发达地区医院跨行政区划开办分院、合作办医。发展互联网远程医疗和各具特色的健康服务产业。建立跨区域双向转诊和同级医疗机构检查结果互认制度。建立区域互联互通的医疗卫生信息平台。通过合作共建、对口支援、远程医疗等措施，提升基层、贫困地区医疗卫生服务能力和水平。强化对传染病、慢性病、寄生虫病、地方病、职业病和出生缺陷等疾病的联检、联防、联控，加强计划生育服务与管理协作。深化医药卫生体制改革，发挥江苏、安徽试点省作用，促进地区间经验借鉴和分享。加大基本养老保险、基本医疗保险等社会保险关系转移接续政策的落实力度。采取积极措施，实现养老保险在省市、地区间的顺畅衔接。完善基本医疗保险管理措施，推进区域医疗服务有效衔接和医保跨省结算。建立社会保险参保信息共享机制。

三、深入推动长江经济带发展的意义

当前，我国经济发展正处于新常态，亟待寻求新的更加强大的增长动力。在更广范围、更深层次上推动区域一体化发展，实现更高水平的区域产业融合、资源优化配置，是国家经济发展必然趋势。推动长江经济带发展，加快供给侧结构性改革，更好发挥长江黄金水道综合效益，着力建设沿江绿色生态廊道，构建高质量综合立体交通走廊，优化沿江城镇和产业布局，推动流域上中下游协调发展，打造生态文明建设的先行示范带、创新驱动带和协调发展带，将推动长江经济带更高质量、更有效率、更可持续的发展。

部署实施长江经济带发展是新发展理念的生动实践。绿色发展理念是马克思主义生态文明理论同我国经济社会发展实际相结合的创新理念，是深刻体现新阶段我国经济社会发展规律的重大理念。建设生态文明是中华民族永续发展的千年大计。长江是中华民族的母亲河，也是中华民族发展的重要支撑。推动长江经济带发展，必须坚持生态优先。决不以牺牲环境为代价换取一时的经济增长，决不以牺牲后代人的幸福为代价换取当代人的所谓“富足”。擘画长江经济带战略，把生态修复列为长江经济带建设的首要课题，正是站在实现中华民族永续发展的高度，对生态发展、绿色发展理念的务实践行，生态更优美、交通更顺畅、经济更协调、市场更统一、机制更科学的黄金经济带将日益焕发出蓬勃的发展活力。

长江是我国国土空间开发最重要的东西轴线，在区域发展总体格局中具有举足轻重的地位。长江经济带 11 个省市，既是经济共同体，更是休戚相关的生态共同体。改革开放以来，长江经济带已经跻身我国综合实力最强、战略支撑作用最大区域的行列，但也面临资源环境超载的困境。长江经济带发展战略，从经济社会发展全局出发，将“生态优先、绿色发展”作为核心理念和战略定位，明确保护和修复长江生态环境在长江经济带发展中的首要位置，坚守“共抓大保护，不搞大开发”的实践基准，赋予生态文明建设前所未有的实践意义，必将标注中华民族永续发展的新高度。

推动长江经济带发展是破解生态环境瓶颈制约的必由之路。长江经济带具有优越的区位条件、雄厚的经济基础、完善的城市体系、强大的创新能力、优异的资源禀赋，是我国“T”形生产力布局主轴线的核心组成部分，在中国经济社会发展中具有极其重要的战略地位。然而，长江经济带的粗放发展导致资源环境约束日益趋紧，区域性、累积性、复合性环境问题愈加突出。环境问题长期积累，导致长江经济带环境风险隐患突出，将直接影响沿江重大生产力布局，环境问题和风险反过来又影响经济安全。我们必须改变传统的“高投入、高消耗、低效率”的发展模式，实施“低投入、低消耗、高效率”的绿色发展模式，处理好经济、资源、环境之间的关系，不断提高经济、社会和环境的协调性，增强经济社会的可持续发展能力。

长江经济带发展为新时代高质量发展树立起样板。推动长江经济带高质量发展，是为新时代中国高质量发展谋篇布局的战略要点。党的十九大报告做出明确的判断，进入中国特色社会主义新时代，我国社会主要矛盾已经转化为人民日益增长的美好生活需要和不平衡不充分的发展之间的矛盾；我国经济已由高速增长阶段转向高质量发展阶段。部署实施长江经济带发展战略，一个重大考量就是区域整体联动、协调发展。长江经济带涉及 11 个省份，以占全国 21% 的区域面积承载着全国 40% 的人口和 45% 的经济总量，在我国发展总体格局中具有举足轻重的地位。要树立一盘棋思想，全面协调协作。处于长江经济带的各地区、各城市，应进一步做到思想上高度统一、规划上高度协调、行动上高度一致，做好错位发展、相互协作、有机融合的大文章，形成整体合力、释放更强动能。长江经济带实现的高质量发展，既能撑起全国高质量发展的“半壁江山”，又能引领全国高质量发展。要自觉把湖北放在长江经济带高质量发展大局中定位谋划，切实将党中央的战略意图领会好、落实好，为全国高质量发展作出积极贡献。

推动长江经济带发展是增进人民福祉的有效路径。长江经济带是我国“两纵三横”为主体的城市化战略格局的重要组成部分，集中了长三角城市群、长江中游城市群、成渝城市群等世界级城市群，全流域总人口超过 5 亿，人口密度远超全国平均水平，是全球人口最密集的流域之一。切实改善长江生态环境，事关数亿人的生存与健康。良好生态环境是最公平的公共产品，是最普惠的民生福祉，是民心所向。长江经济带资源环境承载问题突出，必须将绿色发展理念全面融入城乡发展之中，增强经济、基础设施、公共服务和资源环境的承载能力。随着人民群众迈向小康，对美好生活向往的内涵更加丰富，对与生命健康息息相关的环境问题越来越关切，期盼更多的蓝天白云、绿水青山，渴望更清新的空气、更清洁的水源，严格限制发展高耗能高耗水服务业、大力治理城乡环境、倡导绿色消费理念、鼓励绿色出行等都是推进长江经济带绿色发展的重要途径。

推动长江经济带发展，有利于走出一条生态优先、绿色发展之路，让中华民族母亲河永葆生机活力，真正使黄金水道产生黄金效益；有利于挖掘中上游广阔腹地蕴含的巨大内需潜力，促进经济增长空间从沿海向沿江内陆拓展，形成上中下游优势互补、协作互动格局，缩小东中西部发展差距；有利于打破行政分割和市场壁垒，推动经济要素有序自由流动、资源高效配置、市场统一融合，促进区域经济协同发展；有利于优化沿江产业结构和城镇化布局，建设陆海双向对外开放新走廊，培育国际经济合作竞争新优势，促进经济提质增效升级，对于实现“两个一百年”奋斗目标和中华民族伟大复兴的中国梦，具有重大现实意义和深远历史意义。

第二节　区位优势助力长江经济带高质量发展

一、重要的区位优势

长江经济带是以长江为纽带联结构成的相对完整的经济带。长江为中国第一、世界第三大江（河），横贯中国东西。根据国家发展和改革委员会提出的《长江经济带发展规划纲要》，以长江为依托形成的长江经济带包括上海、江苏、浙江、安徽、江西、湖北、湖南、重庆、四川、贵州、云南等沿江 11 省市，2016 年土地面积约 205 万平方公里，占全国的 20%；人口约 6 亿，占全国 40% 以上。

长江经济带是中国位置居中、腹地辽阔、资源丰富、自然地理基础最好的经济带。具有极其丰沛的淡水资源，拥有储量大、种类多的矿产资源，此外还拥有闻名遐迩的众多旅游资源和丰富的农业生物资源，开发潜力巨大。长江横贯中国东西，上游分布有四川盆地，湖北三峡以东连绵延至东部海岸线，分布有中国最大的长江中下游沿岸带状平原，腹地辽阔，耕地肥沃，资源丰富，农业发达；长江位置居中，把中国划分为南北两半，气候条件等自然环境兼具南北之长，是中国自然地理基础最好、农业发达、素有“天府之国”及“水乡泽国”之美称的经济带。

长江经济带古往今来就是我国主要的粮食、农作物生产重地，沿江九省市的粮棉油产量占全国 40% 以上，丰富的农业生物资源凸显出这个区域的大农业基础地位。这里还拥有储量大、种类多的矿产资源和极其丰沛的淡水湖泊资源、水生动植物资源。据不完全统计，长江流域有淡水鲸类 2 种，鱼类 424 种，浮游植物 1200 余种（属），浮游动物 753 种（属），底栖动物 1008 种（属），水生高等植物 1000 余种。流域内分布有白鳍豚、中华鲟、达氏鲟、白鲟、长江江豚等国家重点保护野生动物，圆口铜鱼、岩原鲤、长薄鳅等稀有物种，以及“四大家鱼”等重要经济鱼类。目前，长江流域已建立水生生物、内陆湿地自然保护区 119 处，其中国家级自然保护区 19 处，国家级水产种质资源保护区 217 处。

二、四通八达的交通优势

长江南北居中、横贯东西的地理位置，不仅把东、中、西三大地带联结起来，亦与京沪、京九、京广、皖赣、焦柳等南北铁路干线交汇，承东启西，接南济北，通江达海。广阔富饶的腹地，便捷的交通条件，孕育汇集了中国大部分钢铁、汽车、电子、石化等现代工业，以及一大批高耗能、大运量、高科技的工业行业和特大型企业，形成了中国最重要的交通走廊和工业走廊式经济带。

交通运输体系是国民经济发展的重要基础，对区域经济社会发展具有重要的支撑和引领作用。长江经济带横贯我国腹心地带，经济腹地广阔，加快交通基础设施互联互通，是推动长江经济带发展的先手棋。要着力推进长江水脉畅通，把长江全流域打造成黄金水道；统筹铁路、公路、航空、管道建设，率先建成网络化、标准化、智能化的综合立体交通走廊，进一步提高质量和效益，增强对长江经济带发展的战略支撑力。

完善综合交通网络。围绕建设长江大动脉，加快铁路建设步伐，优先实施消除铁路“卡脖子”工程，形成与黄金水道功能互补、衔接顺畅的快速大运力铁路通道。加快建设高等级广覆盖公路网，有效延伸黄金水道辐射范围。优化航线网络，提高主要城市间航班密度，培育和拓展国际运输航线，积极发展航空快递。深化低空空域管理改革，大力发展通用航空。统筹规划、合理布局油气管网，加快建设主干管道，配套建设输配体系和储备设施，提高原油、成品油管输比例。

促进港口合理布局。强化港口分工协作，统筹港口规划布局，优先发展枢纽港口，积极发展重点港口，适度发展一般港口，严格控制港口码头无序建设。鼓励大型港航企业以资本为纽带，采用商业模式整合沿江港口和航运资源。发展现代航运服务，加快上海国际航运中心、武汉长江中游航运中心、重庆长江上游航运中心和南京区域性航运物流中心建设，积极培育高端航运服务业态，大力发展江海联运服务。加强集疏运体系建设，以航运中心和主要港口为重点，加快铁路、高等级公路等与重要港区的连接线建设，提升货物中转能力和效率，有效解决“最后一公里”问题，实现枢纽港与铁路、公路运输衔接互通。

大力发展联程联运。按照“零距离换乘、无缝化衔接”要求，加快建设全国性综合交通枢纽，有序发展区域性综合交通枢纽，提高综合交通运输体系的运行效率，增强对产业布局的引导和城镇发展的支撑作用。加快发展多式联运，鼓励发展铁水、公水、空铁等多式联运，增加集装箱和大宗散货铁水联运比重，提高公水、空铁联运效率，提升运输服务一体化水平。

提升黄金水道功能。全面推进干线航道系统化治理，重点解决下游“卡脖子”、中游“梗阻”、上游“瓶颈”问题，进一步提升干线航道通航能力。统筹推进支线航道建设，围绕解决支流“不畅”问题，有序推进航道整治和梯级渠化，形成与长江干线有机衔接的支线网络。加快推进船型标准化，加大相关资金投入力度，拓宽融资渠道，加快长江船型标准化步伐。坚持安全第一，提高客船安全标准，完善危险化学品船舶技术规则和运输管理。积极推广应用节能环保型船舶，加快淘汰低效率高污染老旧船舶。健全智能服务和安全保障系统，加快长江水运预防预控和应急救助能力建设，增强突发事件处置能力，加强国家船舶溢油应急设备库和溢油应急船舶建设。优化整合长江干线渡口渡线，加强渡运安全管理。

依托交通优势构建产业发展新格局。基础设施最重要的功能就是承载产业。承载了产业的交通，能有效避免高速时代带来的“虹吸效应”。各地按照已有交通路网，统筹推进产业布局规划，狠抓产业培育和结构调整。依托交通优势构建城镇发展新格局。城镇发展离不开交通的先导作用。交通要道、要地必然汇集人流物流，带动城镇空间拓展。统筹做好交通建设与城市发展规划，坚持高标准规划，高质量建设，高水平管理，不断完善城镇功能，构建特色新型城镇体系。同时注意发挥交通建设纽带作用，加大城乡统筹力度，促进城市基础设施向农村延伸、城市公共服务向农村覆盖，让城乡居民共享改革发展成果。

依托交通优势构建县域经济发展新格局。在同步小康、富民强州的大局中，县域经济具有基础性、全局性、根本性的作用。沿江各地依托交通建设，坚持因地制宜，明确县域经济的发展定位，引导各县（市、区）发展具有比较优势的主导产业和特色产业，发挥比较优势，做足特色文章，避免产业结构低级趋同，形成主体功能定位清晰、国土空间高效利用、县域经济优势互补、人与自然和谐相处的区域发展格局；坚持项目推动，采取积极有效措施谋划生成项目，夯实县域经济发展基础，推动县域经济换挡升级。

三、集中的产业优势

长江经济带历来就是我国最重要的工业走廊之一，我国钢铁、汽车、电子、石化、高端装备等现代工业的精华大部分汇集于此，集中了一大批先进制造业、一大批现代服务业、一大批国家重大基础建设工程和一大批高新技术产业园区，具有雄厚的产业创新能力、配套能力、物流供应体系和广阔的市场辐射空间。据不完全统计，仅长江中游城市群就有省级及以上工业开发区 150 多个，主要布局食品纺织、装备制造、冶金、化学和建材工业，且基本沿长江及其干支流分布。此外，大农业的基础地位也居全国首位，沿江九省市的粮棉油产量占全国 40% 以上。

长江经济带的形成，既有自然地理的链接与交通网状结构带动的物流、人流、资金、信息流汇聚。同时，产业集群的区域聚集与梯次配置也通常是经济带的典型特征。但是，无论是何种类型产业基础的经济带，其间必有中心核心城市，或者是规模性城市群作为经济带的核心驱动力。这就如国际区域经济一体化过程中的经济驱动国一样，承载并推动着经济带的产生要素有机配置，并使经济带在全球和区域竞争中持续发挥可持续增长作用，这一点在欧洲区域一体化 60

年成功经验中已得到充分验证。以全球城市和城市群发展的历史经验角度看，19世纪的美国五大湖经济带，今天的美国加州、德州经济带，德国的北威州经济带，意大利的米兰—佛罗伦萨经济带等，这些城市为主体的经济带形成并产生强大的辐射和溢出效应，均是存在高效竞争力产业集群，既作为核心城市和城市群发展的内在本质的驱动力，同时也带动经济带的良性形成。所以把长江经济带建设成为黄金经济带，其重点就是要发挥沿线核心城市和城市群的经济功能和产业集群放大效应。

“经济带”的核心是经济产出能力、辐射能力和经济溢出能力，是市场规模的创造与区域经济体竞争能力的提升。这在建设黄金经济带过程中，完全取决于长江经济带的经济能级改造。传统上，长江作为中国的交通要道和黄金水域，沿线地区借交通和物流便利，形成粗放型产业聚集，也导致了长江沿线生态环境的损害与破坏；而如何在“共抓大保护、不搞大开发”的新发展理念下，推动长江经济带的建设与发展，既要有“约束型、精细化”的建设理念上的再认识，同时更要借鉴成功的发展经验。从德国鲁尔区传统上高污染、高能耗的产出，到今天生态友好型、科技创新型德国北威州经济带的形成，我们可以看到，在生态友好型的经济带建设中，并不是简单地“去工业化”以带来生态环境变化，而是以产业能级和创新能力提升，以产业集群优化为核心主线的。对应地，长江经济带的建设，不是在白纸上的蓝图新设计，也不是空地上的新建设，而是在既有的经济结构中进行再调整，并且这种调整要以经济产出能级作为依据，并在生态保护下完成——这里面涉及经济带的能源结构、产业结构、市场结构的再造。生态环境保护的成败归根结底取决于经济结构和经济发展方式；以壮士断腕、刮骨疗伤的决心，积极稳妥腾退化解旧动能，破除无效供给，彻底摒弃以投资和要素投入为主导的老路，为新动能发展创造条件、留出空间，实现腾笼换鸟、凤凰涅槃。显然，新旧动能转换，对于推动长江经济带高质量发展、建设现代化经济体系至关重要，而坚持经济能级提升与创新型新产业集群聚集则是重中之重。

为推动长江经济带整体发展，我国将实施长江经济带世界级产业集群建设，重点打造电子信息、高端装备、汽车、家电、纺织服装五大产业集群。主要依托于长江经济带区内上海、江苏、浙江、安徽、江西、湖北、湖南、重庆、四川、云南、贵州 11 省市具有一定产业基础的核心城市，并利用整个长江经济带区域内的国家级、省级开发区和产业园区，形成产业协同，共同打造产业链完备的跨区域产业集群。对于打造长江经济带世界级产业集群，我国一直高度重视。早在 2016 年，我国就已启动“长江经济带重大战略研究”重大课题研究，并明确提出“培育长江经济带世界级产业集群”“对接‘一带一路’”等任务目标。2016 年发改委等三部委联合下发《长江经济带发展规划纲要》，随后，《依托黄金水道推动长江经济带发展的指导意见》《加强长江经济带工业绿色发展的指导意见》两大指导性文件出台，再度强调了打造长江经济带世界级产业集群的重要性。据发改委、工信部等权威部门介绍，根据长江经济带现有资源禀赋和产业分布，未来将在电子信息、高端装备、汽车、家电、纺织服装领域，通过引导相关产业转移集聚，形成与资源环境承载力相适应的产业空间布局，培育具有国际先进水平的五大世界级产业集群。

依托长江这一黄金水道，利用区位、产业、劳动力、市场等优势，打造横贯整个长江经济带的产业集群势在必行。电子信息产业集群方面，将依托上海、江苏、湖北、重庆、四川，着力提升集成电路设计水平，突破核心通用芯片，探索新型材料产业化应用，提升封装测试产业发展能力等。高端装备产业集群方面，将依托上海、四川、江西、贵州、重庆、湖北、湖南，整合优势产业资源，发展航空航天专用装备。在浙江、安徽、湖南、重庆、湖北、四川、云南发展高档数控机床、工业机器人、3D 打印、智能仪器仪表等智能制造装备。在上海、浙江、江苏、湖北、四川、重庆、湖南，发展海洋油气勘探开发设备、系统、平台等海洋工程装备。在湖南、安徽、四川、贵州发展高铁整车及零部件制造。在湖南、重庆、浙江、江苏发展城市轨道车辆制造。汽车产业集群将依托上海、南京、杭州、宁波、武汉、合肥、芜湖、长沙、重庆、成都等地，提高整车和关键零部件创新能力，推进低碳化、智能化、网联化发展等。家电产业集群以江苏、安徽为重点区域，按照智能化、绿色化、健康化发展方向，加快智能技术、变频技术、节能环保技术、新材料与新能源应用、关键零部件升级等核心技术突破，重点发展智能节能环保变频家电、健康厨卫电器、智能坐便器、空气源热泵空调、大容量冰箱和洗衣机等高品质家电产品，推动家电产品从国内知名品牌向全球品牌转变。纺织服装产业集群以长三角地区为重点，推动形成纺织服装设计、研发和贸易中心，提升高端服装设计创新能力。在湖南、湖北、安徽、江西、四川、重庆等地建设现代纺织生产基地，推动区域纺织服装产业合理分工。依托云南、贵州等地蚕丝和麻资源、少数民族纺织传统工艺、毗邻东南亚等优势，大力发展旅游纺织品。在江苏、浙江加快发展差别化纤维、高技术纤维和生物质纤维技术及产业化。

四、厚实的人文优势

长江经济带是中国人口集中、城镇密布、经济发达水平最高、综合竞争力最强的经济带。长江流域是中华民族的文化摇篮之一，长江流域是中华民族的文化摇篮之一，人才荟萃，科教事业发达，技术与管理先进。拥有闻名遐迩的众多文化旅游资源，沿江主要城市商贸发达，著名高校和研究机构林立，传统文化与现代文明在这里交织，内河发展与对外开放在这里相互映衬，具有广泛的思想包容性、商贸交融性和开放吸纳性。

自古以来，长江流域东西向之间的移民活动络绎不绝，其中较大范围的移民活动主要有三次。在移民大量迁移的背后，是长江流域上、中、下游的语言、风俗、艺术等文化的传播、整合、交融、汇通。移民是整合区域文化、形成长江文化带的重要载体。长江绵延6300余公里，长江文化持续5000余年，虽然存在不同的文化区域和文化体系，如巴蜀文化、荆楚文化、吴越文化等，但由于长江本身横贯东西，这些不同文化区域和文化体系之间并不存在使它们长期彼此隔绝的天然地理屏障，各区域之间的交流沟通自古就非常频繁。正是这种不受阻碍的相互交流导致“你中有我，我中有你”，使得长江文化带在漫长的历史进程中发展出带有中国南方文化鲜明特色的重商重利的价值取向、空灵浪漫的审美情趣、包容开放的心理性格、勇于开拓的个性特征等流域整体性和共通性特征。

以中国上海为首的数十个大城市、特大城市明珠般镶嵌在长江沿岸，人口集中，城市化发达。1995年沿江九省市拥有大小城市216个，占全国城市数量的33.8%；城市化水平约为50%，比全国平均水平高21个百分点；城市密度为全国平均密度的2.16倍。上海浦东开发开放和三峡工程建设将产生数千亿元的投资需求，而且这一地区人口密集，居民收入水平相对较高，各种消费需求也十分可观，对于国内外投资者有很强的吸引力。2016年长江经济带生产总值（GDP）达33.3万亿元，20%的国土创造了全国43%以上的经济增加值。可以说，长江经济带是中国经济发达水平最高、综合竞争力最强的经济带和中国经济发展全局中的重要支撑带。①

长江经济带竞争力的提升需要文化的支撑、促进。文化是国家、区域核心竞争力的重要因素，为区域发展提供了新的经济机会。今天，在某些领域，文化竞争力正由“软实力”转化为“硬实力”。对长江经济带而言，其竞争力的提升同样离不开文化的支撑。以文化产业、文化创意提升长江经济带竞争力、促进经济发展是一条现实可行的路径。长江经济带横跨我国东、中、西部，包括长三角城市群、长江中游城市群、成渝城市群三大城市群。除了传统的市场相通和利益相关，文化相融和情感相亲亦可起到重要作用。长江文化带建设对于增强长江经济带的亲和力起着不可或缺的黏合剂作用。

旅游产业具有联动性强、跨界性强、融合性强的特点，是一个能够创造新动能的产业。“旅游＋工业”，可以提升工业的体验感和附加值，并且助力工业的转型升级，从粗放式发展向绿色发展转变。“旅游＋农业”，也可以提升农业的体验感和附加值，并且帮助农业走上无污染、高效能的绿色发展道路。“旅游＋医疗”，可以为医疗产业带来更多盈利点，并且形成区域发展的主导力和引擎力。

---

① 王桂新．长江经济带，究竟有啥优势？［J］．创造，2018（5）．

此外，还有“旅游+教育”“旅游+体育”，等等，都能够形成新动能。最关键的是，旅游产业带来的新动能都是绿色的、无污染的、可持续的新动能。对于提倡“大保护”的长江经济带来说，这些新动能恰恰是“大保护”能够可持续的重要保障，是将“大保护”和“高质量发展”相互平衡、相互协调的关键所在。对于全国各地的旅游目的地来说，大保护也是目的地高质量发展的前提，只有严格落实大保护，才能够确保目的地拥有持续的绿色生态环境和持续的历史文化传承。

长江流域孕育了发达的长江经济带。长江经济带是整个长江流域最发达的地区，也是全国除沿海开放地区以外，经济密度最大的经济地带，它对我国经济发展的战略意义是其他经济带所无可比拟的。与沿海和其他经济带相比，长江经济带拥有我国最广阔的腹地和发展空间，是我国今后 15 年经济增长潜力最大的地区，应该成为世界上可开发规模最大、影响范围最广的内河经济带。

第三节　构建长江经济带一体化

一、优化区域互助机制

要增强系统思维，统筹各地改革发展、各项区际政策、各领域建设、各种资源要素，使沿江各省市协同作用更明显，促进长江经济带实现上中下游协同发展、东中西部互动合作。在这一重要思想指导下，长江经济带 11 省市合力推进全流域协同融合，加快推进资源在更广领域优化配置。逐步建立健全最严格的生态环境保护和水资源管理制度，加强流域生态系统修复和环境综合治理，大力构建绿色生态廊道。不断提升黄金水道功能，抓好航道畅通、枢纽互通、江海联通、关检直通，高起点高水平建设综合立体交通走廊。加速推进产业有序转移和城镇化空间格局优化，坚持创新发展和产城融合发展，着力建设现代产业走廊和新型城镇走廊。

当前，长江经济带初步形成多层次协商合作机制和规划体系，致力于打破行政区划界限和壁垒，协同保护长江生态环境，推进基础设施互联互通，促进区域经济协调发展。长江经济带发展领导小组充分发挥统领作用，多次组织召开推动长江经济带发展工作会议、专题会议。覆盖全流域的长江经济带省际协商合作机制全面建立，一体化市场体系加速形成。其中，长江下游沪、苏、浙、皖四省市已建立“三级运作、统分结合、务实高效”的合作协调机制。

发展现代航运服务，加快上海国际航运中心、武汉长江中游航运中心、重庆长江上游航运中心和南京区域性航运物流中心建设，积极培育高端航运服务业态，大力发展江海联运服务。以长江黄金水道为依托，发挥上海、武汉、重庆的核心作用，以沿江主要城镇为节点，构建沿江绿色发展轴。增强武汉、长沙、南昌中心城市功能，促进三大城市组团之间的资源优势互补、产业分工协作、城市互动合作，加强湖泊、湿地和耕地保护，提升城市群综合竞争力和对外开放水平。

推动区域互动合作和产业集聚发展，打造重庆西部开发开放重要支撑和成都、武汉、长沙、南昌、合肥等内陆开放型经济高地。完善中上游口岸支点布局，支持在国际铁路货物运输沿线主要站点和重要内河港口合理设立直接办理货物进出境手续的查验场所，支持内陆航空口岸增开国际客货运航线、航班。

突出产业转移重点，下游地区积极引导资源加工型、劳动密集型产业和以内需为主的资金、技术密集型产业加快向中上游地区转移。中上游地区要立足当地资源环境承载能力，因地制宜承接相关产业，促进产业价值链的整体提升。严格禁止污染型产业、企业向中上游地区转移。建设承接产业转移平台。推进国家级承接产业转移示范区建设，促进产业集中布局、集聚发展。积极利用扶贫帮扶和对口支援等区域合作机制，建立产业转移合作平台。鼓励社会资本积极参与承接产业转移园区建设和管理。创新产业转移方式。积极探索多种形式的产业转移合作模式，鼓励上海、江苏、浙江到中上游地区共建产业园区，发展“飞地经济”，共同拓展市场和发展空间，实现利益共享。

推动传统产业整合升级，依托产业基础和龙头企业，整合各类开发区、产业园区，引导生产要素向更具竞争力的地区集聚。积极推动钢铁、石化、有色金属、建材、船舶等产业改造升级，推进去产能、去库存，坚决淘汰落后产能。打造产业集群，加强重大关键技术攻关、重大技术产业化和应用示范，联合打造电子信息、高端装备、汽车、家电、纺织服装等世界级制造业集群。加快推进农业现代化，推动多种形式适度规模经营，提升现代农业和特色农业发展水平，促进农村一二三产业融合发展，提高农业质量效益和竞争力。积极发展服务业，优先发展生产性服务业，提升研发设计、金融保险、节能环保、检验检测、电子商务、融资租赁、服务外包、商务咨询、售后服务、人力资源等服务业质量和水平。大力发展教育培训、文化体育、健康养老家政等生活性服务业，推动向精细和高品质转变。大力发展现代文化产业，支持现代传媒、数字出版、动漫游戏等文化产业加快发展，推动文化业态创新，促进文化与科技、信息、旅游、体育、金融等产业融合发展，打造一批有鲜明特色的长江文化基地。

促进各类城市协调发展，发挥上海、武汉、重庆等超大城市和南京、杭州、成都等特大城市引领作用，发挥合肥、南昌、长沙、贵阳、昆明等大城市对地区发展的核心带动作用，加快发展中小城市和特色小城镇，培育一批基础条件好、发展潜力大的小城镇。推进新型城镇化是长江经济带发展的重要任务之一，长江上中下游城镇化水平和质量差别很大，推进新型城镇化不能搞“一刀切”，而是要大中小结合、东中西联动。

优化城镇化空间格局。首先要抓住城市群这个重点，以长江为地域纽带和集聚轴线，以长江三角洲城市群为龙头，以长江中游和成渝城市群为支撑，以黔中和滇中两个区域性城市群为补充，以沿江大中小城市和小城镇为依托，形成区域联动、结构合理、集约高效、绿色低碳的新型城镇化格局。强化城市交通建设，加强城际铁路、市域（郊）铁路建设，形成与新型城镇化布局相匹配的城市群交通网络，实现城市群内中心城市之间、中心城市与周边城市之间 1 ~ 2 个小时通达。按照公共交通优先的理念，加快发展城市轨道交通、快速公交等大容量公共交通，鼓励绿色出行。

推进农业转移人口市民化。拓宽进城落户渠道。一方面因地施策，根据上中下游城镇综合承载能力和发展潜力，促进有能力在城镇稳定就业和生活的农业转移人口举家进城落户；另一方面因城施策，实施差别化落户政策，超大城市和特大城市要建立完善积分落户制度，统筹推进外来人口落户和控制城市人口规模，其他城市要努力实现符合条件的农业转移人口自由落户。创新农业转移人口市民化模式。坚持异地城镇化与就地城镇化相结合，健全有利于人口合理流动的体制机制，统筹推进技术扩散、产业扩散、公共服务扩散、就业扩大四个同步，促进人口流动、产业转移。

加强新型城市建设。提升城市特色品质，将生态文明理念全面融入城市发展，合理确定城市功能布局和空间形态，促进城市发展与山脉水系相融合。推进人文城市建设，延续城市历史文脉，注重保护民族文化风格和传统风貌。增强城市综合承载能力，增强城市经济、基础设施、公共服务和资源环境的承载能力，建设和谐宜居、充满活力的新型城市。创新城市规划管理，统筹规划、建设、管理三大环节，合理确定城市规模、开发边界和开发强度，有效化解各种“城市病”，促进城市发展由规模扩张向内涵提升转变。控制特大城市人口和空间过度扩张，推动特大城市部分功能向周边疏解、产业向中上游转移。

统筹城乡发展。推进美丽乡村建设，加强农村道路、供水、垃圾、污水等设施建设和环境治理保护，做好乡村规划，突出建筑风格，体现特色、传承文化，扶持建设一批具有历史、地域、民族特点的特色旅游村镇。加大扶贫开发力度，深入推进集中连片特困地区扶贫攻坚，加快交通、水利、能源等设施建设，加强生态保护和基本公共服务建设，扶持特色产业发展。以革命老区、原中央苏区为重点，加快老区开发建设步伐。加强跨区域扶贫协作，引导下游企业参与中上游贫困地区扶贫开发。要提高居民生活水平，实施积极的就业政策，鼓励以创业带就业，加强上中下游产业合作，创造更多就业岗位。推动公共服务供给方式多元化，大力改善农村公共服务条件，努力实现基本公共服务全覆盖。

推动长江经济带发展是一项宏大的系统工程，需要沿江各地积极作为，搞好配合，切实把长江保护好利用好，把长江经济带建设好发展好，确保各项任务落到实处。加强组织领导。推动长江经济带发展领导小组统一指导和统筹协调长江经济带发展战略实施，协调跨地区跨部门重大事项，督促检查重要工作的落实情况。沿江 11 省市是推动长江经济带发展的主体，要切实加强领导，完善工作机制，找准战略定位，抓好各项任务的落实。各有关部门要发挥指导和协调作用，按照职能分工，制定配套政策，完善相关规章，及时帮助解决工作中存在的问题。做好规划衔接，加快制定生态环境保护、岸线资源利用等专项规划，沿江 11 省市制定本地区的实施规划，经领导小组审议后实施。现有涉及沿江地区发展的各类区域规划和行业规划要做好与本规划纲要的衔接，对不符合要求的相关内容及时进行修改调整。统筹加强流域管理。切实做好流域统筹协调、相互配合、部分职能和任务整合等工作，加强水资源、水环境、岸线、航运等方面的监督管理，加大执法力度，严厉查处违法排污、岸线乱占、“黑码头”、非法采砂等问题。研究论证并尽早提出长江流域统一监督管理新体制。强化法律保障。深入贯彻全面依法治国战略部署，建立健全长江经济带生态环境保护法律体系，规范和约束各类利用自然资源的行为，使长江生态环境保护有更严格的法律保障。抓好督查评估，加强宣传引导。深入宣传生态优先、绿色发展理念，全面解读战略定位和重点任务，合理引导社会预期。尊重基层首创精神，总结推广各地好经验、好做法。充分调动广大群众的积极性、主动性和创造性，群策群力、共建共享，共同推动长江经济带发展。

党的十九大报告提出，要“构建政府为主导、企业为主体、社会组织和公众共同参与的环境治理体系”。重构区域合作治理主体体系，将原有的政府单一治理主体转变为政府、企业、社会、居民合作治理主体。政府负责绿色发展的公共政策制定与总体规划、总体协调；企业承担绿色发展所必需的公共产品和公共服务的生产与供给，承担相关产业投资与项目建设任务；民间组织承担部分力所能及的绿色发展所涉公共事务，助力协调相关区际利益冲突和均衡问题；公民参与监督评估工作，并分享长江经济带绿色发展的公共产品与公共服务产生的成果。以流域整体利益包容吸纳利益碎片。建议协调各方利益主体，设立由国内外知名学者、企业家组成的“长江咨询委员会”，负责提供长江区域发展规划方案，优化区域利益碎片与整体利益关系，以整体利益包容利益碎片。放大区域合作“正溢出效应”。建立区域内项目联合审批制度。编制联合审批标准并运用网络治理平台，突破碎片式审批体制困境。在长江经济带建立生态环境监测网络，实现环境质量、重点污染源、生态状况监测全覆盖，量化城市和地区间污染物传输量，明确各地大气污染物排放份额。创设有效连接经济与生态的技术系统，在不发达地区的生态保护和绿色发展中发挥强化功能、替代功能和开发功能。

二、完善多元化横向生态补偿机制

绿色是长江流域的底色，生态是长江经济带发展的保障。作为世界第三大河流，长江发源于唐古拉山脉，流经青藏高原、横断山区、云贵高原、四川盆地，贯穿三峡，进入长江中下游平原，最后汇入东海，形成山—河—湖—海流域综合体，生态系统类型多样，生物多样性丰富。可以说长江经济带不仅是一条有巨大潜力的经济发展带，更是关系子孙祸福的生态屏障带。过去，粗放的经济发展方式和落后的流域管理模式使长江自然生态系统遭到了极大破坏，资源环境承载力越来越弱。一方面，长江黄金水道的功能远未有效发挥，另一方面，长江流域生态系统已不堪重负。转变发展方式、创新流域开发和管理模式已迫在眉睫。新常态下，国家启动了建设长江经济带的发展战略，明确提出将长江经济带打造成具有全球影响力的内河经济带、东中西互动合作的协调发展带，全面推进对外开放和生态文明建设的先行示范带，绘制了长江经济带全面、协调、可持续发展的蓝图。

确立“绿水青山就是金山银山”的现代生态文明观。长江拥有独特的生态系统，是我国重要的生态宝库。实施长江经济带发展战略，要科学认识和把握发展与保护的辩证关系，牢固确立“绿水青山就是金山银山”的现代生态文明观。把保护和修复长江生态环境摆在首要位置，涉及长江的一切经济活动都要以不破坏生态环境为前提。思路要明确，约束要硬化，长江生态环境只能优化、不能恶化。把实施重大生态修复工程作为推动长江经济带发展的优先项目，实施好长江防护林体系建设、水土流失及岩溶地区石漠化治理、退耕还林还草、水土保持、河湖和湿地生态保护修复等工程，增强水源涵养、水土保持等生态功能。

长江生态环境保护中存在的一些突出问题，大多留有体制不完善、机制不健全、法治不完备的印记。新的时代条件下，要牢固树立空间均衡理念，按照人口资源环境相均衡、经济效益社会效益生态效益相统一的原则，健全基于主体功能区的区域政策、国土空间用途管制制度和自然资源统一监管体制；按照“节水优先、空间均衡、系统治理、两手发力”的新时期治水思路，落实最严格的水资源管理制度；按照“谁受益谁补偿”的原则，加快建立长江流域环境生态补偿机制。

长江拥有独特的生态系统，是我国重要的生态宝库。目前，沿江工业发展各自为政，沿岸重化工业高密度布局，环境污染隐患日趋增多。长江流域生态环境保护和经济发展的矛盾日益严重，发展的可持续性面临严峻挑战，再按照老路走下去必然是“山穷水尽”。习近平总书记对长江经济带发展多次明确指出，推动长江经济带发展，要从中华民族长远利益考虑，牢固树立和贯彻新发展理念，把修复长江生态环境摆在压倒性位置，在保护的前提下发展，实现经济发展与资源环境相适应。长江经济带发展的基本思路就是生态优先、绿色发展，而不是鼓励新一轮的大干快上。这是长江经济带战略区别于其他战略的最重要的要求，是制定规划的出发点和立足点。

把保护和修复长江生态环境摆在首要位置，共抓大保护，不搞大开发，全面落实主体功能区规划，明确生态功能分区，划定生态保护红线、水资源开发利用红线和水功能区限制纳污红线，强化水质跨界断面考核，推动协同治理，严格保护一江清水，努力建成上中下游相协调、人与自然相和谐的绿色生态廊道。重点要做好四方面工作：一是保护和改善水环境，重点是严格治理工业污染、严格处置城镇污水垃圾、严格控制农业面源污染、严格防控船舶污染。二是保护和修复水生态，重点是妥善处理江河湖泊关系、强化水生生物多样性保护、加强沿江森林保护和生态修复。三是有效保护和合理利用水资源，重点是加强水源地特别是饮用水源地保护、优化水资源配置、建设节水型社会、建立健全防洪减灾体系。四是有序利用长江岸线资源，重点是合理划分岸线功能、有序利用岸线资源。

要在生态环境容量上过紧日子的前提下，依托长江水道，统筹岸上水上，正确处理防洪、通航、发电的矛盾，自觉推动绿色循环低碳发展，有条件的地区率先形成节约能源资源和保护生态环境的产业结构、增长方式、消费模式，真正使黄金水道产生黄金效益。为此，推动长江经济带发展，要坚持改革引领、创新驱动，有效促进长江经济带在发展中保护、在保护中发展。长江经济带以水为纽带，要以长江水质保护为重点，切实保护和改善水环境，大力保护和修复水生态，有效保护和利用水资源。长江经济带资源环境超载问题突出，要节约集约利用资源，推动资源利用方式根本转变。长江经济带沿江两岸重化工业布局比较密集，要优化产业布局，推动工业园区循环化改造，体现绿色循环低碳发展要求。

代替经济发展第一的传统战略，长江经济带把环保放在核心位置。长江生态环境保护是一项系统工程，涉及面广，必须打破行政区划界限和壁垒，有效利用市场机制，更好发挥政府作用，加强环境污染联防联控，推动建立地区间、上下游生态补偿机制，加快形成生态环境联防联治、流域管理统筹协调的区域协调发展新机制。

长江上游地区素有绿色生态屏障之称，是长江水资源的根基和命脉所在。长江上游地处我国一级阶梯向二级阶梯的过渡地带，地质构造复杂，地貌类型多样，生态环境复杂，生物多样性丰富，构成了长江上游特殊的地质地理环境和生态环境，赋予其特殊的生态环境功能。切实采取措施，彻底制止多种对生态环境的破坏行为。长江经济带的环境污染，其中，水、空气、土壤等方面均存在着一定的问题。面对多种污染问题，我们亟须采取措施进行治理。一方面，需要对造成水、空气、土壤等方面的污染源进行控制或者清理，对能够改造的污染严重的传统工业进行创新改造，实现转型升级，达到环保标准，而对不能改造或者改造困难的污染工业实施搬迁，或者进行关闭停产。另一方面，建立长江经济带生态环境损害赔偿制度。改革和完善生态环境管理，保障生态维护和建设成效，最直接、最有效的举措就是建立明确的、具体的损害赔偿制度和处罚机制。

加强组织协调，在自然资源部下设立长江经济带绿色发展协调委员会。由于长江经济带覆盖 11 个省市，生态保护和绿色发展容易陷入“九龙治水”困境。对多个省市的生态保护与经济发展进行协调是一个涉及多要素、共同管理的复杂巨系统，其保护与发展工作需要多地区、多部门之间的统筹协作、综合决策。为此，亟须设立一个统筹协调的机构。可以在自然资源部下设立长江经济带绿色发展协调委员会，该委员会以自然资源部为考核主体、省市为责任主体，建立协调联动机制，实行跨区域联合执法。

良好的协作治理制度需要相应的组织及其制度进行保障，长江经济带府际联席会议制度，不仅可以解决跨界生态补偿机制设计中存在的问题，对其他跨界环境污染协作治理机制，如污染赔偿机制、第三方治理机制以及非生态环境问题的协作机制的构建也具有积极作用。那么，长江经济带府际联席会议将成为一个功能多元的组织体系来执行和维护长江经济带跨界生态补偿机制的日常工作，包括协商确定上中游跨界生态补偿机制的原则、标准，以及对于补偿方式创新、补偿资金使用进行评估和监管。在长江经济带府际联席会议中设立的环保专项委员会需要由中央和高层政府、环保企业、环保 NGO、环保专家和学者、环保公众代表担任组织中的领导层和管理层，并制定管理制度保障组织体系的事权和财权能够对跨界生态补偿主体和对象行为进行管理，同时对补偿主体之间、对象之间、主体和对象之间的责任义务界定不清、利益分配不均以及矛盾纠纷进行仲裁。

发展多元化生态补偿方式，完善政策规制。建立负面清单管理制度。按照全国主体功能区规划要求，建立生态环境硬约束机制，明确各地区环境容量，制定负面清单，强化日常监测和监管，严格落实党政领导干部生态环境损害责任追究问责制度。对不符合要求占用的岸线、河段、土地和布局的产业，必须无条件退出。加强环境污染联防联控。完善长江环境污染联防联控机制和预警应急体系，推行环境信息共享，建立健全跨部门、跨区域、跨流域突发环境事件应急响应机制。

在科学评估长江经济带生态系统服务价值的基础上，建立市场化跨界生态补偿机制更需要多元化补偿方式。虽然现有以货币形式的补偿方式能够体现时间价值、易于操作，但是不能完全反映生态系统服务的价值，需要更多地采用衡量物质和能量价值的补偿方式，如水权、采矿权、排污权、碳排权等交易手段来构建长江经济带跨界生态补偿机制。同时，在生态环境治理方面，环保政策尤其是区域性生态补偿政策，如法国生物多样性抵消制度有时候往往比资金更高效、更具导向性；而地方生态补偿政策能够引导公众参与跨界生态补偿机制，并与政府、企业主体形成合力落实跨界生态补偿机制。此外，国外的市场化生态补偿模式，如美国的湿地缓解银行制度通过私人市场补偿主体自给自足的补偿方式实现了区域跨界生态补偿，补偿主体通过从缓解银行购买“信用”来履行补偿义务。若长江经济带区域跨界生态补偿机制采用缓解银行制度这种第三方补偿机制，则不仅需要长江经济带府际联席会制定市场规则促进生态系统服务产品市场的发展，还需要制定跨界生态补偿法律制度，如问责制和终生追究制来规避市场所带来的道德风险。

自上而下和自下而上“双向”改革政府绩效考核体系。建立环评会商、联合执法、信息共享、预警应急的区域联动机制，研究建立生态修复、环境保护、绿色发展的指标体系。建立长江生态保护补偿机制。通过生态补偿机制等方式，激发沿江省市保护生态环境的内在动力。在生态文明建设战略思想指引下，对于涉及生态环境治理的工作任务将纳入政府绩效考核体系，其中生态补偿机制绩效的考核就必须纳入地方政府绩效考核体系中，而涉及跨界的生态补偿机制考核，则需要对长江经济带府际联席会中环保专项委员会的工作绩效进行考核。然而，对于跨界生态补偿机制的绩效考核既需要自上而下的改革政府绩效考核体系，并建立跨界生态补偿机制绩效的奖惩机制，同时也需要自下而上形成“双向”绩效考核改革方案来纠正中央与地方之间的绩效考核制度偏差。

依托重点生态功能区开展生态补偿示范区建设，实行分类分级的补偿政策。按照“谁受益谁补偿”的原则，探索上中下游开发地区、受益地区与生态保护地区进行横向生态补偿。不同类别的自然资源环境在市场化补偿模式下需要形成统一的补偿依据，例如同样是水资源，长江经济带区域既有内陆水环境，包括江河、湖泊、湿地，又有海洋水环境，内陆、海洋的水环境补偿依据是不同的；同样是森林资源，长江经济带区域既有天然林又有人工林，每种森林又分为公益林和商业林，这两类森林补偿依据也因其生态系统服务价值不同而不同。因此，若要提高市场化生态补偿模式中补偿主体和对象，如自然中资源环境权交易补偿手段中交易双方的交易意愿，就必须使同一自然资源环境权在长江经济带上中游城市群市场形成统一的交易价格、交易制度，而不是形成多个交易制度互不衔接、交易价格相差较大的城市群自然资源环境权市场，从而为其他城市群自然资源环境权市场的构建提供参考，并为构建不同类别全国自然资源环境权市场奠定区域性基础。

同时，提升长江经济带区域跨界生态补偿市场活跃度需要培育多元化生态补偿参与主体，而目前以政府为主的生态补偿主体占据市场化跨界生态补偿模式的诸多领域，导致跨界市场化生态补偿模式的灵活性不够，尤其体现在自然资源环境交易市场补偿模式中资源环境权的定价。因此，首先，地方政府要转变角色和明确职能，在纵向跨界生态补偿模式中地方政府成为生态补偿的主体或客体，地方政府的上一级区域政府或中央政府将在纵向跨界生态补偿模式中起到机制监管作用和财政转移的第三方支付作用；而在横向跨界生态补偿模式中政府仅作为生态补偿的主体或客体，其行为在生态补偿资源环境权市场上变得更为自由，但仍需要上一级区域政府或中央政府起到监管作用。其次，企事业单位、居民和NGO在横向跨界生态补偿机制中作为纯粹的补偿主体和对象，目前数量较少，需要我国在顶层设计上制定跨界生态补偿奖惩机制约束生态补偿中企事业单位、居民补偿和NGO主体及激励补偿对象积极参与市场化跨界生态补偿项目。

完善长江经济带生态补偿长效机制，需从实际出发，抓住关键问题，抓重点、补短板、强弱项，不断强化共抓大保护的协同性。共建协商平台，以打好碧水保卫战为抓手，充分发挥长江经济带发展领导小组作用，建立长江流域上下游横向生态补偿机制。建议尽快实现流域内跨省、跨部门的协同互动和信息资源共享，建立长江经济带生态补偿大数据平台，并将其纳入长江经济带大保护综合信息平台。共保生态功能，践行“绿水青山就是金山银山”理念，以提高长江中上游生态屏障地区生态功能为抓手，加大对这些地区的直接补偿力度。共融补偿基金，以拓宽生态补偿融资渠道为目标，探索构建长江经济带生态补偿基金，形成政府主导、企业和社会各界参与、市场化运作、可持续的生态补偿投融资机制。共享区域发展，探索生态补偿与精准脱贫有机结合的路径，建立为农户和居民带来持续性收入来源的造血式、引导式生态补偿机制。探索自然生态资源占用生态补偿和自然生态产业化路径，把生态补偿融入区域发展，从产业承接、培育优势产业、共建园区等方面建立长江经济带“优势耦合、互利共赢”的产业补偿机制。

开展生态文明先行示范区建设。全面贯彻大力推进生态文明建设要求，以制度建设为核心任务、以可复制可推广为基本要求，全面推动资源节约、环境保护和生态治理工作，探索人与自然和谐发展有效模式。勘定长江生态屏障地理范围，申报建设国家公园。一个国家在具备条件的地方建设国家公园意义重大，国家公园已经成为一项具有世界性和全人类性的自然文化保护运动。世界上各种类型的国家公园一般都具有三个比较明显的特征：一是自然状况具有天然性和原始性；二是景观资源具有珍稀性和独特性；三是在保护生态的前提下繁荣地方经济，开发国民游憩的旅游观光业。长江上游地区和与之相关联的乌蒙山集中连片特困区合在一起，具备了国家公园上述三个特征，能够按照“国家公园”的要求进行建设和规划。

利用生态优势，大力发展绿色产业。发挥长江经济带固有的生态优势和资源优势，大力发展无污染、污染容易防控的环保型产业。发展绿色产业也可以与建设国家公园一并规划与实施，因为国家公园建设既能够更好地保护亟须保护的重要自然生态要地，又有助于开发生态型产业。比如，四川蜀南竹海在地理位置上属于长江上游生态屏障国家公园，其在竹生态方面具有得天独厚的优势，能够成为镶嵌于长江上游生态屏障国家公园中的一颗明珠。国家公园的建设将会为蜀南竹海的发展提供更好的环境、平台和条件，也更能够挖掘和展现蜀南竹海的资源优势、文明特色和开发价值。

构建跨界生态保护和治理补偿机制实质是一个府际合作与治理问题，其中包含着中央政府与省级、市级、区县级地方政府间、不同层级地方政府和部门间、横向地方政府间，以及政府与非政府力量间的多重利益博弈关系协调。在市场经济和法治环境下，建立包含不同层级政府的长江经济带府际联席会制度，成为协调跨界生态补偿机制的重要平台制度。这一平台制度基于明确的政府角色定位，针对跨界生态补偿问题使不同层级和类型的相关主体处于同一地位参与跨界生态补偿机制的协商，有利于形成利益共享的激励机制和责任共担的约束机制。

第五章

建设世界第四大湾区

——粤港澳大湾区

第一节　粤港澳大湾区发展战略

一、粤港澳大湾区建立背景

粤港澳大湾区（Guangdong - Hong Kong - Macao Greater Bay Area），是由香港、澳门两个特别行政区和广东省的广州、深圳、珠海、佛山、中山、东莞、惠州、江门、肇庆九市组成的城市群，是国家建设世界级城市群和参与全球竞争的重要空间载体。粤港澳大湾区是继美国纽约湾区和旧金山湾区、日本东京湾区之后的世界第四大湾区。2017 年，粤港澳大湾区人口达 6956.93 万，GDP 生产总值突破 10 万亿元，约占全国经济总量的 12.17%，GDP 总量规模在世界国家排行中名列 11 位，与韩国持平，是全国经济最活跃的地区。

粤港澳，从自然地理、人文历史角度看，是先天存在、不可分割的。自 1998 年起，粤港澳大湾区先后经历了“港深湾区”概念、“伶仃洋湾区”或“华南湾区”概念、“大珠三角”（珠三角 + 港澳）和“泛珠三角”（广东、福建、江西、湖南、广西、海南、贵州、云南、四川 + 港澳）概念的发展，由此“大珠三角”成为珠三角与港澳的代名词。同时，为顺应珠三角核心区向珠江口集聚发展趋势，2004 年由广东省政府与住建部联合组织编制的《珠三角城镇群协调发展规划》中，第一次从官方层面提出了“珠江口湾区”概念。正由于粤港澳“本是同根生”的关系，使“大珠三角”“珠江口湾区”在不同场合、不同尺度代表了粤港澳融合发展的夙愿。

基于深港合作深化和深圳东西联动拥抱海湾的发展前景，2014 年，深圳市政府工作报告首次提出深圳要依托毗邻香港、背靠珠三角、地处亚太主航道优势，重点打造前海湾、深圳湾、大鹏湾、大亚湾等湾区产业集群，构建“湾区经济”，希望以“湾区经济”形成对外开放新格局。在随后的深港、深澳高层会晤和深港合作会议、深澳合作会议上，多次以共建湾区为话题，推动湾区成为区域的共识。

粤港澳大湾区概念自2015年正式提出以来，逐步引发了国内外舆论的高度关注和热议。2017年十二届全国人大第五次会议上，李克强总理宣布，将建立粤港澳大湾区经济，给粤港澳地区带来重大的利好消息。2017年7月，在国家主席习近平的见证下，香港、澳门、广东、中央有关部门在香港共同签署了《深化粤港澳合作推进大湾区建设框架协议》。从近40年粤港澳经贸合作关系演进来看，已经走过了1.0的“前店后厂”阶段、2.0的CEPA阶段以及3.0的自贸区试验区创新合作阶段。随着建设粤港澳大湾区框架协议的实施和《粤港澳大湾区发展规划纲要》的出台，将开启粤港澳合作的4.0阶段。

自我国改革开放以来，广东省和香港、澳门迎来快速发展时期，就是因为广东省和香港、澳门进行了最紧密的合作。2003年6月与10月，中央政府分别与香港特别行政区政府、澳门特别行政区政府签署了《内地与香港关于建立更紧密经贸关系的安排》《内地与澳门关于建立更紧密经贸关系的安排》（Closer Economic Partnership Arrangement，CEPA）。1997年亚洲金融风暴、2008年全球次贷危机等数次全球化风险中，香港虽然受到了一定冲击，但同时也成了世界资本的避风港，并借此巩固了自身作为世界金融中心的地位。香港抗风险能力的提高与中国内地经济的繁荣密不可分，同时CEPA等一系列协议使得香港可以在内地的全方位支持下，集中精力把握中国内地与世界经济发展过程当中的机遇，并从容应对国际上的各种挑战。有别于跨太平洋伙伴关系协定（TPP）当中的发达国家与发展中国家主权国家间的合作，粤港澳区域合作是基于“一国两制”之下的具有中国特色的发展模式，为人类多元化发展提供了宝贵的经验。

1997年之后香港与澳门相继回归祖国，然而作为特别行政区，香港、澳门在经济制度与司法体系上与中国内地存在较大的差异：在经济制度上香港与澳门分别作为单独关税区，独立于内地的税务条例；在司法体系上，香港、澳门的法律制度与内地法律体系截然不同。为了寻求协调合作，为区域经济发展铺平道路，中央一直寻求制定适应于粤港澳客观条件的一系列法律法规和与国际接轨的经济政策，将粤港澳大湾区融入“一带一路”建设之中。同时，为了继续深化粤港澳经济联系与合作，港澳政府也尝试突破现有行政体制阻碍，为实现粤港澳大湾区的产品和生产要素自由流动提供最大限度的优惠和便利条件，减少双方在“一国”与“两制”问题上的分歧。

在粤港澳大湾区当中，广东毗邻港澳，港澳同胞80%祖籍在广东省，而粤语作为香港与澳门特别行政区的通行方言，在广东省近8000万的本地人口中，使用者近 4000 万。相近的人口特征与语言体系使得广东与香港、澳门之间的隐性屏蔽效应大为弱化。然而，三方在文化和价值观方面的差异在一定程度上也会阻碍相互之间的合作。

全球区域经济一体化是粤港澳大湾区经济提出的全球背景。区域经济一体化的概念可以定义为：为了维护共同的经济和政治利益，互相邻近的两个或两个以上的国家或地区，通过政府间的条约或协定，制定共同的政策、措施，使行动准则统一化，甚至各国让渡部分国家主权，建立共同机构，长期而稳定地行使超国家力量，进行经济调节，达成经济甚至政治上的联盟。

区域经济一体化的一个最直接的动机，在于突破各区域各自面临的经济发展瓶颈。在粤港澳区域经济一体化的过程当中，香港与澳门作为国际大都市，在企业融资、公司管理以及信息技术等方面，与广东地区相比具有较为明显的比较优势，然而港澳经济发展受制于地理空间与自然资源的限制，因此与广东地区丰富的自然资源、劳动力、土地等生产资料形成互补。对于广东地区而言，当前面临的主要问题在于生产要素成本的上升，产业结构高度化动力不足，以及产业同质化严重。对香港而言最大的问题在于有限的空间使得地价不断上涨，从而迫使制造业迁离，造成香港工业空洞化。另外，香港的房地产大亨利用房价上涨所带来的资金优势垄断民生行业，使得中小企业难以拓展经营。过高的地价同时也会增加初创公司的成本，严重制约高科技产业、文化产业等高风险、回报周期长的企业发展，使香港产业空洞化的现象进一步恶化。对澳门而言，博彩旅游为其主导产业，然而过于依赖博彩业所带来的产业结构单一化，以及由博彩业所带来的一系列社会负面效应，也是不得不克服的一大难题。

由于历史因素影响和“一国、两制、三关税区”的制度约束，粤港澳三地在价值体系、法律制度、行政管理与社会治理机制等方面差异巨大，区域合作往往难以达成共识和一致行动，即使能形成共识但实施中也经常会出现“一头冷一头热”或者步调不一的状况，影响合作的效果。2003 年 CEPA、2010 年粤港合作协议的签署，虽体现了市场导向与政府制度性安排的结合，但是近年来的发展，政府与企业合力推进合作深化并不明显。因此，推进粤港澳的深度合作和融合发展，除了需要基础设施的互联互通等硬件设施外，更需要制度环境的软件建设。需要香港、澳门与祖国内地坚持优势互补、共同发展，需要港澳同胞与内地人民坚持守望相助，携手共建。

二、粤港澳大湾区战略定位

世界上著名的湾区都具有开放的经济结构、强大的集聚外溢功能、高效的资源配置能力、发达的国际交往网络以及宜人的生活环境，是带动当地区域经济发展的重要增长极，技术变革的引领者。对标世界上三大知名湾区——纽约湾区、旧金山湾区和东京湾区，经过多年发展之后，它们都形成了各自的特色优势：纽约湾区打造出了世界金融中心华尔街，被誉为“金融湾区”，因为这里的主导产业是金融商务服务业，是各种大银行、金融、保险等机构的云集地，也是世界金融的核心枢纽和商业中心；旧金山湾区诞生了世界创新中心硅谷，是全球的高科技研发中心之一，云集着众多像苹果、谷歌这样的高科技企业，吸引着大量的风险资本集聚，因此也是风险资本的聚集地；东京湾区临港经济为日本贡献了约1/3的经济总量，被誉为产业湾区，因其拥有发达的工业产业，同时也是世界500强企业集聚度最高的湾区。从纽约湾区、旧金山湾区以及东京湾区的发展经验来看，打造粤港澳大湾区与打造全球其他区域经济体一样，其目的在于对该区域国际竞争力的提升。

粤港澳大湾区经济凭借开放的经济体系、高效的资源配置能力、强大的对外凝结效应和发达的国际网络，成为全球经济重要的增长极和推动技术革命的先锋。伴随着我国改革开放的步伐和近年来经济的高速发展，粤港澳大湾区作为前沿阵地，已经悄然具备了成为世界第四大湾区的条件，将成为世界湾区经济的“第四极”。基于湾区共同的经济特征，建设粤港澳大湾区，需要不断增强其在全球的资源配置功能，使其成为开放的国际化区域；需构建高端的产业体系，从而成为全球经济的发展高地；需拥有发达的创新体系，从而成为创新发展的领先区域，同时还需拥有高度的区域融合，从而能够超越行政边界，发挥其叠加效应。

粤港澳大湾区海岸线位于东北亚和东南亚的要塞重地，拥有全球最大的港口群和全球最大的机场群。2016年粤港澳大湾区经济总量达到1.3万亿美元，在四大湾区中排名第三，进出口贸易是东京湾区的3倍。粤港澳大湾区拥有庞大的经济体量，虽然人均GDP处于末位，但GDP增速却是第一。

影响一个国家或地区竞争优势的因素包括生产要素、需求条件、相关产业和支持产业的表现、企业的战略结构和竞争对手。政府在当中应起到催化剂的作用，鼓励甚至推动企业朝竞争优势方面努力，为优势行业创造环境而不是直接创造优势行业。同时，优势产业的建立与企业竞争力的源泉是创新，而创新则是由各种技术上的突破累积而成。由此可见，粤港澳大湾区的一个核心部分是引导企业向高新技术制造业发展，以领先的技术优势而不是传统的比较优势在全球经济中扮演创新领导者的角色，将科研成果与高新技术产业转化为区域经济体在全球当中的竞争优势。整个粤港澳城市群产业体系完备，香港是国际金融中心和物流中心，是全球最自由的经济体，同时也是高端服务业中心；澳门的会展业、旅游业蓬勃；广州、深圳是创新城市；整个珠三角也是著名的“世界工厂”“制造业中心”，制造业发达，同时湾区内服务业占比已经超过了80%。由此大湾区已然形成了先进制造业和现代服务业双轮驱动的完备的产业体系，是我国区域经济发展的重要增长极。

除了技术创新，金融中心、商业中心与交通枢纽也是粤港澳大湾区建设的核心目标。香港是国际金融中心，深圳是国家金融中心，金融引领作用强，在两者带领下，目前，粤港澳大湾区已经吸引了 70 多家世界排名前 100 位的银行，2015 年港交所已经超越纽交所，成为全球最大 IPO 市场。为了将粤港澳大湾区建设成世界范围内的金融中心，一方面中国要积极推进跨境金融创新，逐步开展广东省境内金融机构与港澳地区之间的跨境人民币业务，另一方面要充分利用“一带一路”倡议中资助沿线国家基础设施建设的相关项目，以人民币为基础设立相关的海外基金。商业中心的核心在于服务业，而成熟专业的服务业离不开会展业、旅游业的发展以及专业人才的培养。交通枢纽从客观上看依赖于所处的地理位置与交通状况。对于粤港澳大湾区而言，有香港和澳门两个自由港，有深圳和珠海两个经济特区，有南沙、横琴和前海蛇口三个自由贸易试验田。因此，从整个湾区的经济体量、产业体系、金融业发展水平以及湾区的发展潜力和创新势头来看，可以说港澳已经具备了世界级一流大湾区的条件。

但现阶段粤港澳大湾区与纽约湾区、旧金山湾区以及东京湾区等经过多年建设的区域经济体相比仍有一定距离，而当中最主要的问题不在于资金与技术上的欠缺，而是反映在港澳与内地在两种政治制度、三种关税制度之下难以达成完全的互联互通上。粤港澳拥有香港和澳门两个特别行政区和自由港，深圳和珠海两个经济特区，南沙、前海蛇口和横琴三个自由贸易试验区，粤港澳之间的合作属于“一国两制”下的合作，因制度造成的屏障阻碍了三地之间的深度融合，降低了区域融合效率。但若能跨越体制带来的障碍，则多重经济体制叠加下，叠加效应产生，能够释放出更大的经济能量，加速提升大湾区的市场化和国际化程度。另外，粤港澳大湾区之间的城市群目前缺乏各自可接受的明确分工——虽然粤港澳三者之间谁都不希望成为对方的“后花园”，但是不清晰的城市定位所带来的高度同质化问题将会为大湾区建设带来过多的内部竞争与损耗，反而阻得了粤港澳大湾区的经济建设。

2013 年，中国政府提出建设“一带一路”国家级顶层倡议，其直接的经济目的在于将国内现有过剩的产能以及已有的技术优势转移到经济相对欠发达的地区，在带动当地经济发展的同时为国内各经济体与企业带来更为广阔的市场。“一带一路”倡议的实施离不开与沿线各国相互之间的交流与合作，而对于内地很多民营企业，由于过去专注于国内市场，国际化意识往往并不强烈，在响应“一带一路”倡议的过程中就会发现，在会计制度、法律制度、社会责任等方面都与当地国家有所差异，增加了自身在国外运营的风险。与之相对的，香港与澳门许多机构由于在处理国际企业事务方面具有丰富经验，业务资质和审计手段能够获得国际的普遍认可。粤港澳大湾区将成为中国“一带一路”开放过程当中起到重要的平台作用，推动粤港企业一同扎扎实实地“走出去”，以市场运作为主导实现合作共赢；以粤港澳大湾区作为中国经济增长极，以点带面辐射到珠三角的发展，进一步带动整个中西部广大腹地的经济建设，打破国内东西部发展的不均衡现象，减少贫富之间的差距，从而在真正意义上实现“共同富裕”。

建设粤港澳大湾区，应以国家“一带一路”为指导，同时结合广东自由贸易试验区建设，遵循一流湾区经济发展规律，将粤港澳打造为最具经济活力和国际竞争力的全球科技创新高地、金融创新高地、国际物流中心、国际经贸中心、先进制造业和服务业中心，以及宜居的优质生活圈，打造首个“异质区间特区 + 湾区 + 自贸区”的特色世界级经济湾区。

三、建立粤港澳大湾区的意义

基于“一带一路”倡议和国家发展全局建设粤港澳大湾区，不仅仅是解决粤港澳深化合作问题，更是推进全面深化改革、创新开放合作局面、谋划港澳融入国家发展大局，共同参加现代化强国的建设，提升国家参与全球合作、全球治理的能力。

有利于建立与国际接轨的开放型经济体制，构筑更高发展水平的区域参与国际经济合作与竞争。粤港澳大湾区包括广东省的广州、深圳、东莞、珠海等，加上香港、澳门在内，一共有 56000 平方公里，约有 6900 多万人，2017 年经济总量已经将近 10 万亿元人民币，大约相当于 1.4 万亿美元，比肩世界著名大湾区。通过大湾区的建设，打造世界级城市群，起到这种叠加或者乘数效应。因为这个区域的经济规模、经济总量，背后隐喻的就是它有非常丰富的人才资源，还有比较雄厚的物质基础，包括比较发达的交通网络，与国内、国外经济交往密切，发展前景非常可期的，互相之间又优势互补，这就为大湾区的建设提供了客观的可能。

当前的世界城市群中，纽约湾区、旧金山湾区、东京湾区等这些湾区城市都是全球经济的重要增长极，发挥着引领创新、聚集辐射的核心功能，对本国的经济发展来说，这些湾区城市发挥着核心引擎的作用。粤港澳大湾区对标这些世界级大湾区，其规划从全球坐标出发，谋划增创竞争新优势，强化港澳地区互联互通，进一步推动国际科技产业创新中心的形成。

有利于推进“一带一路”建设，通过内外并举双向开放，构筑丝绸之路经济带和 21 世纪海上丝绸之路对接融汇的重要支撑区。粤港澳湾区地处“海上丝绸之路”的战略要地，在“一带一路”倡议中发挥了重要的平台作用。正如十多年前中国实施西部大开发战略在向西开放中发挥了重要作用一样，可以发挥粤港澳大湾区的许多综合优势、桥梁作用，在“一带一路”当中为企业更好的服务。

发挥粤港澳大湾区服务业的优势，粤港澳大湾区的金融、航运、贸易中心的作用都可以在“一带一路”构想的实施当中更好地发挥。粤港澳大湾区，在新一轮高水平对外开放中必将发挥新的重要的作用。在“一带一路”倡议建设下，粤港澳大湾区将会发挥更大的积极作用。

有利于丰富“一国两制”实践内涵，促进港澳融入国家发展大局，保持港澳长期繁荣稳定。自香港与澳门回归以来，中央高度重视粤港澳三地合作机制的建设。粤港澳大湾区的成立将以口岸为基础，拓展商业范围，将口岸所在的地区建设成为集边界贸易、市场、投资于一体的自由贸易区与口岸开发区，形成边界经济跨国界合作的产业集聚区域。有助于在粤港澳三地形成全面开放的经济体系与高效的资源配置能力，成为对外沟通的窗口，促使珠三角区域整合进入新的阶段。

有利于提升珠三角的核心带动力，带动粤东西北、泛珠三角地区的发展，优化全国区域发展格局。通过粤港澳大湾区建设，来支持香港、澳门进一步融入国家发展的大局当中，并且在这个过程中，更好地促进香港的发展、澳门的发展，包括广东，特别是珠江三角洲地区的发展，从而更好地造福香港同胞、澳门同胞，提高珠三角地区的经济竞争能力和公共服务水平。推进粤港澳大湾区建设，解决大湾区仍存在的一些经济发展不平衡、政治经济制度复杂多样等问题，将香港、澳门的经济更深层次地和内地经济融为一体，这对于三地而言都是大福音。而且，经济总量超大的广州和深圳（尤其是深圳）由于土地面积的关系制约了其经济再往前大迈步的发展，粤港澳大湾区战略不仅能够解决这些特大城市容量小的问题，还能带动湾区内发展缓慢的其他城市。

第二节　粤港澳大湾区协同创新发展

一、粤港澳大湾区的优势

粤港澳大湾区具备得天独厚的发展优势，与国际知名湾区相比，粤港澳大湾区在经济、产业、创新、交通体系方面都具备国际一流湾区的基础，虽然国际合作能级相对较低，但是与国内京津冀、长三角等城市群相比，其依托港澳开展国际合作的优势是国内其他城市群无法比拟的。再加上国家层面出台政策支持，粤港澳大湾区发展成为国际一流湾区的条件已经齐备。

粤港澳大湾区地处我国南端，“三面环山，三江汇聚”，地理纬度适宜，具有良好的气候、漫长的海岸线、良好的港口群、广阔的海域以及森林植被等自然禀赋。粤港澳大湾区背靠内陆，连接港澳，面向东盟，往东是海峡西岸经济区，往西是北部湾经济区，可通过南广铁路等陆路交通快速连接中国内陆；面向南海，是距离南海最近的经济发达地区，是中国经略南海的桥头堡；临近全球第一黄金航道，是太平洋和印度洋航运要冲，是东南亚乃至世界的重要交通枢纽。此外，粤港澳大湾区处于“一带一路”的交汇地带，拥有世界上最大的海港群、空港群以及便捷的交通网络。

泛珠三角区域作为粤港澳大湾区的腹地，包含中国华南、东南和西南的 9 个省份及两个特别行政区，直接或间接地与珠江流域的经济流向和文化有关，且在资源、产业、市场等方面有较强的互补性。泛珠三角区域覆盖了中国 1/5 的国土面积，拥有全国 1/3 的人口，经济实力雄厚，不仅能承接粤港澳大湾区的产业转移，还能为粤港澳大湾区提供优质劳动力资源和资金支持。

经济总量与世界一流湾区比肩。2016 年，粤港澳大湾区的 GDP 总量已超 1.3 万亿美元，这代表着粤港澳大湾区以不到全国 1% 的土地面积，却创造了占全国 12.5% 的经济总量。对比三大世界级湾区，粤港澳大湾区也完全具备与世界级湾区相匹配的经济总量：东京湾区 CDP 总量达 1.8 万亿美元，纽约湾区 GDP 总量达 14 万亿美元，旧金山湾区 GDP 总量仅 0.8 万亿美元，其中旧金山湾区已被粤港澳大湾区赶超。粤港澳大湾区的经济总量在四大湾区中排名第三，从经济规模角度来看，粤港澳大湾区有成为国际化湾区的可能性。

粤港澳大湾区的建设不仅需要大量外商投资的参与，而且要推动大湾区内企业“走出去”，以对外投资的方式参与国际竞争，香港先天具备了服务粤港澳大湾区“引进来”和“走出去”两大战略的条件。中国内地吸收外来投资的来源地较为集中，从内地外来投资的历史来看，香港一直是内地的主要投资来源，2008 年金融危机之后，过半数外来投资来自香港，大量国际资本通过香港，以港资的身份进入内地。与中国内地外来投资相同，长久以来，中国内地对外投资主要投向香港，再经由香港走向世界。近年来，中国内地对外投资过半投向香港，2008 年金融危机之后，香港在内地对外投资占比虽有所下降，但是已逐步回升。

粤港澳大湾区成为国家战略。从 2008 年起，有关粤港澳地区合作发展的政策陆续出台，推动粤港澳地区合作发展从珠三角区域发展战略到粤港澳大湾区战略、从地方战略走向国家战略。2017 年 3 月，李克强总理在全国两会上做的政府工作报告中，在论述港澳问题时要求抓紧研究编制粤港澳大湾区城市群发展规划，旨在充分发挥粤港澳三地的独特优势，提升粤港澳三地引领中国经济发展的作用，强化粤港澳三地在中国对外开放布局中的地位。同年 10 月，习近平总书记在党的第十九次全国代表大会上的报告指出，“要支持香港、澳门融入国家发展大局，以粤港澳大湾区建设、粤港澳合作、泛珠三角区域合作等为重点、全面推进内地同香港、澳门互利合作，制定完善便利香港、澳门居民在内地发展的政策措施”，明确了粤港澳大湾区的发展方向。2018 年 3 月，李克强总理在《政府工作报告》中，将“出台实施粤港澳大湾区发展规划，全面推进内地同香港、澳门互利合作”纳入 2018 年政府工作建议。

无论是党的十九大，还是 2018 年政府工作报告，推动形成全面开放新格局都是下一阶段我国对外开放战略的主要目标。自我国改革开放以来，在广东省的深圳、珠海、汕头，福建省的厦门以及海南省先后建立了经济特区，其中深圳和珠海均是粤港澳大湾区核心城市，承担着我国对外开放窗口的重大使命。珠三角地区一直以来是我国东部沿海对外开放的示范区，走在全国的前列，粤港澳大湾区以及雄安新区的建立，有利于我国形成北有雄安新区、中有长江经济带、南有粤港澳大湾区的区域经济发展及对外开放的新格局，从而带动华南地区加快发展，为打造中国经济升级版提供有力支撑。

中国自贸试验区是新形势下全方位对外开放的重要战略举措，被中央政府寄予厚望并赋予重要历史使命。第三批自由贸易试验区成立，将对外开放区域由沿海地区扩展至内陆地区，构建以“1+3+7”自由贸易试验区为骨架、东中西协调、陆海统筹的全方位和高水平对外开放的新格局，推动自由贸易试验区改革开放从“齐头并进”进入“雁行阵”模式。2018 年，中国（海南）自由贸易试验区的设立，进一步加快了我国全面开放的步伐。粤港澳大湾区包含中国（广东）自由贸易试验区，国家出台支持自贸试验区的政策都可以逐步复制推广到粤港澳大湾区其他区域，中国（广东）自由贸易试验区制度创新的成果也能在粤港澳大湾区内复制推广。

中国经济进入新常态以来，国内急需破解产能过剩等结构性问题，国际政治经济形势也发生了重大变化——TISA（国际服务贸易协定）、TTP（跨太平洋伙伴关系协定）、TTIP（跨大西洋贸易与投资伙伴协定）等国际高标准经贸规则阻碍了中国经济发展，逆全球化势力再度抬头。在国内外政治经济形势的背景下，党中央、国务院统筹全局，制定“一带一路”倡议，探索“走出去”新路径。粤港澳大湾区因为其独特的区位优势及航运优势，成为“21 世纪海上丝绸之路”的核心节点。目前，我国正积极推进“一带一路”建设，与多个“一带一路”国家和地区及国际组织签署了战略协议，许多重大项目正稳步推进。“一带一路”倡议为粤港澳大湾区带来新的发展机遇，不仅国家出台针对“一带一路”的政策会惠及粤港澳大湾区，“一带一路”还能带来新的贸易伙伴，为粤港澳大湾区的资本输出、商品输出、服务输处及标准输出提供平台。

《关于建立更紧密经贸关系的安排》（CEPA）和《合作框架》协议的签订，不仅是“一国两制”下跨境合作的实践发展与创新，也是粤港澳三地经济协同发展历程的重要节点。CEPA 协议清晰地确立了粤港澳各自的定位，以及粤港澳之间的分工合作和功能互补，推动粤港澳三地发挥自身优势，有效整合三地优势资源，促进粤港澳三地的合作发展，遏制粤港澳三地之间重复建设、资源浪费的情况。CEPA 协议为粤港澳三地的协调合作提供了全新的思路，不仅对粤港澳三地合作体制机制的建设发展与创新、粤港澳三地经济社会融合等有重要意义，也为粤港澳大湾区的建设发展打下了制度基础。作为高标准的自由贸易协议，CEPA 协议及其补充协议是目前为止，大陆签订的开放力度最大、覆盖面最广的自由贸易协议，既符合 WTO 规则，又符合“一国两制”的方针。CEPA 协议及其补充协议制定了多项开放性措施，旨在逐步降低和消除粤港澳三地经贸、产业、科创等多方面合作的制度性障碍，推动各项经济要素在粤港澳三地之间自由流动，助力粤港澳经济协调发展。同时，CEPA 协议及其补充协议符合目前粤港澳三地经济合作的实际情况，为粤港澳三地建立经济共同体探索了可行路径，也为粤港澳大湾区的发展在制度层面上奠定了合作基础。

2004 年《泛珠三角区域合作框架协议》的签订，将香港、澳门两地同内地 9 省市更紧密地连接起来，这不仅是新中国成立以来覆盖范围最广的区域经济合作协议，也是迄今为止经济体量最大的跨境合作协议。2016 年 3 月，国务院发布的《关于深化泛珠三角区域合作的指导意见》确定了泛珠三角区域的战略定位，即全国改革开放先行区、全国经济发展重要引擎、内地与港澳深度合作核心区、“一带一路”建设重要区域以及生态文明建设先行先试区。泛珠三角区域的合作模式为粤港澳大湾区应对经济全球化、区域化，解决区域公共问题提供了参考路径。粤港澳大湾区作为广东省的核心区域将享受泛珠三角区域合作带来的福利，更有广阔的腹地纳入粤港澳大湾区的经济辐射范围，提升了粤港澳大湾区对外开放的能级。

粤港澳大湾区包含香港和澳门实行资本主义制度的特别行政区、作为我国改革开放试验田的深圳经济特区以及中国（广东）自由贸易试验区，三者在制度上独具特色，在改革开放及制度创新方面走在中国前列。

与内地社会主义制度不同，香港和澳门实行资本主义制度，在制度层面上与西方发达国家相同，保留了原有制度优势，实行自由经济政策，港元与美元挂钩，金融市场开放，出入境相对开放和简易，采用普通法制度，以中英双语为法定语言，与国际商业市场完全接轨。香港回归 20 多年来，香港的金融、贸易、自由度、竞争力等多项指标走在世界前列，与多个国家经贸合作的广度和深度都得到了加强，香港的角色也从过去的引资、出口到现在的资金走出去和推广进口贸易，这些都是“一国两制”的优势利用和成功实践。

粤港澳大湾区可以借助香港作为国际金融中心、贸易中心的平台在国内率先对接国际高标准经贸规则，逐步放宽市场准入，提升投资领域和贸易领域的便利化水平，和世界主要经济体建立良好的政治、经济关系，推动与“一带一路”沿线国家和地区建立利益共同体。

作为粤港澳大湾区的发展引擎，与过往的产业园区、高新技术开发区、国家新区等获得简单的优惠政策不同，作为特定的制度试验区，中国（广东）自由贸易试验区以制度创新为核心，旨在通过制度创新，消除以往阻碍粤港澳三地要素自由流动的障碍，探索对外开放新模式，以深圳前海蛇口自贸片区、广州南沙自贸片区及珠海横琴自贸片区为三个支点，推动粤港澳更紧密合作，扩展对外开放新通道，构建粤港澳大湾区。

粤港澳大湾区具备完善的产业链，广东 9 城的工业实力强劲，是我国最大的高新技术产业集聚区之一。形成了深莞惠经济圈、广佛肇经济圈、珠中江经济圈三大经济圈，打造了完善的工业链条，同时其产业重点的差异化为湾区经济协同发展提供了良好的基础。香港、广州、深圳三城金融行业发达，香港更是国际金融中心，具备完善的金融体系。香港、深圳及广州是粤港澳大湾区中金融行业最发达的城市，香港更是以国际金融中心的地位成为粤港澳大湾区的金融核心。根据 2017 年 3 月发布的全球金融中心指数（GFCI）报告排名，香港位列全球前 20 大金融中心的第四位，仅次于纽约、伦敦和新加坡。深圳和广州的金融产业在全国属于第一梯队，仅次于北京和上海，逐步具备成为区域金融中心的资质，开放度不断提升，整体实力也在稳步增长。此外，香港、广州、深圳也是世界前十大集装箱运输港口，航运实力雄厚。凭借沿海的地理优势，粤港澳大湾区的海洋经济水平走在全国前列，与世界一流湾区比肩。

相比于国内其他城市群，粤港澳大湾区的国际化水平在全国位列第一，为粤港澳大湾区参与国际合作创造了优势。在粤港澳大湾区 11 个城市中，香港是国际化程度最高的城市，更有 50 多万外籍人士常住香港，让香港呈现多元融合的社会氛围。香港也是世界最开放的自由港，不仅是国际贸易数一数二的繁忙港口，香港机场也是世界上最繁忙、运作效率最高的航空港。

居住在东南亚国家的大部分华侨祖籍在广东、香港和澳门。东南亚是华侨华人最大的集聚区，超过 85% 的华侨华人在东南亚国家和地区定居。近年来，东南亚华侨华人在东南亚社会地位不高的问题逐渐得到改善。东南亚华侨华人与当地民居及国家的良好关系，不仅能降低东南亚国家和地区对粤港澳大湾区的民意阻碍，还能减少粤港澳大湾区与东南亚国家和地区之间的贸易争端，为粤港澳大湾区争取优惠，助力粤港澳大湾区在东南亚国家和地区实现“走出去”的目标，有效支撑“一带一路”倡议。

粤港澳大湾区还拥有与英语系、葡语系国家的文化纽带，由于香港和澳门曾被殖民的历史原因，香港和澳门的发展分别体现了英语系文化和葡语系文化，使得香港与英语系国家保持着良好的关系，澳门也具备与葡语系国家携手发展的文化基础。自改革开放以来，香港一直是我国与西方英语系语言国家联系的门户枢纽，一方面是因为香港是国际金融中心，世界经济最发达的城市之一，另一方面是因为香港与英语系国家文化相通、制度相通、理念相通。与香港类似，澳门的葡语文化纽带优势有利于澳门建立中国与葡语系国家合作的平台。中国与葡语系国家在生产要素、商品市场等多方面具有极强的互补性，同时，葡语系国家面向庞大的市场，与多个国家和地区建立了良好的经济合作关系，其辐射范围不仅包括欧盟、拉丁美洲等葡语文化影响力强的国家和地区，还包括历史上因为殖民而带有葡语系文化的国家和地区。从合作前景来看，葡语系国家具有中国开拓新市场新平台所需的条件，有利于中国"走出去"战略在葡语文化影响区域内落地。香港、澳门与英语系、葡语系国家的文化纽带，有利于粤港澳大湾区加强与英语系、葡语系国家的联系，借助香港、澳门的合作平台，深化粤港澳大湾区与英语系、葡语系国家的投资贸易合作，推动粤港澳大湾区在英语系、葡语系国家实现"走出去"，同时也为粤港澳大湾区引进英语系、葡语系国家的资本、人才、技术创造条件。

二、打造全球科技创新高地

世界上一流的湾区，都具有一流的创新能力。创新是经济增长的驱动力，只有创新才能迈向强国。面对新的工业革命和美欧"再工业化"，必须重视创新，跟上世界科技前沿趋势，加快改革，提高创新能力和核心竞争力。将粤港澳大湾区打造成科技创新高地不仅是湾区各地发展的需要，也是落实国家创新驱动发展战略、建设世界科技强国的必然要求。

粤港澳大湾区的创新实力强劲，与国际一流湾区相比毫不逊色。2017 年，全球创新指数报告（GII）评选出全球 100 个科创中心，粤港澳大湾区就入围 2 个，其中深圳—香港地区排名全球第二，超过排名第三的旧金山湾区（硅谷），仅次于东京湾区。东京湾区和旧金山湾区在消费电子和 PC 互联网时代引领全球科技，但是到了近几年的移动互联网时代，中国的粤港澳大湾区开始追赶上来，并实现部分赶超。经费投入方面，仅珠三角 9 市的研发经费投入占 GDP 的比重就达 2.7%，已和美国（2.8%）、德国（2.83%）处在同一水平。高新技术产业方面，粤港澳大湾区同样不逊色于世界三大湾区。发明专利方面，2012 ~ 2016 年，粤港澳大湾区历年发明专利总量呈现逐年稳步递增趋势，其中 2014 年和 2015 年的增幅最大，接近 50%。通过与国际湾区的对比发现，粤港澳大湾区的发明专利数量已超越旧金山湾区，且差距有扩大趋势。由此可见，粤港澳大湾区完全有能力打造仅次于美国硅谷的高科技产业引领区。打造粤港澳大湾区全球科技创新高地，需要构建一个有着完善分工合作的高度开放的区域创新体系，搭建全球科技创新平台，统筹利用创新资源。

打造国际科技创新中心，是粤港澳大湾区的核心目标之一。要积极吸引和对接全球创新资源，建设“广州—深圳—香港—澳门”科技创新走廊，打造大湾区国际科技创新中心。依托湾区城市群建设全球科技创新中心是当今世界城市、经济及科技融合发展的基本规律和客观趋势，是粤港澳大湾区城市群转型和高质量发展的必然要求。

以科研体制创新为核心内容的科技“软环境”营造是促进区域科技发展的核心动力。世界三大湾区一系列关于创新成果保护和激励、金融支持、税收等制度安排，比如美国的《史蒂文森—怀德勒技术创新法》、《拜杜法案》、《联邦技术转移法》、日本的促进基础技术开发的各项税制、《大学技术转让出让促进法》等，很大程度上促使他们成为世界上创新生态发育最成熟、创新集群最具多样性、创新环境最优越的地区。建设粤港澳大湾区国际科技创新中心，关键是能够促进这些创新要素高效发挥作用的“科研体制机制”供给。利用粤港澳大湾区制度独特、区位独特等优势，在创新法制环境、新技术培育、新产品应用、开放创新等方面，选择一些城市或特定区域，开展探索和试验，加快向粤港澳大湾区复制推广，全面激发整个湾区的科技创新动力、活力和潜力。

构建完善分工合作的区域创新体系。粤港澳大湾区的“一国、两制、三个关税区、四个核心城市”的特殊性，在全世界湾区中独一无二。在这样一个多元的区域开展科技创新工作，协同合作是其中的重点和难点。利用湾区内各个城市的创新要素比较优势，构建一个以深圳、香港、广州、澳门—珠海为核心的创新极，辅以珠三角其他城市的产业创新优势的区域创新网络。发挥四大核心创新极引领辐射的功能，带动湾区区域创新发展，同时拓展国际创新合作，积极融入国际创新网络。建立一个要素可自由流动的区域创新体系，还需创新合作机制及合作方式。2008 年，《珠江三角洲地区改革发展规划纲要（2008 ~2020 年）》的实施为粤港澳三地区域合作创新提供了政策保障，加速了三地合作进程。其后《粤港合作框架协议》《粤澳合作框架协议》的签署，进一步从政策上推动了粤港澳区域合作，应鼓励三地在协商一致的前提下共同编制区域合作规划，完善三地行政首长联席会议机制。

搭建全球科技创新平台。重大科研平台是吸引和汇聚顶尖科学家，开展重大科技创新活动的重要载体。旧金山湾区拥有大量由联邦资金支持的研究中心和实验室、独立实验室和研究机构。全球研发 1000 强企业中，大概有 100 家在纽约湾区设立了研发中心，比如谷歌、苹果、亚马逊、微软、IBM、华为等，数量位居世界前列。近年来，粤港澳大湾区积极布局各类创新平台，工程研究逐步体系化，拥有一批国家重点实验室（伙伴实验室）、省部共建国家重点实验室培育基地、省重点实验室、省重点科研基地、新型研发机构等各类创新载体。目前湾区内聚集了 6 个国家级高新园区、2 个国家软件园、12 个“863 基地”、1 个国家级大学科技园、30 多所有研究生培养资格的高校和科研单位。应努力推进有关机构对接国家重大科技项目和科技计划，共建国家创新平台；推进各地高校、科研院所与各地产学研平台、专业院校和骨干企业的联系和交流，共建合作平台，全面深化湾区内各地区的科技产业创新合作，实现创新从研发到科技成果的商业化转化。

建设面向全球的创新策源地。粤港澳大湾区的开放创新表现在创新资源汇聚的国际化、创新活动组织的国际化、创新规则的国际接轨、创新能力的全球辐射等方面。以旧金山湾区为例，在很大程度上是全球人才集聚的规模效应有效地驱动了知识创新、技术创新和科技进步，增加了科技创新产出，推动了高技术产业的集聚与发展。硅谷地区外国人口出生比例约为 36%，加州、美国这个比例仅为 27% 和 13%。硅谷地区的科学和工程领域 60% 以上是外国移民，美国不到 30%。粤港澳大湾区除了香港和澳门外，内地其他 9 个城市的国际人才比例是比较低的，国际科研活动还不够多。面向打造"国际"科技创新中心，粤港澳大湾区要建立一套有利于海外高层次人才引进、就业、发展的系统制度安排，面向全球吸引人才、利用人才。

除此之外，建议设计全球性科技创新议题和创新活动，布局一批海外创新中心，优化全球创新网络，开展开放式科技创新合作。应以"一带一路"倡议为指导，鼓励湾区内领军企业通过并购、合作、合资等方式，到"一带一路"沿线国家设立研发中心、产品设计中心，合作建设国际技术转移中心和推广基地、科技企业创新园和解化器等创新载体，消化吸收创新先进技术；鼓励境内外投资者在湾区内设立国际科技创新中心和平台，吸引跨国公司在湾区内设立研发中心；鼓励湾区内研究机构、高等院校和大型企业与世界一流的科研机构建立长期合作关系，参与科技全球化进程，开拓重大科技计划和专项成果的全球市场，全面增强湾区作为海上丝绸之路桥头堡的创新辐射功能。

优化湾区的创新生态环境。打造湾区创新引擎，还需优化湾区的创新生态环境，鼓励和支持社会资本在粤港澳大湾区内设立创业投资基金，支持企业的创新升级，激发区域创新创业活力，支持创新创业平台建设，促进大众创业、万众创新。可发挥深圳科技金融发达的优势，努力打造亚洲最大创投中心，同时鼓励有实力的创投企业到沿线国家设立创投机构和创投基金。建立属于湾区的创新人才政策，利用创新氛围和人才政策吸引境内外科技人才。利用香港、深圳资本市场功能，为创新企业提供多渠道的资金支持。还要重视政府职能，出台政策规划，鼓励创新氛围，优化创新生态，吸引高端人才，推进科技公司与高校和基础研究平台的合作，使得湾区高校的高端人才能留在湾区。同时政府应在户籍、人才、教育及税收等方面给予政策红利，如在出入境方面，发放高端人才绿卡，使得湾区内外人才能自由流动；通过减税或税收补贴，吸引高科技企业；推进政府与科技公司的合作，让科技融入公共安全、交通、教育及就业等政府事务中。

“一带一路”倡议的深入推进为粤港澳大湾区建设“科技湾区”创造了新的契机，推动“一带一路”也离不开粤港澳大湾区的支持和配合。粤港澳大湾区以环珠江口区域为核心，背靠内地，面向南海，地处国际航线要冲，是中国与海上丝绸之路沿线国家在海上往来距离最近的经济发达区域；大湾区的发展面向“一带一路”大市场，粤港澳三地需充分利用“一带一路”为科技产业创新带来的新的空间，将粤港澳大湾区打造成全球创新高地。

三、培养我国经济新增长极

经济增长速度在不同的地区、行业或部门具有不平衡性，经济增长先出现在创新行业，这些行业集聚在空间的某些点上，形成了增长中心或增长极。增长极是围绕推进性的主导工业部门而组织的有活力、高度联合的一组产业，它不仅能迅速增长，而且能通过乘数效应推动其他部门的增长。当增长极产出增加时，能够带动其他产业产出或投入的增长，形成极强的连锁效应和推动效应，最终形成“产业群”。

区域增长极是市场与政府两种机制共同作用的结果，也是多重因素互相促进、共同制约的结果，有利因素推动区域经济快速增长，而不利因素制约着区域经济增长。当区域内关键性的有利因素促进作用大于不利因素影响时，增长极则逐步在该区域内形成。这些促成增长极形成的关键因素构成了区域增长极发展动力系统，这些关键因素之间也相互促进、相互制约。创新能力、产业升级、市场机制健全程度和政府政策通常是增长极形成的最主要的动力。

创新是增长极产生和发展的源泉。创新意味着新的生产函数建立，它是生产要素重新组合和生产条件重新组合。创新需要承担较高风险，包括高昂的成本和失败的可能性。而企业家精神是创新的重要动力。企业家勇于创新、敢于挑战的精神是创新活动不断进行的基础，当外部环境适合企业家发挥其创新精神时，整个经济容易形成创新氛围。但并不是每个行业的创新都能促成增长极的形成，创新需要与主导产业相结合，才能成为地区经济增长的引擎。主导产业创新不仅能够推动产业本身的发展，而且具有较强的外向扩散能力，带动上下游产业发展，从而拉动整个区域的经济发展，形成区域经济增长极。主导产业中的企业依托于长期的技术和经验的积累，通过创新提升效率、降低成本，或提升产品品质，增强企业自身的竞争力，从而占有更高的市场份额，获取更高收益。而收益增长又增强了企业的抗风险能力，企业创新的意愿和能力不断提升，为保持企业的竞争优势，创新活动将持续进行，从而推动增长极持续发展。主导产业外溢效应拉动上下游产业发展，当主导产业的技术革新发生后，上游产业的企业为了获得订单，下游产业为了提升竞争力，均会根据主导产业创新技术水平，进行与其相匹配的创新，从而推动整个产业链发展，这种协同创新机制成为区域增长极发展的重要动力。综上所述，创新与主导产业的结合成为增长极形成与发展最根本的动力。

完善的市场机制使得市场内的主体可以根据自身的利益做出最优的选择。在完善的市场中，企业与家庭能准确衡量自身的成本与收益，做出最优决策。企业追求利润最大化，消费者追求效用最大化。在利益的驱动下企业有动力改进和提升技术水平，以降低成本，提升产品品质，更好地迎合消费者的需求，扩大市场份额，实现规模经济增加收入，进面推动产业在区域内的集聚，从而拉动区域内经济增长。作为产品需求方的家庭能根据自身需求，自主选择最好的产品，从而推动市场中的企业实现优胜劣汰。而作为生产要素需求方的企业为了提升竞争力，需要争取更多优质资源的支持，它们愿意为优质生产要素支付更多的报酬。作为生产要素提供方的家庭，高素质的劳动力更倾向于选择经济发达地区，因为这里有更多的工作机会、更高的劳动报酬。因此高净值家庭更愿意投资经济发达地区，因为这里有更多的稳定投资机会，能获得更高报酬率。同时，经济发达地区良好的基础设施和文化氛围吸引了更多追求高质量生活的高净值和高素质家庭聚集于该区域。这些家庭给该地区所带来的资源以及高效率的劳动，反过来又能推动当地的经济增长。完善的市场机制能推动生产要素实现最优配置，为增长极的形成提供正向循环发展的动力。不难看出，健全的市场是增长得以形成和发展的重要前提。

政府政策是增长极形成和发展的另一个重要动力。良好的政府政策制度为增长极提供了健康的外部环境，有效的政策能降低经济活动的交易费用，从而帮助区域企业节约成本，提升区域内企业的竞争力。例如一个高效廉洁的政府能为企业提供更优质的行政服务，从而减少企业在行政审批环节所产生的成本，提升企业运营效率。同时在市场机制不能有效发挥作用时，需要政府调节和改善市场失灵的情况。充分有效的信息和要素自由流动是完善市场的两个标准，政府可以从这两方面改进市场。一般说来，增长极在形成之初是需要政府政策支持的，需要适宜其发展的外部制度环境。在发展之初，增长极会受到旧制度制约，需要建立起新的、更有效的制度规范其发展，如网络支付等新技术产生之初，面临着诸多旧金融制度的限制与制约，同时其自身发展过程中又有许多不规范的地方，这时需要政府及时更新相关制度，安排指导其健康发展。有效的政府政策能引导市场发展，促进企业创新产品有序发展，消费者理性消费与投资，推动规模经济形成，实现产业高效聚集，最终促使新的增长极形成。

产业升级在增长极的动力系统中起着纽带作用。产业升级实质是产业进一步分工，产业分工的加深使得产业更专注于在某个细分领域进行创新，新产品、新服务被推向市场。从微观角度看，需求的拉动效应可以带动企业自主创新。产业升级能够促使企业生产更好的创新产品，进而推动市场规模的扩张和细分，更多的企业进入市场，加剧竞争，促使企业不断进行技术创新以降低生产成本、提高产品质量，进而抢占市场。产业协同效应带动了产业层面的自主创新。某个产业升级后生产技术和工艺得以提升，对于原材料以及其他配套设施的要求也会越来越高，这就对上、下游产业的技术、工艺等有更高的要求，上、下游产业为了生存的需要，也会不断进行创新，以达到推进型产业的发展需求。

粤港澳跨行政区域要实现可持续发展，不能单纯以经济增长为目标，而应以粤港澳三地的科技合作为基础，从各自为政的发展模式转向深度融合的产业分工协作模式，实现跨行政区域科技、产业、金融一体化发展，从粗放型发展向集约型发展路径转变，实现产业结构的提升。

持续加强粤港澳沟通体制机制建设。由于粤港澳在体制、文化、法律等诸多方面的差异，要实现粤港澳协同发展，三地间的有效沟通必不可少。粤港澳间的沟通可以分为两个层面进行：第一个层面是粤港澳三地政府间的沟通，侧重于政府政策间的协同，三地高层定期与不定期会晤，着重就重要协作事项进行磋商，协调事项，统一进度安排表，完善协调制度，提升各方的执行力，保证政策实行效果。第二个层面是粤港澳民间合作，促进粤港澳间要素自由流动，实现粤港澳资源最有效的配置，发掘各自的比较优势，同时协助解决通过政府机制无法解决的问题，特别是在司法和社会管理方面，推动粤港澳融合，发展良好的社会文化环境。建立健全粤港澳行业协会间的合作，建立相关合作平台，工商界和学术界搭建高层次的对话平台；支持相关城市的联络沟通，推动粤港澳大湾区协同发展。粤港澳行业之间经常性交流机制的建立，有助于建立统一规范的行业标准，不同行业具有不同的特殊性，行业间的交流与沟通更有利于实现行业内要素的自由流动，同时在各行业内建立信息共享平台、科技创新服务平台、金融服务平台等，以减少信息的不对称性。如一般性的信息可以通过公共服务平台来实现，为一般性的企业服务，使整个市场运行更加开放、透明。

推动科技、金融、产业协同发展。粤港澳大湾区目前存在的问题是：科技、金融、产业结合程度不紧密，科技、产业间相互转化不顺畅，金融、产业间相互支持不协调。科技产业化过程需要金融系统在资金上予以支持，但在现有的金融体系下，金融服务与企业创新周期脱节。缺少金融体系的支撑、技术成果产业转化率低，使得科技停留在科研层面，无法将科技转变为现实生产力，使之成为经济推动力。首先，金融机构对科技缺乏有效评估的能力，特别是对于融资主体银行而言，对风险控制的要求会拒绝大多数科技公司的融资需求。科技成果评估体系的建立将有助于降低金融机构与科技企业间的信息不对称，增强金融机构对于科技公司融资风险的控制能力。其次，需要建立起多层次的科技融资体系，根据科技研发的不同阶段进行金融产品和服务方式创新，使之在各阶段内有不同的金融机构和金融产品支持，加大多层次的资本市场建设，发展和完善针对科技类公司的股份转让系统，培育科技投资专业机构。最后，科技综合服务平台让技术成为一种生产要素，能在各需求方之间高效流动，让科技资源得到有效配置。

增强科技产业化能力。尽管广东省科技人才数量处于全国领先地位，但从高新科技产业人才的分布、结构上来看，缺乏顶尖的高新科技技术人才。虽然各区域和地区聚集了大量的科学研究人才，但与企业合作的深度不够，一般偏向于学术创造的居多，对科技的创造力没有体现出来，成果转换率很低，甚至是对资源的浪费，限制着产业的科技发展。科技知识、技术、信息的大量交换和反复交流能降低知识、技术、信息的交流成本，共享创新基础设施，增进科技创新的规模效应和外溢效应，建立健全科研设备和科技信息的共享制度，强化创新平台的公共服务功能，可以解决中小企业研发资源不足的问题，为促进创新和创业提供支撑。

实现粤港澳大湾区内产业梯次转移。根据梯度推移理论，包括新产品、新技术和新的管理方法在内的创新活动大多从高梯度地区开始，然后按顺序逐步从高梯度地区向低梯度地区转移。广东省应利用好省内的梯度层级，让技术与产业在省内各梯度间高效、有序地转移，增强粤港澳大湾区区域内经济联动性，推动粤港澳大湾区区域内经济循环。提升香港、澳门、广州、深圳等地区的高新技术产业、服务经济辐射和带动功能，积极利用地理、资金、技术等优势，发展新的产业增长点，推动粤西、粤北承接高梯度地区产业和劳动力转移。其他地区需积极利用自身的比较优势，形成比较优势产业的集聚效应，促进自身的经济发展。在不同地区内培育和发展有各自特色的经济增长极。

促进三地要素自由流动，实现区内资源最优配置。2015 年 1 月内地与香港、澳门分别签订了服务贸易协议，推动内地与港澳服务贸易的自由化，协议于2016 年 6 月 1 日起正式实施。内地对香港、澳门开放服务部门将达到 153 个，占世贸组织服务贸易分类标准的 95. 6% ，其中 62 个部门实现国民待遇。香港使用负面清单的领域，限制性措施仅 120 项，且其中的 28 项限制性措施进一步放宽了准入条件。跨境服务、文化、电信等使用正面清单的领域，新增开放措施 28 项。内地全境给予香港最惠待遇，即今后内地与其他国家和地区签署的自由贸易协定中，只要有优于 CEPA 的措施，均将适用于香港。此外，还将进一步建立健全与负面清单模式相适应的配套管理制度，除了该协议保留的限制性措施及电信、文化领域的公司，金融机构的设立及变更外，香港服务提供者在内地投资该协议开放的服务贸易领域，其公司设立及变更的合同、章程审批改为备案管理，以更加便利香港业者进入内地市场。澳门服务提供者可通过商业存在的形式进入内地市场，享受与内地企业同样的市场准入条件。服务贸易协议是内地全境以准入前国民待遇加负面清单方式全面开放服务贸易领域的自由贸易协议，标志着内地全境与香港、澳门基本实现服务贸易自由化。WTO 将全世界的服务部门分为 12 个部门、160 个分部门。从数量上看，内地对港澳地区已经开放 153 个服务部门，已经占 WTO 所列部门的 95.6%，但开放措施在具体实施过程中还存在一定障碍，真正的粤港澳服务贸易自由化程度还不太高。同时人民币在资本项下还没有实现自由兑换，资金还没有完全实现自由流动，其他包括人员流动、物资流动、机构流动、信息流动等也都受到限制，内地以及广东与港澳实现要素自由流动还需要继续努力。

第三节 实现粤港澳大湾区“世界级”目标路径

一、发挥经济辐射作用

粤港澳大湾区内部的经济辐射，主要以香港、深圳和广州这三座城市的经济互动以及各自的经济发展为主，其核心问题是粤港澳大湾区内部的融合问题。因为“一国两制”的差异化经济制度确实存在，以及内地与港澳地区在人才、资金乃至科技交流上的障碍，导致粤港澳大湾区的发展势必不同于其他湾区的发展，内部的协同问题和融合问题显得尤为关键。由于历史的原因以及这些壁垒的存在，阻碍了各项资源要素在节点城市的集聚，因此，粤港澳大湾区城市群与国际各大湾区城市群最大的一个差异，就是没有一个龙头城市，而是三城互立，形成一条带状区域。因此，多中心城市群的治理是粤港澳大湾区现在急需突破和解决的问题。虽然粤港澳大湾区从地理区位界定符合湾区经济，但是由于其内部多中心的发展情况，注定了以往单核心的湾区建设理念不能够适应粤港澳大湾区的规划发展。因此，需要借鉴城市经济学中多中心城市群的概念。

香港、澳门两个特别行政区和整个粤港澳其余城市互动有限，更多是单方面的。随着内地经济的崛起，香港产业空心化趋势越来越明显，若缺乏制造业的支撑和广阔的经济发展腹地，香港的地位可能还会进一步下降。中央在此背景下提出建设前海，强化粤港合作，不仅仅是要借势香港，实现自身发展，更重要的是要探索出一条实现香港长期繁荣稳定发展的新路子。产业融合是粤港合作的关键，也是未来香港的竞争力所在。如何加强两地间互动，在现有的差异性政治经济体制下，通过过渡区域形成两地的对接可能是较为有效的手段。

广东省作为全国的经济大省，其经济发展一直走在全国前列。珠三角城市群原本只包括广东省比较小的一块面积，也就是珠江沿岸的九个地级市。珠三角城市群虽然面积不大，却是围绕香港和澳门的地区。当珠三角城市群“扩展”成粤港澳大湾区的时候，香港和澳门就将彻底被纳入这个体系当中。然而纵观整个广东省，区域城乡发展不平衡的问题一直没有解决。广东省（不含香港、澳门）共有21个市，由于资源禀赋差异、地理位置不同和政策推进的时序先后，广东省区域发展严重失衡现象亦十分明显。这一问题伴随着市场化的发展，在市场机制下形成的产业、资源、劳动力的集聚进一步加快了珠三角区域和粤东西北地区的经济差距。

粤港澳大湾区和粤东西北在经济发展上存在明显的断层，这既是自然条件和基础设施上的原因，也是历史发展过程导致的不均衡发展。要有效推动省域内欠发达地区经济的持续稳定增长，就要完善欠发达地区的基础设施和制度规则，同时运用好税收、财政、信贷、科技扶持等政策手段，在这些常规性的手段落实的同时，加快打通与粤港澳大湾区的经济通道。“双转移”战略提出的初期收到了很好的效果，也说明了承接粤港澳大湾区的产业转移是行之有效的方式。然而，简单的承接产业转移一旦受到经济波动的冲击，势必会导致重新走上无力承接后续产业的道路，然后导致产业联动的经济链条断裂，进一步地减少粤港澳大湾区的经济辐射半径。应该打通的不仅仅是粤东、粤西、粤北与粤港澳大湾区的产业经济通道，更应该利用粤港澳大湾区的科技、高端服务业等已具备较高水平的生产性服务业。在这一方面，广州在生产性服务业的龙头效应需要更好地加以利用，不仅要通过工业园区的方式承接产业转移，还需要在周边形成配套的生产性服务业。除了能够承接产业转移以外，还能够自我供血，形成产业升级，同时也形成和整个粤港澳大湾区的多层次合作交流，才能产生更紧密的联系，从而达到整个广东省经济的协调发展。

泛珠三角设计为九省外加香港、澳门两个特别行政区，由于各省都是相对独立的行政区，因此，彼此之间的经济联系不像城市之间那么紧密。要让这个横跨我国东部、中部以及西南部的特大区域协同发展，必须通过产业链布局来打破行政区划掣肘。因为整个泛珠三角区域过于辽阔，这也就形成了较大的要素禀赋差异和产业优势差异。通过合理的产业转移促进产能过剩有效化解，促进产业优化重组，降低企业成本，推进发展战略性新兴产业和现代服务业，增加公共产品和服务供给，提高供给结构对需求变化的适应性和灵活性。

简单的产业转移并不能起到立竿见影的效果，因为市场更倾向于集聚。产业转移更多是政府意志的行为，因此需要构建一个有效的产业转移机制，通过政府主导，在产业转移之前先行搭好产业转移平台，以企业行为为主导，生产要素和禀赋资源为载体，城市乃至省级合作为契机，推动产业从具有优势地位的区域向相对落后区域的转移。在如此大范围的区域进行产业转移、产业升级，关键要解决的问题是产业链的构建。由于地方政府的一厢情愿，导致多城市群内部产业同质化，产业链过短，配套产业集中在核心城市，而没有形成一条完善的、有效分工的产业链，从而导致各城市产业恶性竞争，严重影响了产业升级效率。有鉴于此，整个泛珠三角的产业转移行为更应该从顶层设计开始，科学考量各区域的区位优势和要素禀赋，统筹布局产业分布，加快区域协商机制的建立，通过建设区域性的统一市场，将产业链延长、细化，各省份错位发展，通过产业链的重构推动区域产业转移合作，促进泛珠三角的产业融合，实现区域经济协调发展。

二、迈向“世界级”的发展路径

以自贸区建设为契机，促进粤港澳深度融合发展。我国在广东已经设立了自由贸易试验区，试验区的建立能够进一步促进粤港澳经济圈的发展以及融合，同时为经济圈城市的稳定发展提供机会。

在改革开放之后，广东省由于地理位置较好，产生的发展变化巨大，具有比较多的专业人才，能够实现经济以及科技的较快发展。广东经济在不断发展的过程当中，与港澳之间的关系也在慢慢发生改变，之前是依赖港澳的发展，到现在已经不单纯是依赖关系，已经实现贸易等各方面的融合发展。广东自贸区的设立不仅实现了粤港澳大湾区的进一步融合，还在一定程度上辐射带动了广东其他地区的发展。但广东的经济发展不均衡，东西两边以及山区地区经济发展还十分落后，所以自贸区对这些地区的辐射带动作用发挥就显得十分重要。要实现辐射发展并不是要对发达地区的产业进行简单的转移，而是要根据地方的特点进行技术以及产业的升级，这样就可获得更加广阔的发展空间。

自贸区发展战略的施行，需要站在国家高度，力求在国际竞争中立于不败之地，为我国经济增长拓展新的道路，实现中国经济的全新升级。广东自贸区主要还是依靠港澳的地理位置以及服务内地来发展，自贸区建设将为粤港澳的进一步发展提供动力，应将自贸试验区建设成为粤港澳深度合作的示范区、“一带一路”建设的重要枢纽和改革开放的实验先行地。这样的定位需要几方面的合作，除了自贸区的发展与粤港澳都市圈的合作，还需要与“一带一路”倡议相结合，与内地进行的改革开放也要紧密结合。

实现创新驱动型发展战略，促进粤港澳合作的发展和创新。广东地区建立自由贸易区意义重大，自由贸易区能否推动大湾区经济发展以及加深粤港澳之间的深度合作是重中之重。经过 40 年的改革开放，粤港澳的经济飞速发展，经济合作基础良好。在这以前，存在着低端产业市场的竞争与合作，如果想要实现两者的深度融合，那么就需要在之前的基础上进行创新，不能只是局限于比较低层次的重复，必须通过创新来谋求发展，实现突破。地区的深度融合与国家进行的创新战略发展是分不开的，中国经济发展快速，而现在的经济增长速度已经由高速变成了中高速增长，未来将会迎来中等收入陷阱带来的问题，能否解决这个问题取决于经济结构的转型升级进程。把建立广东自贸区的重点放在国家战略上，尝试通过改革来推动发展，推动内地与港澳的合作，以点带面，发挥示范效应和带头效应。

此外，社会如果想要实现持续稳定的发展，离不开创新，这在很多国家的发展中已经得到了检验。广东自由贸易区地理环境优越，应充分利用粤港澳地区的创新环境和氛围，为我国创新驱动的发展提供源源不断的动力。自由贸易区应抓住机遇，与粤港澳地区开展深度合作。中共中央通过的“十三五”规划建议中提出，创新、开放、协调、共享、绿色五大发展理念中，创新发展是核心。之前的经验可能不适应现在的发展，而且可能会成为制约因素。在这样的前提下，我国要坚持自主创新之路，不断推动创新，在创新后引进消化吸收，加快创新步伐，拥有更多自主专利，加快创新制度建设，促进创新能力发展。

粤港澳合作创新可以借助自由贸易区作为通道，进行科技、制度、管理、商业模式等方面的创新，其中以科技创新为重。从很大程度上来说通过思想方式的开放学习和转变，体制以及管理方面的创新比较容易实现，但是科技创新则比较难。在进行科技创新的过程当中，首先就是要加强创新能力，而且要实现自主的创新。从不断的发展中可以看出，核心技术往往会关系到国家的安全，无法靠简单的引进来实现，要依赖自主性开拓和创造。粤港澳地区在科技创新方面还是拥有很多先进经验的，如果能够实现合作，将会取得很好的发展。同时，不足之处也是存在的，主要与科研人员不足、科研水平低下、难以形成有效的合作等问题有关，当然，实现科技创新突破也与其他因素有密切的联系。在这样的背景之下，还需要发展的观念以及制度方面的创新，将自己的优势发挥出来，同时建立自主的创新体系，为发展提供持续的动力，将自贸区的发展作为创新的先行者，为创新发展提供一个良好的平台。

广东自贸区的设立也能够促进粤港澳地区的合作，为其提供发展平台。粤港澳与“一带一路”沿线国家之间的贸易畅通、资金融通有着良好的基础。对于“一带一路”倡议的实施，部分国家和地区还没有建立起紧密联系，在推动此倡议的过程中，粤港澳地区应结合“一带一路”沿线国家的不同发展程度和市场需求，寻求更加积极以及更加深入的合作，以求最大限度地发挥自身的优势，实现“走出去”战略，与沿线国家协作共进，实现粤港澳开放合作发展的进程。在“一带一路”倡议不断实施的过程当中，粤港澳地区应该不断增加对外开放的程度，在专注机遇的同时将沿海的经济进行深度融合，这样能在很大程度上促进我国综合国力的发展。为此，国家提出建立粤港澳大湾区的发展定位，提出了适合经济发展的新方向，这样就能够有效推动“一带一路”倡议的发展。自由贸易区战略的提出，为粤港澳深化合作发展提供了新的契机。

把握“一带一路”倡议机遇，实现粤港澳合作开放发展。2015 年国家发布了关于“一带一路”倡议的规划文件，宣布实施“一带一路”建设，这样的举措具有重要的意义。中国在实施“一带一路”倡议的过程中，能够结合地区各自所长，实行更加开放的战略，加强各地区互动与协作，发展开放的经济政策。相关的文件指出，我国沿海地区以及港澳台地区应该发挥自身特点，找准定位，深化粤港澳大湾区协作。为了打造粤港澳大湾区，促进各个组成成员的和谐发展，可以通过加强深圳前海、广州南沙、珠海横琴之间的合作，并深化与港澳台合作的方式来实现。发挥海外侨胞以及香港、澳门特别行政区独特优势，积极推动“一带一路”建设，在海上丝绸之路中发挥自己重要的作用，这也是对粤港澳区域合作在“一带一路”建设中进行的全新定位。在我国对外经济贸易当中，对外投资总量逐步扩大，已超出外商对内投资水平，资金进出形成顺差，已然成为重要的资本输出国。这不仅表明我国贸易转型，从大国走向强国，也说明中国积极主动采取投资拉动，对我国目前的生产、销售、服务促进效果明显。粤港澳大湾区作为丝绸之路的重要枢纽，在“一带一路”倡议中承担着重要角色。粤港澳大湾区应该充分发挥自己的优势，在国际市场上寻求竞争与合作，为“一带一路”的顺利实施发挥自身的作用。在我国过去经济发展的过程中，香港、澳门作为内地对外开放的联络点，在我国改革开放中扮演重要的角色。近些年，广东对香港和澳门的进出口总额占全省总额的六成，广东外商投资中港澳投资占比达到六成，广东联合港澳企业对外投资占全省六成以上。从这些数据可以看出，广东和港澳合作非常紧密。

三、可持续发展建议

完善制度构建和促进建设协调机制。三地湾区经济的协同发展过程实质上是经济体制和制度不断创新的过程。当前应顺应制度建设要求和一体化转变的趋势，加强内部制度建设，在发展的同时将制度建设放在首位，制度建设包括法律法规制度、营运环境等方面。应探索并设立粤港澳商营规则，与制度建设相匹配，推动粤港澳大湾区养老、医疗、教育等领域的发展，以最大限度地实现经济以及民生方面的政策融合。通过整合港澳经济社会交往合作以及文化法律，深化“一国两制”的探索实践，使“一国”之下的“两制”通过制度衔接和融合，在制度和发展上互为一体。

以创新为核心带动湾区经济发展。国际上有不少值得借鉴的湾区案例，东京湾区有优良的制造创新能力，纽约湾区的金融创新能力赫赫有名，旧金山湾区的科技创新能力闻名全球，如果能成功借鉴这三种能力并且有效利用在大湾区建设上，粤港澳大湾区将成为世界上非常具有竞争力的经济发展区。科技创新离不开研发能力，同时也需要开放生态、科技金融、现代制造业等资源要素的全面支持，而在这个创新的熔炉当中，只有集聚各方因素才能够产生比较好的效应，为产业升级添砖加瓦，为科技发展提供源源不断的动力。在国家政策方面，应致力于支持中国企业从这个桥头堡“走出去”，把大湾区打造成全球性创新中心，同时鼓励国外企业在粤港澳中心设立区域中心以辐射内地市场。比如，建立粤港澳大湾区创新合作鼓励机制，共同制定三地创新政策以惠及企业，而香港、澳门可以发挥自己桥梁的作用，为创新进行牵线搭桥，发展金融创新产业，同时也为各种创新的企业提供大量的资金支持。

实现区域产业分工与优势互补。粤港澳大湾区内不同区域的合理分工是促进区域健康发展的基础，也是促进区域间有效合作的前提。在粤港澳大湾区经济发展中，珠三角地区要大力发展高端产业，同时要具有自主创新性，在国际上打造领先的制造产业基地，为国家建设一批具有国际知名度的品牌，在服务体系方面能够实现与香港的对接；要建设与港澳地区错位发展的航运、物流、贸易中心；粤港澳共同打造珠江口湾区经济，共同建造南沙、横琴、前海自贸区，全力培育新增长极。香港具有比较强劲的科研能力，同时也是国际化的大都市，而珠三角有良好的工业基础，两个产业能够实现较好对接，这样就能够带动大湾区的经济发展。

在各个地区之间实现统筹管理，基础设施能够相互协作，这样就能够促进彼此的合作，不能各自为政或故步自封，应加强基础设施的体系化建设，为粤港澳大湾区发展建设高水平的营运环境。充分利用香港完善的制度优势和丰富的产业经验，推进建设以香港为龙头的商旅、会展、航运等产业体系。发挥自贸区等功能性经济体的功能，布局战略新兴产业。最后，要重视改善经济发展环境，改变落后低端的产业现况，打造粤港澳大湾区的产业突破。

设立统筹协调机制，实现要素流动。粤港澳大湾区的经济建设依赖于商品、人员以及资本的流动，这三个方面是建设经济一体化的基础。但是，港澳地区的性质对三地商品和生产要素流通造成了一些障碍，不利于经济的协调发展。基于此，在粤港澳经济的协调发展中，要采取一些措施来促进三地之间的沟通。继续完善广东和香港的合作联席会议，适当时候可以扩大为粤港澳三地会议，规范运作。尽快建立三地政府相关职能部门的对口沟通合作机制，最大限度地实现信息资源的共享，共同努力，尽量减少制度成本。举行珠三角地区市长和港澳均可参与的联席会议，这样珠三角城市群与港澳协调发展的理念就可以在会上得到沟通和共享，实现区域内部之间的信息沟通以及共享，能够协调大型公共设施建设工程等跨市域建设的问题，让彼此之间紧密发展，货物、人员、资金的流通问题也能得到研究和解决。建立三方政府与企业之间的变通对话机制，这样政府就能够听到企业的需求，在市场以及企业的基础上不断完善自己的目标以及方式方法，真正做到为人民服务。对于企业而言，可以派专人向政府表达自己的诉求，同时能对地方的经济建设提出自己的意见。通过不定期参加各种联席会议，构建合作与协调平台，同时在三方之间实现互通，在不同的体制之间能够行使自己的权利，为企业做出很好的指导，共同创造良好的营商环境。另外，应完善海陆空交通运输网络建设。加强珠澳、港深在海运上的合作，共同提升国际航运服务能力；利用深圳机场和香港机场的交通便利条件，打通两地空运合作通道，打造跨越两地的高效空港；利用港珠澳大桥连接三地陆路的优势，结合高铁、城轨，打造高效能陆运圈，以此为轴线，建立粤港澳大湾区与周边地区的密切联系。

强化区域社会公共服务对接。积极学习国际先进经验，将单纯的技术和资金引进转变为全方位的学习，对顺应经济发展与社会发展趋势的管理制度与规则持开放式学习态度，提升公共服务的软实力，并将其与环境配套条件相结合，打造出有竞争力的优势。想拥有强大的竞争能力，知识、技术和人才缺一不可，可通过加强粤港澳在人力资源方面的合作，为湾区发展提供人力支撑。还应紧跟国家城镇化发展目标，积极引入港澳成熟公共服务经验，打造行业高标准，为公共服务建设提供有效支持，同时探索促进医疗、养老等社会保障合作的新模式，推动社会和谐发展。

第六章

长江三角洲区域发展新模式

第一节　紧密合作的长三角城市群

一、长三角城市群的历史脉络

扩容是区域一体化发展到一定程度的产物，也是长三角城市群在国内国际竞争中保持领先地位和优势的需要。扩容后，城市群的代表性进一步增强，整体实力也进一步增强，区域间融合发展的趋势更为明显。特别是，扩容后可以起到发达地区带动落后地区的作用。让长三角发达地区或城市真正发挥出龙头带动作用。

纵向看，长三角城市群发展进步明显；横向看，与世界级城市群相比，长三角城市群差距还不小。在专家看来，世界级城市群通常有着高效的统筹协调机制，如北美五大湖区城市群，由芝加哥市在2002年牵头成立了“五湖联盟”，每年聚会一次，就产业竞争、污染治理、气候应对等重大问题协调各方利益，确保实现共赢。分工明确的产业协作体系，发挥了城市间的互补性。而长三角城市群的协调能力尚待提升。

长三角区域经济一体化进程大致经历了四个阶段，即：以民间自发推动为重要特征的阶段、以企业联合推动为主的阶段、以市场和政府推动型为主的阶段、以市场推动型为主的阶段。从长三角区域经济一体化的发展过程来看，其合作的内容呈现出不断增加的趋势，目前表现为“五化”，即交通一体化、人才一体化、市场一体化、产业一体化、政策一体化。

交通一体化是指长三角政府共同规划，把长三角区域辐射的所有中心城市、中等城市、小城镇全部纳入“3小时都市圈”。尽快建立以公汽、地铁、轻轨为主的大城市公共交通骨架体系，减少对汽车的需求以形成高效率、高强度、高密度、清洁的城市空间。

人才一体化主要表现在人力资源整合实现突破。长三角城市群中所有城市应在专业技术职务、异地人才服务、博士后工作合作、高层次人才智力共享、专业技术人员继续教育资源共享和公务员互派6个制度层面开展合作。

市场一体化是区域经济一体化的基本标志。它包括商品市场一体化、要素市场一体化、产权市场一体化、信用市场一体化等。目前，长三角已建立起了一批融入国内统一大市场的金融、技术、商品等要素市场，形成了一批年成交额超过百亿元的商品市场。

政策一体化包括户籍制度、就业制度、住房制度、教育制度、医疗制度、社会保障制度等方面的一体化，让这些要素在长三角城市群中互通有无。

产业一体化则主要体现在长三角的产业分工按照"一个发展极（上海），两个支撑点（南京、杭州），五条发展轴（沪宁、沪杭、杭甬、宁通、宁杭）"的基本格局展开。各市在区域性的主导产业、支柱产业中寻找自己的位置，因地制宜发挥自己的优势。长三角各个城市已建立了一批自己的优势行业和特色，如上海以金融、证券、信息为代表的高层次服务业，以信息、汽车、电子、生物工程为代表的新兴工业；南京的石化、电子业，杭州的轻纺、旅游业，宁波的石化，舟山的海水捕捞和养殖都具有相当规模。

结合世界经济发展趋势、国内经济发展格局及长江三角洲在我国及东亚地区的发展现状与条件，长江三角洲的战略定位应是：中国及国际（东亚经济区）的重要经济、金融、贸易区，中国的知识产业研发中心和高新技术产业基地。其产业结构总体呈现"二、三、一"格局，第二产业以技术、知识密集型产业为主导，第三产业以贸易、金融、咨询、信息服务、旅游及宾馆业为主导，第一产业以优质、高效的现代化农业为特征。

从这一战略定位的要求出发，长江三角洲地区区域合作与发展的基本指导思想应该体现"高起点、高层次、多方位、新模式"的特点。

高起点——新一轮长江三角洲区域合作与发展的方向，不仅是为了以整体优势面向国内市场，在国内经济中的地位更加凸显，而且更是为了参与国际经济循环，面向国际市场竞争。面对经济、科技全球化的趋势，长江三角洲区域合作要以更加积极的姿态走向世界，形成全方位、多层次、宽领域的对外开放格局。在中国地域分工体系发展过程中，使长江三角洲成为国内外经济循环的接轨区和融合区，充分发挥极化和扩散效应。

高层次——新一轮长江三角洲区域合作与发展的着眼点，应该是增强区域经济综合竞争力。其关键在于增强知识生产、分配与使用的能力，提高科学技术水平，在国内率先成为创新和创新应用的中心，率先建立科技先导型经济。因此，区域合作的重点应放在促进人力资源开发和未来技术利用的高层次上，通过合作加快教育和科技的发展，提高研究与开发能力，从而带动区域的整体技术水平。

多方位——新一轮长江三角洲区域合作与发展的范围，应该是在扩大地区间开放领域和开放程度基础上的多方位全面合作。即使各成员经济体能够最大限度地获取发展区域内经济合作的好处，又有与区域外发展经济联系的充分空间。因此，除了已经开展的基础设施建设合作外，还要进一步开展以区域主导产业和支柱产业为核心的产业全面合作，以及电信、咨询方面和服务业领域的尝试性合作。

新模式——新一轮长江三角洲区域合作与发展的形式，应该是在形成利益互动的协调机制的基础上，开创更为规范、更为紧密的长期合作局面。根据长江三角洲地区高密度城市群的特点，构建有某种特定内化结构系统、开放系统及系统结构巨大的城市群的区域经济发展的新模式。

此外，也应进一步确立长江三角洲在长江经济带乃至全国的经济主导地位，未来10年内力争使该地区成为我国区域经济发展的重要增长极和亚太地区经济发达地区之一；进一步发展成为具有较强国际竞争能力的外向型经济示范区，通过广泛参与国际分工和竞争，成为国内外市场的接轨点和国内与国际经济循环的战略支点，带动全国外向型经济的发展；重点发展高新技术产业以及成为新技术改造传统支柱产业的基地，并且成为我国重要的产业改造和创新基地，在长江经济带及全国起产业示范作用；培育和完善上海的城市综合功能，增强其集聚辐射能力，进一步巩固上海在长江三角洲及长江经济带的“龙头”作用，更好地为全国服务。

为此，要充分发挥长江三角洲的比较优势，加速经济社会和环境的协调发展，到2020年，基本建成一个经济实力达到中等发达国家水平、区域内产业结构高度化、区域经济外向化、经济运行机制与国际市场接轨的长江三角洲经济共同体。

二、长三角城市群的战略地位

随着经济社会的逐渐发展，以核心城市为轴心的城市群发展理念越来越深入人心。作为我国最具经济发展活力、最具区域发展凝聚力的长三角区域，近年来，在《长江三角洲地区区域规划》获批、上海自贸区建设、长江经济带发展提速、交通便利化等一系列有利因素的推动下，区域内各种市场要素加速流动，正使得长三角城市群建设走向“世界级”城市群。在当前我国城市化进程中，城市群是一种高级空间形态，能够产生集聚效应，是经济快速发展、现代化水平不断提高的标志。城市群是中国未来经济发展格局中最具活力和潜力的核心地区，是中国主体功能区战略中的重点和优化开发区，也将是未来中国城市发展的重要方向。

实施区域协调发展战略是新时代我国重大战略之一，是贯彻新发展理念、建设现代化经济体系的重要组成部分。然而虽然我国在区域协调领域已经取得了巨大的成就，但是依然要看到，我国区域发展差距仍然很大，区域分化现象正变得严重起来，区域发展不平衡不充分问题依然比较突出，发展机制还不完善，难以适应新时代实施区域协调发展战略需要。

2018 年 11 月 5 日，首届中国国际进口博览会开幕式在上海举行，国家主席习近平出席开幕式并发表主旨演讲。会上决定，将增设中国上海自由贸易试验区的新片区，鼓励和支持上海在推进投资和贸易自由化便利化方面大胆创新探索，为全国积累更多可复制可推广经验，同时将在上海证券交易所设立科创板并试点注册制，支持上海国际金融中心和科技创新中心建设，不断完善资本市场基础制度，最终将支持长江三角洲区域一体化发展并上升为国家战略，着力落实新发展理念，构建现代化经济体系，推进更高起点的深化改革和更高层次的对外开放，完善中国改革开放空间布局。

长江三角洲是长江入海之前的冲积平原，中国第一大经济区，中国综合实力最强的经济中心、亚太地区重要国际门户、全球重要的先进制造业基地、中国率先跻身世界级城市群的地区，地理位置重要程度可见一斑。而长三角城市群是“一带一路”与长江经济带的重要交汇地带，在中国国家现代化建设大局和全方位开放格局中具有举足轻重的战略地位。此外，长三角城市群还是中国参与国际竞争的重要平台、经济社会发展的重要引擎，是长江经济带的引领发展区，是中国城镇化基础最好的地区之一。长三角城市群经济腹地广阔，拥有现代化江海港口群和机场群，高速公路网比较健全，公铁交通干线密度全国领先，立体综合交通网络基本形成。自从 2017 年底明确了“共同打造世界级城市群”的理念以来，长三角各地区便开始携手加速探索区域协调发展新机制。一体化了 30 多年的长三角地区，此刻正式进入了“中国速度”，让所有人无比期待。

长三角地区是“一带一路”与长江经济带的重要交汇点，包括上海、浙江、江苏和安徽四个板块，是国内公认的最具经济活力、开放程度最高、创新能力最强的区域之一。到 2020 年，长三角地区要基本形成世界级城市群框架，基本建成枢纽型、功能性、网络化的基础设施体系，基本形成创新引领的区域产业体系和协同创新体系，绿色美丽长三角建设取得重大进展，区域公共服务供给便利化程度明显提升，全国新一轮改革开放排头兵地位更加凸显，更加有效的区域协调发展新机制基本建立。在此基础上，再经过一段时间的努力，把长三角地区建设成为全国贯彻新发展理念的引领示范区，成为全球资源配置的亚太门户，成为具有全球竞争力的世界级城市群。跻身世界级城市群，从一个侧面反映了长三角城市群区域合作与一体化的进展与成果。而当前长三角的合作发展，早已超越了单纯的生产要素合作层面。当前长三角的合作发展，上升到了一个更高的层面，合作主体是政府，长三角各个城市之间的合作，对于整个城市群的发展更为重要。

那么未来如何继续提升区域协同发展水平和核心竞争力水平呢？有以下两条路径可供参考。

一是深化改革创新，继续联动实施上海“四个中心”和自贸试验区建设、江苏沿海开发和苏南现代化示范区及国家自主创新示范区建设、浙江海洋经济发展示范区和舟山群岛新区、安徽皖江城市带产业转移示范区和皖南国际文化旅游示范区建设等国家战略，积极推动先行先试的创新成果在区域内推广共享，放大改革试点效应。

二是参与国家战略，积极参加长江经济带和“一带一路”建设，将三省一市的援疆、援藏、援滇、西部大开发等重要任务与丝绸之路经济带建设紧密结合；统筹推进铁路、公路、航空、油气管网建设，逐步形成网络化、标准化、智能化的综合立体交通走廊和能源通道；引导产业有序转移和分工协作，提高要素配置效率。

在规则体系共建方面，三省一市率先推进实施市场流通领域的国家、行业和地方标准。继续清理市场经济活动中含有地区封锁内容、妨碍公平竞争的规定及各类优惠政策，促进规则透明、竞争有序；在市场监管共治方面，推动三省一市监管互认、执法互助，形成权责一致、运转高效的区域市场综合监管体系。加强互联网领域打击侵权假冒工作，推广“科技＋制度＋保护＋诚信”治理模式，建立权利人沟通机制和推行网上交易可疑报告制度；在流通设施互联方面，健全长三角区域基础设施网络，完善长三角综合运输通道和区际交通骨干网络，形成互联式、一体化的交通网络体系。统筹规划，建设和改造一批商业设施、农产品流通设施、物流设施、社区基本生活服务网点等流通基础设施，保障和服务民生。

如今长三角城市群的定位已经相当明确，功能载体也已逐步落位，肩负的历史使命责任重大。

一是我国综合实力最强的经济中心。一方面，长三角要成为我国规模最大、国际竞争力最强的经济中心和利用全球化资源辐射长江流域、带动全国经济增长的动力引擎；另一方面，要在长三角地区形成以上海国际经济、金融、贸易和航运中心为核心，与其他城市相配套衔接、以大都市圈为组织架构的综合经济区。

二是亚太地区重要国际门户。长三角地区是东亚地理中心，处于西太平洋东亚航线要冲。随着上海国际航运中心的建设，长三角将成为西太平洋重要的世界城市群和产业密集区，在亚太地缘经济格局和区域一体化进程中发挥重要作用，是我国参与全球合作和对外交流的重要窗口，是亚太地区重要的国际门户。

三是全球重要的先进制造业基地。经过长时间的发展，长三角地区已具有较强推动产业升级和集约发展的创新能力，拥有一批自主知识产权的国际知名品牌，成为国家重要的产业创新基地。同时形成较为完备的重化工业、加工制造和高新技术的产业组织和分工体系，形成石化、钢铁、电子信息等具有国际竞争力的战略产业集群，成为集开发、设计、生产、加工、国际营销和强大商务功能于一体的全球重要的先进制造业生产基地之一。

四是我国率先跻身世界级城市群的地区。以上海国际经济、金融、贸易、航运中心和国家创新中心建设为龙头，进一步完善城市等级和规模结构，努力构建分工合理、功能完备的城镇体系，加快城市国际化进程，成为我国最具活力和国际竞争力的世界级城市群。

第二节　完善长三角区域合作工作机制

一、长三角城市群的合作模式

改革开放以来，长三角城市群不断探索发展模式的道路，经过这么多年的摸索探究，一些历史沉淀的痕迹依然清晰可见。

（一）浦东模式

20 世纪 90 年代浦东通过开发区龙头的带动形成了由都市经济支持的中心城区和开发区、由城镇经济支撑的中小城镇共同构成的城市体系即“中心城—开发区—中小城镇”体系，因此我们把这种以开发区带动整个地区城市化的方式称为浦东模式。

浦东开发开放是在我国一个特大型国际大城市里进行的，具有全方位、多领域、高起点的特点。它肩负着党中央赋予的推动上海成为国际经济、金融、贸易、航运中心之一，带动长江流域经济腾飞的重要使命。这就决定了浦东新区在开发战略上要注重塑造以金融、商贸等第三产业群为支柱的现代化国际中心城市功能；要多元化地筹措资金，保证社会和经济高速发展的需要；要制定和推行一系列符合国际惯例的政策，使国内外投资者较快地适应办事程序，便于对投资的回报做出基本预测；要处理好新区建设和上海旧城改造的关系，以东西联动等方式把城市建设推上新台阶；要搞好土地的规划、开发和管理，充分发挥土地开发的效益。这五个方面是浦东开发开放带有战略性的重大问题。鉴于此，当时上海市委、市政府确定了浦东开发开放要实施五个战略，这些也是浦东模式的特征：

（1）金融贸易、基础设施和高新技术产业化“三个先行”。首先，浦东新区的起步，是金融贸易先行，先行发展金融、商贸等服务性的第三产业。这样，一方面可以为浦东开发开放创造良好的金融环境，为新区建设提供资金来源，为今后上海真正成为金融中心奠定基础。另一方面，通过建设自己的商业街、商业中心、中央商务区，开展出口贸易等，使上海成为全国各省市产品的大贸易市场和亚太地区货物集散中心之一。其次，城市化也是一个基础设施的发展过程。当时对上海来讲，浦东新区之所以是一个有待发展的区域，根本原因是越江交通不方便。因此，开发开放浦东，头等重要的是基础设施，以越江交通、通信、能源等项目为重点，把浦东浦西连为一体，这样浦西的经济能量自然会顺势蔓延，形成千军万马开发浦东的燎原之势，使浦东成为城市布局合理、交通网络完善、通信系统便捷和生态环境良好的现代化、多功能新城区。最后，城市化更是一个产业结构优化升级的发展过程。通过吸引技术含量高的内外资项目，移植世界先进技术，使浦东成为上海乃至全国科技创新和高科技产业的重要基地，实现越过一般工业化直接进入后工业化的发展跨越。

（2）多元化筹集资金。要把浦东新区建成一个现代化的国际新城区，需要大量的资金投入。当时估计，在浦东开发开放的前五年，基础设施、基建项目和工业、商业、科技、文化等方面的投资需要近百亿美元。通过多元化、多渠道地筹集资金，主要包括七个方面：中央的政策资金、新区财政收入和土地批租收入、内联投资、发行证券、外商投资、国外贷款、国内金融机构融资。

（3）以政策为第一推动力。在中央的支持下，当时浦东新区不仅有全国各大经济技术开发区和经济特区的全部优惠政策，而且在第三产业方面实行了一系列浦东特有的新的开放政策。例如，允许外国企业在浦东新区开办百货商店、超级商场等第三产业；允许外资在整个上海范围内开办银行、财务公司、保险公司等金融机构；允许上海设立证券交易所，为浦东开发开放自行审批发行人民币股票和 B 种股票；允许在外高桥设立中国开放度最大的保税区，也就是自由贸易区。正是在中央这些政策的支持下，在浦东新区率先进行了外资银行经营人民币业务，建立中外合资保险公司、外贸公司和零售商业企业等试点，把对外开放扩展到金融、贸易、电讯、会展、旅游以及律师、会计、咨询、教育、医疗等服务贸易领域。

（4）东西联动、城乡一体化。浦东开发要以浦西为依托，让浦西雄厚的经济基础和丰富的人才资源，为浦东开发提供强大的物质基础。同时，浦东开发又推动了浦西的改造和发展，为上海成为国际经济、金融、贸易、航运中心之一，提供广阔的发展空间和历史的发展机遇。通过浦东浦西联动发展、功能互补，实现管理体制一体化、城市规划一体化、市政建设一体化、产业发展一体化、城乡发展一体化，促使上海城市面貌发生巨大变化。当时，市政府特别确定浦东未来的城市化地区，融入上海的城市规划布局。

（5）综合管理土地资源。土地资源是浦东开发开放的基础资源，为了科学合理地利用好有限的土地资源，浦东从开发开放之初就十分重视对土地资本的管理。从土地预征到一级市场批租出让，从二级市场的土地使用权转让到房地产交易，都形成了一套规范化、法制化的管理模式。主要包括：一是实行土地预征，控制土地潜在效益（这种做法相当于现在的土地储备）。在不改变土地使用权和使用性质的情况下，把这部分土地由农村集体的所有权和管理权转为国家所有、国家管理，这样有效地控制征地费用的上涨，降低开发成本，使开发建设带来的部分土地级差增值效益留在国家手中。二是国家投资成片开发，控制土地一级市场。市政府和浦东新区管委会投资成片土地的开发建设，把财政资金投入到国资开发公司，并把成片土地批租出让给这些开发公司，由这些开发公司组建合资企业或股份制企业，进行“七通一平”建设，然后再转让。三是按规划带项目批土地，规范土地二级市场。明确规定所有内外商投资的项目，必须符合浦东新区的总体规划。凡是没有项目或者项目不符合规划的，一律不批土地。对于拿了土地项目迟迟不开工、资金长期不到位的，就收回土地。四是实行补地价政策，防止国家土地资源流失。五是加强对房地产市场的宏观调节等。

（二）苏南模式

自从 20 世纪 80 年代以来，中国的乡镇企业就有了所谓的苏南模式。苏南模式是中国城郊经济在大中城市的辐射和带动下，通过城乡结合，“以工补农、以工促农”，使农工商协调和平稳发展，并进而带动工业化和人口城市化水平不断提高的典型路子。它反映了中国 70 年代开始形成的乡镇集体经济和乡镇工业在改革开放以后，在逐步实行市场经济过程中，不断发展壮大，并最终成为一个地区的工业化主体和地方经济主体的发展轨迹。

21 世纪初叶，苏南模式进入创新与提高阶段，故称为新苏南模式。新苏南发展模式是在经济国际化背景下，在原有的苏南模式基础上，经过创新演进所形成的新型区域经济与社会发展模式，其基本内涵是“三以三坚持”，即以实现“两个率先”（率先全面建设小康社会，率先基本实现现代化）为目标，以园区经济为载体，以打造现代国际制造业基地为引擎，坚持改革创新，坚持快速发展、科学发展、协调发展，坚持工业化、城市化、信息化、国际化互动并进。具体看，新苏南模式呈现出诸多新特征。

（1）外向型经济。以外促内、内外互动是苏南在对外开放过程中逐步实现经济国际化的一大特色。苏南是一个经济基础较为雄厚的地区，但是人多地少、资源匮乏的矛盾十分突出。因此，改革开放以来的前 20 多年里，苏南一直在“外”字上做文章，坚持“两头在外”和“三外（外经、外贸、外资）一起上”，充分利用外部资源和外部市场，实施外部带动战略。目前，苏南地区以国家级开发区为依托，以外贸引外资、靠外资促外贸、外贸与外资带外经，“引进来”与“走出去”并举，全面介入经济全球化进程，全方位对外开放的态势已经确立。可以说，苏南地区是实施外向带动战略的成功典范。

（2）园区经济。苏南把开发园区的建设和管理作为经济工作的重中之重。目前苏南已建成的国家级开发区、省级开发区基本上是在20世纪90年代初开始建设的，在基础设施上投入了巨大的资金。经过20余年的大规模建设，现在这些园区已进入产出阶段。园区不仅是苏南发展的外资高地；园区还是苏南发展的产业高地；园区更是现代国际制造业基地的核心区域。

（3）混合型经济。苏南乡镇企业的改制实质意味着传统意义的集体经济趋于消亡，代替它的是个体私营经济和混合经济。苏南民营经济发展一般有两个来源，一是乡镇企业改制以后，企业出资主体变成了民间资本为主；二是十五大以后在各级政府鼓励下，民间新的投资热情高涨。另外，由于苏南地区位于中国长江三角洲的心脏地带，与上海浦东近在咫尺，劳动力素质较高，很多跨国公司都选中苏南作为它们的加工基地。因此，随着中外合资合作的发展、企业横向联合的展开、股份制和股份合作制的推行，中资和外资之间、城市与农村之间、地区与地区之间、企业和个人之间、企业和企业之间相互交叉渗透，苏南地区已形成多种形式的混合经济。

（4）城市化。苏南地区经济的发展既是一种经济乡镇企业化的过程，同时也是一种农村城市化的过程。目前，苏南以大中城市为主导、以小城镇为纽带走上城市化之路。苏南的城市化是以工业化为根基的，苏南的工业化与城市化是互动并进的。21世纪初以来，随着中心城市现代化改造步伐的加快，苏南地区通过开发区建设、行政区划调整、都市圈规划等战略措施，逐步迈进了以大中城市为主导、以小城镇为纽带的城市现代化、城乡一体化的崭新时代。这不仅有助于工业化、城市化水平的同步提升，而且有力地促进了工业与农业、城市与乡村的协调发展。如今，苏南城乡企业的界限已明显淡化，在这种情况下，乡镇企业总部及其营销中心逐步进入城市，利用城市市场中心，利用城市第三产业，利用城市厂商集聚效应，降低交易成本。新一轮的城市化进一步丰富了苏南模式的内涵。

（三）温州模式

温州模式是指温州人民率先运用市场机制发展民营经济、实现富民强市的经济社会发展模式。温州模式三条重要的经验是：一是发展市场经济，二是发展农村的非农产业，三是发展非公有制企业。主要体现在以下特征：

（1）时代性。目前，我国正处在社会主义初级阶段。温州模式正是在这一阶段中形成和发展起来的，自然打上这一时代的烙印。同时，由于温州模式符合我国社会主义初级阶段生产力、商品经济发展的要求，个体经济、私营经济不仅是社会主义市场经济的“有益补充”，而且是社会主义市场经济的“重要组成部分”，所以，它有一个在较长时期内存在和发展的客观必然性。

（2）民本性。温州经济社会发展是在缺乏国家投入的前提下靠老百姓自己发展起来的，所以，温州经济是“老百姓经济”，是一种“民办、民营、民有、民享”的民本经济。中国特色社会主义市场经济的根本出发点是“以民为本”，从这个角度看，市场经济就是民本经济。就其本质而言，民本经济是按人民自己的意志、人民自己的力量来创造财富和配置资源的。温州模式是民本经济的集中体现，是百姓经济的典型代表。百姓是经济的主体，是产权的主体，是创造财富和配置资源的主体。这正是温州模式存在和发展极其深刻而广泛的社会基础。

（3）区际性。作为区域经济发展范式的温州模式，区际化或区际性是其重要特征之一。它不仅重视发挥温州急剧增长的私人储蓄及私人投资在区域资本形成中的重要作用，而且重视跨地区的贸易在总贸易中的重要地位。温州是全国首批对外开放的14个沿海城市之一，全国首批农村改革实验区之一，并且是全国第一个金融改革试点和综合改革试点城市。温州已获得“中国鞋都”“中国电器之都”“中国汽摩配之都”等24个“国字号”金名片，显示了国际性轻工城的强大实力。“炒房”“炒煤”“炒车”，庞大的民间资本在四处寻找创业增值机会。现如今温州的市场与贸易结构正在发生变化，正由贸易区际化向国际化拓展。

（4）创新性。温州模式的灵魂是创新。凡是到过温州的人，就不难发现温州人在思想观念、运行机制、企业制度、政府职能等方面都在大胆创新。温州人把党的改革开放政策同本地实际相结合，敢于冲破一切束缚生产力发展的旧观念、旧思想、旧框框，率先进行市场改革，率先发展家庭工业、个体私营经济、专业市场，率先推行金融浮动利率，率先经营包机航线，率先建设中外合资的地方铁路，率先发展股份合作经济，率先探索公有制的多种实现形式和途径，率先培育社会中介组织，率先建立私营企业的地方性法规，现在又正在努力基本实现现代化，努力成为东南沿海城市群的“领跑城市”，力争把温州建设成为我国东南沿海现代化的工业、商贸、港口、旅游城市。如此等等，无一不体现出温州人的敢为人先、开拓创新精神。

（5）发展性。用历史的、发展的观点来看，温州模式不是永远停止在一个水平上，而是随着温州经济社会的发展而不断发展的。温州模式不是一成不变、永远如此的，而是与时俱进、不断发展的范式。温州模式的发展要保持其持久的内在生命力，不仅取决于温州模式自身的不断创新和有序演进，取决于温州经济与文化、经济与政治、经济与社会的良性运行和协调发展，取决于温州工业化、城市化和现代化的全面推进和发展，还要取决于整个国家的经济体制改革和政治体制改革的深化和发展。

二、长三角城市群的合作与共赢

长江三角洲的区域合作与发展，不能期望用行政推动型方式来实现合理的区域分工，而要以利益关系为纽带，以经济促动型为主的方式来推进，充分尊重各地不同利益的基础上，通过利益协调和利益分享的机制使各地都能从区域合作中获得好处，取得“双赢”局面。

区域合作的目的在于获取分工协作的好处，使总体利益最大化，因此各地区的经济发展都应通过市场选择，扬其所长，避其所短，按比较利益原则进行合作。通过区域内的要素流动实行互补，充分利用各地有利的自然资源、经济条件和社会条件，消除不必要的重复建设，尽可能节约人、财、物的消耗，使不具有产业绝对优势或绝对优势很少的地区也能获得较充分的发展机会，使具有许多产业绝对优势的地区能够集中配置于一个或少数几个具有更高绝对利益的产业上，最大限度地促进区域经济发展。

长江三角洲区域合作还要以市场机制为基础性的协调力量，通过强化市场的资源配置功能来扩展地区合作秩序，深化区域分工体系。与此同时，中央政府及各地政府要采取积极措施加以引导与推动，消除区域合作中的各种行政性保障和市场自身无法克服的障碍，以保证区域合作的有序化。还有长江三角洲区域合作是两省一市的整体性合作，不能搞双边关系协调，而要从区域合作的角度形成多边协调关系，形成区域内整体性行动，实现各地区相互之间的联动效应。

针对目前已有现状，长三角区域合作与发展的协调机制的设计大致有两种类型可供选择：一是制度化的协调机制；二是非制度化的协调机制。这两种协调机制的运作方式及内容是不同的，其成效也有所不同。

（1）一般来讲，制度化的协调机制更有利于推进区域紧密型合作与发展，然而这却需要具备相应的条件，如行政体制框架、外部竞争环境、内部经济关联，等等。从目前我国实际情况来看，实行制度化的协调机制尚不具备，宜通过“倡导式”的机制不断扩大地区合作的范围。从原则上来说，采取“自主参与，集体协商，共同承诺”的方针，其行事方式应是以相互尊重、平等协商、资源和渐进的方式来处理各种事务，采取协商一致和非约束性的运作方式，与之对应的则需有一套完善的方案。

把设定区域发展目标作为推动力。确立明确的目标和实现这个目标的内容；为实现这个目标制定行动议程；通过单边行动和集体行为来落实议程。这样，目标本身就成为长江三角洲区域合作不断发展的一个动力机制。

有一套制度化的议事和决策机制。定期召开市场高层会议，为各地政府就地区经济发展问题进行协商并形成共识提供必要的经常性机制。它既有灵活性（包括在议程安排和进行承诺），就有了“隐形压力”，必须完成。今后，“协调会”作为一个制度化的议事机构要继续发挥自身作用，进一步推动长江三角洲各城市之间、乡村之间及城乡之间的合作向高层次、宽领域、紧密型方向发展。

建立起一套功能性的机构。除负责日常联络和组织工作的秘书处外，还应设立各种专业委员会和工作小组。它们具有一定的管理、协调、研究分析和组织职能，并越来越具有一定的常设性质。如可设立长江三角洲区域规划委员会、上海国际航运中心管理委员会、太湖流域环境保护与治理委员会等专业或综合职能管理机制。

建立合理的投资管理机制和区域共同发展基金制度。要按照区域开发银行的模式。组建长江三角洲开发银行，参与国家投资项目的“拼盘开发”融资，也可以按照商业银行法则，经过严格审贷，对长江三角洲地区的开发项目实行一般商业贷款或短期融资。在此基础上，应建立区域共同发展基金，使协调机构具有相当的经济调控能力和投资管理能力，以促进区域合作与发展。

作为区域合作的制度创新，“倡导式”协调机制的运作在很大程度上取决于当地政府的行为方式。为了形成这种协调机制，最重要的是要有具体的实际的东西来逐步启动，先易后难，从时间中走出一条路来，逐步予以完善。以后随着中央与地方关系的调整，行政体制的改革，逐步淡化政府产值业绩考核，以及经济区划功能逐步替代行政区划功能，这种协调机制可以进一步转向制度化的正规方式。

（2）至于非制度化的协调方式，则需社会各界力量，上至政府国家下至企业大众，通过各界串联，形成一套行之有效的协调方式，从而为长三角区域的合作与发展贡献自己的力量。

第三节　建立长三角城市群协调治理体系

一、构建长三角城市群一体化

长三角一体化已经从原来的浅层一体化向深层一体化发展，集中表现在一是空间范围的扩展及城市群的扩容，从更大空间的视角实现一体化发展；二是从原来注重经济一体化向经济社会一体化发展，通过城市群的逐步扩容促进整体城市、原位城市与新晋城市不同程度的增长来实现共赢。

改革开放以来，长三角一体化发展先后已经形成了五个重要的发展与推进时期。从 1982 年提出“以上海为中心建立长三角经济圈”开始，到 2018 年长三角地区主要领导人第三次会议签订三年行动计划，历经 36 年的时间内，长三角的概念和城市群空间范围一直处在持续的变化和调整之中。

第一阶段从 1982 年至 1988 年，长三角一体化更多的是以“上海经济区”的概念出现，在上海、江苏、浙江两省一市范围内，从最初的 9 个城市为主逐渐发展为 10 个城市与 55 个县组成的城市群雏形。

而第二阶段是从 1984 年至 1988 年，长三角城市群的概念出现了扩容。先后将安徽、江西和福建三省纳入其中，后随着上海经济区规划办公室的撤销，由五省一市搭建的“扩容版”长三角城市群因各地方之间经济社会发展差距和利益争议难以维系。

而 1992 年至 2008 年期间，长三角城市群的概念和空间先后经历了第三阶段和第四阶段。且基本维持在江浙沪两省一市间，所不同的是城市群的数量从最初的 16 个城市发展为 25 个城市。彼时，这 25 个城市基本都是长江中下游地区经济最活跃的地方。这其中，2008 年对长三角来说又是一个关键节点。这一年，安徽被纳入长三角范围内，使得以江浙沪为代表的长三角概念发展为“泛长三角”。

长三角城市群最近的一个阶段则始于 2016 年 6 月国家发改委发布《长江三角洲城市群发展规划》，在原来两省一市的 25 城的基础上去掉了江浙的一些城市，同时将安徽省 8 个城市纳入长三角城市群之中，共同形成了当前阶段的三省一市 26 城的版本。至此，长三角城市群的框架构成基本成型，即以上海为龙头，推动南京都市圈、杭州都市圈、合肥都市圈、苏锡常都市圈、宁波都市圈的同城化发展。

城市群的发展是长三角区域一体化发展的重要组成部分，当前随着一体化发展已经进入深水区，长三角城市群也随之进入新的发展时期。长三角一体化经过多年发展推进，要求突破行政壁垒、在新型城市合作中带来新的发展增量，通过技术进步与创新的管理体制机制，形成名副其实的更强、更巨、更聚的世界级城市群。显然，当前阶段的行政区主导下的城市群发展脉络，已经不再适应这种新的需求。长三角城市群协同发展的合作提了很多，但是真正落地的并不多，各城市群在发展过程中普遍出现利己导向，使得诸多合作都缺乏约束性。城市群是一个高度同城化的概念，在教育、医疗、交通与保障等公共服务领域都是需要实现一体化，但现在的长三角地区的城市群发展“显然还没有做到这一点”。

当前国内经济处在转型期，原来长三角不同城市圈之间是处在水平竞争的关系上，而当前随着经济转型升级，长三角不同城市圈在经济发展的产业链和价值链上的角色就会变得复杂，不仅仅只是水平相似的加工制造，产业链的铺展需要在更大范围内进行，因此长三角都市群需要从整体宏观层面进行规划与布局。这也就决定了长三角不同城市圈彼此间的关系，需要在产业链与价值链上形成彼此有所差异的网络化空间格局。长三角三省一市的优势与短板各不相同，需各扬所长。

上海更加综合，鲜明的优势是创新能力、服务业发展水平、科技人才的汇聚；江苏是制造业最密集的地区，尤其是先进制造业；浙江民营经济发达，片区经济与块状经济实力较强；安徽则有较为充足的劳动力资源，新兴产业发展迅猛。这种差异性构成了不同地区合作的基础。这种差异性，使得不同城市圈的产业定位发生变化，同时伴随着产业转移与区域分工的形成。

自20世纪80年代起，国家就开始了对长三角区域实施城市群发展机制的探索。随着时间的推移，以上海这个中心城市为依托，长三角其他各省市、地区之间的联系和交流变得越发密切，城市群的合作发展机制也不断进入新的领域，并跟同我国与世界经济发展的滚轮持续提速。现今，长三角城市群已经跻身于“全球六大城市群”的行列之中。

然而，虽说经济总量与居民生活水平都在不断走高，但长三角地区仍有很多深层次的瓶颈问题尚未得到很好的解决，长三角城市群在区域治理方面依然有很长的道路要走。主要包括以下四个方面：

第一，政府与市场的不协调。长三角一体化进程的开启可以说是政治动员的产物，因此政府在长三角的发展过程中扮演了举足轻重的角色，不少地方仍是“强政府、弱市场”的经济发展模式。这不仅会在一定程度上让长三角一体化偏离最佳路径，还会因各地区尚未达成一致的利益协调机制，在非合作博弈中为了追求地方利益最大化而损伤整体发展效率，即所谓的“诸侯经济”。政府与市场间的矛盾，正是长三角一体化发展中面临的最大阻碍和桎梏。

第二，区域经济发展不平衡。虽然长三角地区整体经济发展水平位居全国前列，但区域间不平衡的问题依然严峻，对长三角一体化的良好发展造成了制约。除政治和制度因素影响外，区域经济发展不平衡的主要原因是包括人才、资本、信息、技术等在内的要素差异。

事实上，上海、苏南、浙北地区的要素资源比较丰富，而苏北和浙南的资源相对匮乏，安徽更是整体落后。要素差异直接导致产业差异，要素资源丰富的地区都形成了各自的特色产业和优势产业，而不具备优势产业的地区发展则相对落后和被动，久而久之便拉开了差距。

第三，各地产业同构，集聚水平不足。根据相关的调查报告，长三角核心区各个城市中，超过半数都将汽车、石化、通信作为重点发展产业。须知，产业集聚不是简单的重复和集中，而是产业的衔接与产城的融合，其目的则是要实现资源集约利用和产业功能整合，要求企业之间加强信息交流和合作，达到优势互补、错位竞争、链接发展，进而提升整体竞争力。然而，目前长三角地区的产业重复建设较为严重，难免造成资源的浪费与集聚水平的不足。

第四，城市间协调联动性不够。从长三角城市群发展现状来看，合理的城市层级和分工体系未能形成，“简单均衡”或“一城独大”现象明显，城市间协调联动性不足，难以发挥城市群效应，影响一体化发展。

在这样的背景下，长三角一体化的进程提速，意味着国家正着手对其高质量发展做进一步探索。明确长三角区域发展指导思想原则。长三角地区将逐步在壮大东部地区经济实力、推动长江流域快速崛起、带动中西部加快发展、促进全国区域协调发展、引领我国全面参加全球竞争中，发挥核心作用。规划强调，长三角地区应注重提高自主创新能力，保持经济又快又好地发展；转变增长方式，坚持走新型工业化道路；实践区域统筹协调发展，进一步打破行政壁垒；坚持以人为本，促进社会公平。将长三角区域功能定位为：我国综合实力最强的经济中心、亚太地区重要的国际门户、全球重要的先进制造业基地和我国率先跻身世界级城市群的地区。

确定区域发展总体布局框架为“一核六带”，即强化上海这个发展核心，优化提升沪宁、沪杭沿线发展带，重点建设沿江发展带、沿（杭州）湾发展带，积极开发沿海发展带，培育宁湖（湖州）杭发展带，引导发展沿湖（太湖）生态服务带。提出城镇体系发展整体思路，重点优化沪宁、沪杭沿线城镇功能，加快沿江、沿（杭州）湾城镇发展，做大沿海和宁湖（湖州）杭沿线的城镇规模，逐步建成以上海一级中心城市为核心，以南京、杭州、苏州、无锡、宁波等副中心城市为支撑的世界级城市群和城镇体系。

明确重点产业发展布局，做大做强石化、钢铁、电子信息产业等具有国际竞争力的战略产业；巩固提升装备制造业、纺织轻工和旅游业等传统优势支柱产业；同时加快发展现代生产性服务业和生物医药、新型材料等具有先导作用的新型产业。重大基础设施协调与建设方面，规划将综合交通和能源作为两大重点，提出加快沪宁、沪杭、杭甬、沿长江、沿海和宁湖（湖州）杭六大重点交通通道建设，以及综合运输枢纽建设；同时提出了煤炭、油气、液化天然气、电力和新能源等基础设施建设方案。

提出区域内资源配置和生态环境保护方案，实行差别化土地政策：对沪宁杭沿线，采取最严格措施保护优质基本农田和重要生态功能保护区；对沿江（长江）、沿湾（杭州湾），优先安排建设用地指标；对沿海和宁湖（湖州）杭线及其他沿路发展带，适度安排建设用地；对沿湖（太湖）地区则控制土地开发强度。确定促进区域协调发展的政策措施，一类是引导性政策措施，如在区域内推进投融资体制改革，探索建立生态补偿机制等；另一类是协调性政策，主要是打破行政壁垒，促进生产要素自由流动。

二、“一核六带”共筑协调发展之途

“一核”即强化上海这个核心，充分发挥上海作为国内外交通枢纽、长三角地区要素资源配置中心和文化交流中心以及创新源头的作用，整合利用周边地区的资源优势，增强上海集聚和组织引导能力，以促进区域整体优势的发挥和竞争力提升。

“六带”明确了各自的发展方向。优化提升沪宁、沪杭沿线发展带，目标是建成具有世界发达水平的都市连绵区域。这一发展带主要包括沪宁杭交通沿线地区，将按照集约、创新、优化的原则，加快高技术产业集聚和现代服务业发展，优化城市功能，改善环境质量，成为带动区域创新能力和国际化水平提升、服务长三角地区乃至全国发展的区域。

重点建设沿江发展带。根据规划，长江沿线的县市区将充分发挥“黄金水道”的优势，引导装备制造、化工、冶金、物流等产业向沿江地区集聚；建成特色鲜明、规模聚集、布局合理、生态良好的基础产业基地和城镇聚集带，并成为具有全球影响的长江产业带的核心组成部分。

重点建设沿（杭州）湾发展带。沿杭州湾县市依托现有产业基础和港口条件，积极发展高新技术和高附加值的制造加工业和重化工业。这一发展带的目标是建成功能协调的现代制造业聚集带和城镇聚集带，以带动长三角南翼发展。

积极开发沿海发展带，即拥有沿海岸线的县市区，依托临海港口，培育和壮大港口物流、大型重化工和能源基地，发展新兴的临港产业、海洋经济与生态保护相协调的综合经济带。

积极培育宁湖（湖州）杭发展带，拓展长三角地区向中西部地区辐射带动功能。宁湖杭沿线县市需充分考虑区域资源环境开发容量及其生态屏障功能，选择与生态经济相协调的开发方向和模式，重点发展高技术产业、旅游休闲、现代物流、生态农业以及资源加工业，积极培育城镇集聚区，形成生态产业集聚、城镇有序发展的新型发展带。

引导发展沿湖（太湖）生态服务带，成为全国性重要旅游休闲带和区域性会展研发基地。环太湖乡镇须坚持生态优先原则，在保护太湖及其沿岸重要生态服务功能的前提下，适度发展旅游观光、休闲度假、会展、研发等服务业和特色生态农业，严格控制用地开发规模和强度，突出开发理念创新和空间布局优化。

长三角一体化的提速从空间地理层面扩张了市场的范围。不过，市场范围的扩大会受到自然条件的限制，而市场深度的增加则是无穷无尽。因此从某种意义上讲，市场深度的增加对于区域生产效率的提升以及经济的增长更为重要。

对于长三角地区来说，一体化的提速可以进一步降低区域间要素流动的障碍，深化区域内分工，为产业集聚的发展提供重要的前提条件。随着社会经济的发展，分工日益细化，让越来越多的生产要素职能趋于专业化，进而成为专用性资产，要素之间彼此替代的难度大大增加。而作为一种制度安排，区域经济的一体化能够减少要素的流动费用，降低交易成本，这便拓宽了受专用性约束的生产要素的流动空间，为要素流动带来的产业集聚提供了空间载体，从而将外部经济内部化，促成区域经济的更高质量增长。

这一过程中，至少会催生“四个有利于”来予以助力：

第一，有利于资源更好地配置。经济一体化的本质是按照地区分工的要求，调整区域内的经济结构，从而使市场供给的商品、服务、资本、劳动等生产要素和产品能够充分流动并获得无差别待遇，实现更加合理的资源配置。

第二，有利于创新活动的产生。一方面，在区域集聚体内，高度专业化的技术和人才在地理上得以集中，会擦出知识储备与信息积累的火花，为企业提供实现创新所需的重要基础。另一方面，在市场环境下，当同行企业集聚在同一区域，会让彼此的竞争趋于表面化，迫使他们不断改进技术，积极参加创新活动，从而获得足够的市场竞争力，并更好地满足市场需求。而这些过程都会让更多的新产品与新业态不断问世，进而在扩大市场范围的同时反哺劳动分工，使其得到进一步细化，形成良性循环。

第三，有利于形成协同与互补。通过集群内企业间的合作、竞争以及群体协同效应，会让其获得包括生产成本优势、基于质量的产品差别化优势、区域营销优势和市场竞争优势在内的多方面经济优势。与此同时，各个城市间互补性较强的产业集群发展起来后，在横向上会形成物流、信息流、技术流等的加速流动，在纵向上也会联系到上游产业元器件等专业化投入品供应商和特定的基础设施提供商，进而延伸到下游产业如客户的分销渠道，以及政府和一些公共机构。

第四，有利于降低制度成本。制度成本的核心在于地方行政壁垒。按照经济学的一般逻辑，地方行政壁垒越高，要素流动的制度成本就越大；反之，要素流动就会更加顺畅。而长三角一体化的提速则会进一步降低三省一市内各个地区之间的行政壁垒，并弱化要素流动的制度成本，从而为区域经济发展赋能，这离不开政府和市场的共同努力。

放眼全球，区域一体化都是大势所趋。而长三角地区的一体化加速，更加迎合了当前时代的主流。纵观世界发展史，已有美国的纽约湾区、日本东京湾区、英国伦敦的大都市圈等城市群为我们做出了榜样，那里云集着世界最具竞争力的优质资源，无论是企业、科研机构还是人才。

世界银行报告显示，地球上 1.5% 的土地上聚集着全世界一半的生产活动。在日本，3500 万人拥挤在东京这块不足日本总面积 4% 的土地上，实现超过日本 60% 的经济总量；在美国，2.43 亿人集中在仅占全国总面积 3% 的城市群，成为世界生产率最高的城市区域。因此可以毫不夸张地说，城市群是全球经济重心转移的重要承载体，也是当今世界最具活力和竞争力的核心区。

单打独斗的城市没有未来。今时不同往日，现在的长三角地区，早已具备了相当的经济规模和产业实力，并告别了过去一味追求高速增长的阶段，发展理念理应有所转变。就像健身房里的我们一样，当练到一定瓶颈时，唯有不断加码进阶、改进思路方能有所突破。而今，在我国经济发展“提质增效”的要求下，长三角一体化的提速也拥有了更新的内涵和更深的寓意。

第七章

新时代东北全面振兴

第一节 东北振兴的战略意义

一、振兴东北重要战略

东北地区作为国家老工业基地，凭借其丰富的自然资源优势和特殊区位，在新中国成立之初成为国家投资建设的重点地区之一，形成了相对健全的工业体系，为全国经济建设做出了巨大贡献。长期的开发致使东北部分地区自然资源日趋枯竭，特别是我国经济进入新常态后，东北地区发展的内外环境都发生了很大变化，东北地区在新旧动能转换方面仍然面临巨大压力。随着国家出台了振兴东北地区等老工业基地等一系列政策，影响东北地区振兴的问题正在得到逐步化解。

东北地区的战略地位十分重要，关乎国家发展大局战略地位。在新时代的历史方位中，东北振兴，是全面振兴、全方位振兴，关涉到国家的“五大安全”，要从统筹推进“五位一体”总体布局、协调推进“四个全面”战略布局的角度去把握。这个定位对于东北是时代要求，更具使命意味；在宏观的战略定位上，以更大的格局中审视东北、定位东北。东北地区，要在融入共建“一带一路”格局中成为主力和先锋，要在东北亚地缘战略的视野下发挥经济稳定、军事平衡、文化交流的支撑作用，更要在全国一盘棋的背景下，实现与京津冀、长江经济带、粤港澳大湾区的对接和交流合作，成为具有优势和特色的区域板块。这都要求东北地区放眼世界、胸怀大局、科学统筹、精准施策，乘势而上、借力起飞。

东北地区是我国城市相对比较集中和经济基础比较雄厚的地区之一，在市场经济以及国家振兴东北地区等老工业基地政策等相关政策的支持下，东北地区的城市空间体系呈现出新的特点，人口和经济活动向大城市集聚的态势比较明显，不断优化东北地区的城市空间结构，对于东北地区振兴具有重要意义。

东北地区等老工业基地，在国家发展全局中举足轻重，在全国现代化建设中至关重要。东北地区等老工业基地资源、产业、科教、人才、基础设施等支撑能力较强，装备制造业、原材料产业和国防科工产业在全国具有特殊的战略地位，粮食生产在国家粮食安全战略中地位突出，发展空间和潜力巨大。支持东北地区等老工业基地全面振兴，有利于推进我国经济结构战略性调整、提高我国产业国际竞争力，有利于促进区域协调发展、打造新经济支撑带，有利于优化调整国有资产布局、更好发挥国有经济主导作用，有利于完善我国对外开放总体布局、维护国家粮食安全、打造生态安全屏障。

东北地区的振兴发展，事关我国区域发展总体战略的实现，事关我国新型工业化、信息化、城镇化、农业现代化的协调发展，事关我国周边和东北亚地区的安全稳定。东北当前遇到的困难和问题归根结底仍然是体制机制问题，是产业结构、经济结构问题，解决这些困难和问题归根结底还要靠深化改革。东北地区等老工业基地历经过去十余年的振兴，现在正处在攻坚克难的关键时期。当前，我们要认真贯彻党中央、国务院对东北振兴的新部署，把思想和行动统一到中央对新一轮东北振兴的要求上来，增强使命感和责任感，尽快形成新一轮东北振兴的好势头。2018 年 11 月 18 日，国务院印发《关于建立更加有效的区域协调发展新机制的意见》，明确提出要推动国家重大区域战略融合发展，这表明在政策上国家给予了高度重视，而东北地区作为国家工业能源的重要基地，今后的转型发展具有举足轻重的地位。东北振兴是指政治、经济、文化、生态和社会治理等方面多要素综合性的体现，不是单向工作，而是系统工程，不能满足于零敲碎打，而应着眼于整体推进。东北全方位振兴应理解为东北各省区不能“独善其身”，而应区域协调发展、均衡发展。辽宁作为东北振兴的突破口，是振兴东北区域协调发展的重要部分。

辽宁省在东北振兴战略实施十余年后的今天，面临新挑战，出现经济增长再度乏力、结构调整不如人意、市场化程度不够等诸多问题。因此，支持东北地区深化改革、创新体制机制、实现经济社会健康发展，是振兴东北老工业基地的必然要求，对于稳增长、调结构、惠民生意义重大。影响区域协调发展的因素有许多，诸如经济、空间布局等因素。东北地区工业化的发展导致区域发展严重失衡。要实现区域协调发展必须制定正确对策，需要了解区域基本情况，采取切实有效措施。

自改革开放起，以轻工业为基础的沿海城市，现已达到世界领先水平，而工业基础好的东北地区却一直未得以振兴，这与行业经济类型息息相关。另外，在东北一些地区，重速度轻效益；重发展导向轻转型导向；重投资拉动轻创新驱动；观念保守，缺乏改革意识；等等。这些症结严重阻碍东北地区经济发展。

辽宁按区域经济发展形成辽南沿海经济带、中部城市群、辽西经济区三大板块。这三大区域经济板块的中心城市的带动性和辐射能力都较薄弱，区域间经济联系强度也较低，缺乏内在驱动力，尚未形成区域间互动的格局。辽南沿海经济带以大连为龙头，但与营口、丹东的距离较远，彼此经济联系不紧密；中部城市群以沈阳为核心，但与周边地区之间的协调性较弱；辽西经济区以锦州为中心，但其经济实力较弱，尚未对周边城市产生辐射作用。此外，辽宁省的海陆区域共同组成了环渤黄海区域经济体系，但受国内经济布局、国际格局等多种因素影响，长期以来经济集中于内陆。改革开放 40 年以来，我国东部沿海地区的经济快速发展，但辽宁的经济重心始终在内陆，对沿海地区的开发进展相对缓慢。大连不仅海域自然条件优越，而且海洋产业产出量在全省比重高，同时已形成一定的规模经济。这些优势促进沿海与腹地互动发展，共同进步。

加快辽宁省区域经济一体化建设，是实现振兴东北老工业基地的有力保障，新常态下，应在充分认识到各市存在发展差距的同时，考虑如何实现各地区的优势互补，彼此促进。辽宁作为东北振兴的重要突破口，需要针对省内不同区域实际情况拟订经济发展战略，逐步缩小地区差距，努力实现辽宁区域经济均衡发展。早在“十一五”时期，辽宁省便形成了区域经济一体化发展“三大战略”，为实现区域优势互补、良性互动一体化发展新格局奠定基础。到了 2015 年“十二五”规划的收官之年，辽宁区域发展便以辽宁沿海经济带、沈阳经济区建设为两大引擎，以贯通沿海与腹地的沈大经济带为战略轴线，带动辽西北地区实现跨越发展，构建“双擎一轴联动”的空间发展格局。以习近平同志为核心的党中央对东北振兴高度重视，国家提出要加快建设“一带一路”，以为东北振兴提供新的战略支点。

辽宁省若要实现区域协调发展，达到区域经济一体化，不仅需要区域内、区域间、沿海与腹地的共同发展，而且需要政府部门实施差异化政策。在区域内，受资源基础和原有经济基础等条件影响，区域内部存在着经济差异的问题。因此，政府需要对不同区域制定针对性的政策。例如，重点扶持辽宁落后地区产业发展，大力发展县域经济等；辽南沿海经济带不断开放，使产业不断向内陆腹地扩散和转移等；在区域间，为促进区域经济协调发展，区域间应当做到效率与公平兼顾，逐步缩小区域经济差距，同时鼓励和引导发达地区的发展。发达地区只有在不断创新和发展的基础上，才能帮助欠发达地区快速发展。

此外，需加强区域间经济合作，促进发达区域与落后区域人才交流；鼓励企业联合重组，促进欠发达地区产业结构升级，加强与发达地区的经济联系，接受发达地区的辐射作用。以最先进的信息技术为手段，全面改造、带动传统产业升级，使不发达地区的工业化得到跨越，缩短与发达地区的差距，以调整产业结构；提高中心城市带动能力。实施中心城市带动战略，不仅能形成产业聚集效应，而且能转移农村富余劳动力，促进经济全面繁荣。同时，加快发展一些经济基础好、产业优势明显的地区，以带动周边农村的经济发展；注重落后地区人才培养。要改变辽宁区域发展不平衡就必须在坚持以人为本的基础上，采取一系列措施培养知识型、文化型人才。政府要加大对县域工作者的工资补贴，加强落后地区的人才吸引机制；政府可以根据辽西北经济区发展的需要，分别制订吸引各类人才的优惠政策，以争取更多的人才。

为了促进区域协调一体化，辽宁省还需进行海陆互动合作。辽宁经济由海陆两大部分组成，加强海陆联动合作，进行整体开发，是实现区域一体化的必然要求。一方面，陆域经济向海上延伸；另一方面，海洋资源加工“陆地化”。因此，海陆经济一体化发展对辽宁经济的发展具有全面的促进作用。另外，在对陆域资源开发利用高新技术时，配合海洋资源的开发利用，使海陆获得双重效益。另外，要辅以政策相联合。一是可以将区域政策和产业政策结合起来；二是通过利益诱导和环境诱导鼓励发达地区向欠发达地区投资，进行联动开发；同时要继续深化完善市场机制。将资源的自然价值与社会价值统一起来，同时提高生产要素价格的市场化程度，提升欠发达地区自我发展的经济运行机制，达到各经济区域协调发展。政府要转变职能，加强宏观调控，以创造公平、透明市场环境。各区域的发展在遵循市场经济运行规律基础上，依据比较优势，加强区域间优势互补。对于比较优势和潜在优势产业，鼓励强强联合，延伸产业链条，共同打造跨区域、跨行业产业集群，实现经济整体发展。

二、东北区域协调发展路径

振兴东北区域协调发展是内因与外因共同作用下的长期过程，需要我们在不断探索中前进，根据情况变化适时改变方向。在新常态下，东北地区面临新挑战，国家适时出台的政策为促进区域协调发展指明了方向。同时，东北振兴也与我国区域总体战略的实现，工业化、信息化相融合的实现息息相关，因此，振兴东北区域协调发展意义重大。

新时代下的新一轮东北振兴，主要是发展理念、发展方式、发展思路的转变，是一项全面系统的工程。要准确把握新一轮东北振兴的新要求，坚持用新发展理念引领发展实践，抓好各项重大任务的贯彻落实。

立足新阶段解决新问题。东北振兴现在面临的问题仍然是体制机制问题和结构性问题，但问题的内涵和十年前启动东北振兴战略时已有很大不同，解决问题的难度也发生了变化。现在遇到的问题更多的是转型和发展中的问题，是“爬坡过坎、滚石上山”过程中的问题。根据新的形势，东北地区应该加大供给侧结构性改革力度，不断提升老工业基地的发展活力、内生动力和总体竞争力放在核心位置，这既体现了东北地区的特点和当前面临的突出问题，也是经济发展新常态下东北振兴的客观要求。

落实新发展理念的新路径探索。党的十八大以来，以习近平同志为核心的党中央科学分析国内外经济发展形势，准确把握我国基本国情，提出了认识、适应、引领经济发展新常态的战略部署，党的十八届五中全会更是明确了五大政策支柱和“三去一降一补”五大重点任务。新一轮东北振兴要全面贯彻落实党的十八大和十八届三中、四中、五中全会精神，深入学习贯彻习近平总书记系列重要讲话精神，坚持“四个全面”战略布局，牢固树立并切实贯彻新发展理念，适应和把握我国经济进入新常态的趋势性特征，以提高经济发展质量和效益为中心，保持战略定力，增强发展自信，坚持变中求新、变中求进、变中突破，着力完善体制机制，着力推进结构调整，着力鼓励创新创业，着力保障和改善民生，不断提升东北老工业基地的发展活力、内生动力和整体竞争力，努力走出一条质量更高、效益更好、结构更优、优势充分释放的发展新路。

结合新定位谋划新目标。按照党中央、国务院对东北老工业基地发展的总体定位，新一轮东北振兴有两个阶段目标：第一阶段，到 2020 年，东北地区与全国同步实现全面建成小康社会目标；第二阶段，在此基础上，争取再用 10 年左右时间，也就是到 2030 年，东北地区实现全面振兴，走在全国现代化建设前列，成为全国重要的经济支撑带，具有国际竞争力的先进装备制造业基地和重大技术装备战略基地，国家新型原材料基地，现代农业生产基地和重要技术创新与研发基地。这“五基地一支撑带”，是对东北地区未来发展的希望和要求，也是衡量和评价东北全面振兴的重要标准。

按照中央的部署，新一轮东北振兴要重点在“四个着力”上下功夫，这既是新一轮东北振兴的重点任务，也是当前和今后一个时期对东北振兴发展的核心要求。着力完善体制机制，深化改革开放，是全面振兴老工业基地的治本之策；着力推进结构调整，增强产业竞争力，是全面振兴老工业基地的关键之举；着力鼓励创新创业，提升创新引领支撑能力，是全面振兴老工业基地的决胜之要；着力保障和改善民生，使人民有更多获得感，是全面振兴老工业基地的稳定之基。立足于“四个着力”，客观上要求新一轮东北振兴由侧重企业和产业改造，转向全面推动经济转型、社会转型、产业转型、城市转型和生态转型，领域更加全面、更加深入。

全面深化改革和扩大开放是东北振兴的治本之策。要主动融入和积极参与“一带一路”建设，对接京津冀协同发展，构建区域合作新格局；要加快改变产业结构比较单一、传统产品占大头的状况，坚持“加减乘除”一起做，促进装备制造等优势产业提质增效，积极培育新产业新业态，大力发展以生产性服务业为重点的现代服务业，加快发展现代化大农业，不断提升交通、能源等基础设施水平，加快构建战略性新兴产业和传统制造业并驾齐驱、现代服务业和传统服务业相互促进、信息化和工业化深度融合的产业发展新格局。着力鼓励创新创业。抓创新就是抓发展，谋创新就是谋未来。要积极完善区域创新体系，促进大学、科研院所与地方发展紧密结合，加大人才培养和智力引进力度，积极营造有利于创新的政策环境和制度环境，把创新作为培育东北老工业基地内生发展动力的主要生成点，加快形成以创新为主要引领和支撑的经济体系和发展模式。

东北振兴有特殊的战略意义，当前既面临重大机遇，也存在特殊困难。应从体制机制改革、产业结构调整、鼓励创新创业、保障和改善民生、支持城市转型、建设生态文明、加强基础设施建设等方面入手，逐步完善现有缺陷，为东北振兴做出更大的贡献。新一轮东北振兴涉及范围广、领域多，需要各地区各部门齐心协力，共同抓好政策实施。东北各省区党委和政府守土有责，要敢于担当、迎难而上，健全东北振兴工作机制，有关部门要带头深化改革，积极履行社会责任，支持地方振兴发展。

党的十九大报告中明确了优化调整东、中、西、东北四大地区发展战略的重点任务，东北振兴重在深化改革。东北振兴要针对体制性和结构性矛盾加大改革力度，围绕重工业比重大、民营经济弱、人才流失多等突出问题重点突破，积极探索设立各类体制改革试验区先行先试，加大内外开放和对口协作机制创新，促进政府职能、营商环境、思想观念的转变和市场化水平的提升。无论是从东北地区来看，还是从全国发展来看，实现东北老工业基地振兴都具有重要意义。振兴东北老工业基地已到了滚石上山、爬坡过坎的关键阶段，国家要加大支持力度，东北地区要增强内生发展活力和动力，精准发力，扎实工作，加快老工业基地振兴发展。十八届五中全会则明确提出，坚持协调发展，重点促进城乡区域协调发展，促进经济社会协调发展。由此，可以看出在看待和引领中国发展的过程中，协调发展是一个至关重要的纬度。

东北地区是我国重要的工业和农业基地，维护国家国防安全、粮食安全、生态安全、能源安全、产业安全的战略地位十分重要，关乎国家发展大局。新时代东北振兴，是全面振兴、全方位振兴，要从统筹推进“五位一体”总体布局、协调推进“四个全面”战略布局的角度去把握，瞄准方向、保持定力，扬长避短、发挥优势，一以贯之、久久为功，重塑环境、重振雄风，形成对国家重大战略的坚强支撑，从国家发展大局的高度深刻认识东北振兴的重大意义。

第二节 深入推进东北振兴战略

一、重铸经济增长极

东北地区是全国经济的重要增长极，在国家发展全局中举足轻重，在全国现代化建设中至关重要。作为新中国工业的摇篮，东北地区拥有一批关系国民经济命脉和国家安全的战略性产业，资源、产业、科教、人才、基础设施等支撑能力较强，发展空间和潜力巨大。深入推进新时代东北振兴，是推进经济结构战略性调整、提高我国产业国际竞争力的战略举措。在这一过程中，国有企业地位重要、作用关键、不可替代，是党和国家的重要依靠力量，要一以贯之坚持党对国有企业的领导，一以贯之深化国有企业改革，努力实现质量更高、效益更好、结构更优的发展。要坚持“两个毫不动摇”，为民营企业发展营造良好的法治环境和营商环境，鼓励、支持、引导非公有制经济继续发展壮大。解放思想、锐意进取，实现公有制为主体、多种所有制经济共同发展，东北地区才能完成促进区域协调发展、打造新经济支撑带的重大任务。

深入推进东北振兴绝不是轻轻松松一挥而就的，需要把握创新创业规律、培育优良发展环境，需要任务认领的主动性、路径选择的适配性和人的主观能动性。越是形势复杂、任务艰巨，越要排除干扰，越要把注意力集中在振兴根本目标和主要矛盾上，越是需要保持定力。

坚持和加强党的全面领导是东北振兴的坚强保证。要加强东北地区党的政治建设，增强“四个意识”，坚定“四个自信”，全面净化党内政治生态，驰而不息开展作风建设，营造风清气正、昂扬向上的社会氛围。抓住领导干部这个关键少数，提高领导干部素质和专业化水平，为全面振兴东北提供坚强的组织保障。

现如今，国内外形势错综复杂，广大干部群众要保持战略定力，为实现东北全面振兴和全方位振兴，要具有“长风破浪会有时”的自信、“功成不必在我”的境界和“一张蓝图绘到底”的毅力。方向既明，战略已定，不落实就落空。在东北振兴的征程上，干部群众要勇于干事创业、善于攻坚克难，做改革的促进派和实干家，切实展现新时代新担当新作为。东北振兴只有从体制机制层面入手，破除沉疴痼疾，把理念转化为行动，把战略细化为举措，统筹谋划改革任务，确保各项改革措施落地生效，坚持一分部署、九分落实，抓铁有痕、踏石留印，才能走出东北全面振兴的新路子。

进入新时代以来，各区域间彼此联系更加紧密，在更加开放的今天，东北地区也要紧跟时代步伐，走出属于自己的一片天地。若想深入推进东北振兴，在政府职能，优化服务方面必须做得更加出众。东北三省要全面对标国内先进地区，加快转变政府职能，进一步推进简政放权、放管结合、优化服务改革。积极推广“窗口受理、一站式办理、一条龙服务”等简化流程的相关法律法规，明确时限，提高效率。先行试点企业投资项目承诺制，探索创新以政策性条件引导、企业信用承诺、监管有效约束为核心的管理模式。加强各种所有制经济产权保护，完善政府守信践诺机制。

全面深化国有企业改革、加快民营经济发展。在东北地区开展民营经济发展改革示范，重点培育有利于民营经济发展的政策环境、市场环境、金融环境、创新环境、法治环境等，增强民营企业发展信心。

二、系统推进振兴战略

加快传统产业转型升级。提高智能制造、绿色制造、精益制造和服务型制造能力，鼓励国家重点工程优先采用国产装备，在未来重塑东北装备竞争力，积极开拓重大装备国际市场，推动国际产能和装备制造合作。建设一批产业转型升级示范区和示范园区。加大先进制造产业投资基金在东北地区投资力度，抓紧设立东北振兴产业投资基金。

支持资源枯竭、产业衰退地区转型。加快推进“三去一降一补”政策，支持林区发展林下经济，结合林场布局优化调整，建设一批特色宜居小镇。全面推进城区老工业区和独立工矿区搬迁改造，支持开展城镇低效用地再开发试点和工矿废弃地治理。中央预算内投资设立采煤沉陷区综合治理专项。

大力培育新动能。实施好东北地区培育和发展新兴产业三年行动计划。加大对东北地区信息产业发展和信息基础设施建设的支持力度，大力发展基于“互联网+”的新产业新业态，支持打造制造业互联网双创平台，引导知名互联网企业深度参与东北地区电子商务发展，支持互联网就业服务机构实施东北地区促进就业创业专项行动。

加强创新载体和平台建设。深入推进沈阳全面创新改革试验，加快建设沈阳浑南区双创示范基地，推进哈尔滨、长春等城市双创平台建设。鼓励地方设立新兴产业创业投资基金。

加快补齐基础设施短板。抓紧推进已纳入各领域“十三五”专项规划和推进东北地区等老工业基地振兴三年滚动实施方案的铁路、公路、机场、水利、农业、能源等重大基础设施项目建设。加快东北地区高速铁路网建设和既有铁路扩能改造，对东北地区支线机场建设补助标准参照中西部地区执行。研究建设新的特高压电力外送通道。

扩大开放合作，转变观念理念。打造重点开发开放平台。加快在东北地区推广中国（上海）等自由贸易试验区经验。加快高端装备制造产业园、珲春国际合作示范区建设，规划建设中俄、中蒙、中日、中韩产业投资贸易合作平台以及中以、中新合作园区。支持大连东北亚国际航运中心建设，加快东北沿边重点开发开放试验区和边境经济合作区建设，进一步加强东北三省一区合作。

切实加强组织协调，充分调动两个积极性。强化地方主体责任。三省一区人民政府要强化东北振兴的主体责任，转变观念、振奋精神、扎实苦干，创造性开展工作。完善老工业基地振兴工作的领导、协调、推进和督查考核机制，充分发挥各省（区）老工业基地振兴工作领导小组作用，设立办公室，充实地方各级政府老工业基地振兴工作力量。加强重大项目储备，安排专项资金支持重大项目前期工作。组织党员领导干部下基层下企业，帮助重点企业和特殊困难地区，协调解决突出困难和问题。创新招商方式，着力通过优化营商环境等措施加大引资工作力度。

加大财政金融投资支持力度。中央财政提高对东北地区民生托底和省内困难地区运转保障水平。加强政策宣传和舆论引导。有关部门和东北三省要建立东北振兴宣传工作定期沟通协调机制。加大信息发布和政策解读力度，组织各类媒体赴东北开展深度采访报道，营造良好社会氛围，增强发展信心。加强舆情监测，对不实报道等负面信息，要快速反应、及时发声、澄清事实，防止“唱衰东北”声音散播蔓延，赢得公众理解和支持。发挥社会监督作用，畅通群众投诉举报渠道，完善举报受理、处理和反馈机制，及时解决群众反映的困难和问题，妥善回应社会关切。

加快推动东北地区经济企稳向好，对于促进区域协调发展、维护全国经济社会大局稳定，意义十分重大。各有关方面要切实增强责任意识和忧患意识，充分调动中央和地方两个积极性，拿出更有力措施，打一场攻坚战，闯出一条新形势下老工业基地振兴发展新路，努力使东北地区在改革开放中重振雄风。推进新时代东北全面振兴，是一项伟大而艰巨的任务。地方政府一定要坚定信心，把新时代东北振兴这项宏伟事业推向新阶段，为实现“两个一百年”奋斗目标做出更大贡献。

第三节　推动东北地区国际区域合作机制

一、发挥延边优势促进国际合作

加快推动东北地区经济发展，不能只靠内部团结，还要加强外部合作，东北地区区位临近俄罗斯，处于东北亚几何中心位置，加强彼此联系有利于推进我国形成海陆统筹、东西互济、面向全球的开放发展新格局。

通道建设是国际开发与合作的前提和基础，更是区域经济发展的先行条件。从当前我国区域经济发展的格局来看，东南沿海地区已经凭借拥有便捷国际通道的区位优势和政策优势实现了优先发展。在东北地区，辽宁省凭借拥有营口、大连、丹东等港口的优势，极大促进了当地经济发展。黑龙江省凭借对俄区位优势，成为我国开展对俄贸易的前沿，带动了黑龙江省整体经济发展。吉林省处于辽宁黑龙江两省之间，发展边境贸易因缺少出海口导致贸易总量小、品种少，畅通吉林省对外通道势在必行。建立贯通东西、连接南北、互联互通的国际大通道意义不仅在于吉林一省经济的发展，而是由此改进当前东北地区对外开放的整体局面，在东北全境形成大连、珲春遥相呼应，全盘皆活的对外开放新格局。

在东北亚地区，吉林省具有战略性边境与地缘优势，又具备国家多重优惠政策叠加优势，可以借助俄罗斯、朝鲜、蒙古国等国丰富的资源优势及日本、韩国资金技术优势继续发展汽车、机械制造、农产品加工等传统优势产业，同时积极争取日韩等国家和地区高端制造业基地的跨国转移，依托未来东北亚便捷的海陆空综合通道，借助中朝罗先经济贸易区和朝鲜开放开发、俄罗斯远东大开发、中韩自贸区谈判成功等重大机遇积极打造高端木制品加工业、高档纺织服装加工业、高级保健品和海产品加工业、高科技电子信息设备加工业等为主导的现代制造业体系，积极开拓广阔的东北亚市场。

在区域经济一体化发展的今天，区域跨境旅游越来越成为区域经济合作的重要组成部分，其深远意义不仅在于经济层面的互利合作，更为重要的意义是通过区域跨境旅游使各国人民在不同意识形态、地域、文化、宗教等背景下相互融合、增进友谊、加深信任、促进理解，为区域内各国间的政治友好、经济发展、文化交流、国家安全等方面发挥积极作用。独具异域风情的旅游资源对朝俄自驾游、跨境游和过境游市场吸引力较强，前景十分广阔。

除此之外，人文交流是民心相通的关键。东北亚地区拥有较多的共同历史和文化记忆，中日韩朝四国有着相似的文化渊源，有着共同的儒教文化基础，四国的传统文化甚至节日都有相同或相似之处。在东北亚区域合作中，东北地区应当以人文交流作为纽带，在学术领域深入进行东北亚区域文化研究，挖掘东北亚区域各国共同的文化记忆，夯实东北亚地区人文交流基础；在平台建设上积极承办包括东博会在内的一系列高水平展会，结合“一带一路”建设，围绕重型机械、能源开发等吉林特色优势，创办一批新的高水平论坛、展览会、洽谈会等活动，积极开展多种形式的对蒙、对俄、对朝韩日等国的文化交流活动。

东北三省经济具有一定的互补性，通过区域经济一体化建设，可以有效地促进生产要素的流动，减少交易成本，发挥各地的比较优势，提高产业联动效应和规模效应。东北三省应该尽快建立协调机制，在国家的领导下，统筹区域重大发展规划，避免重复建设和项目“撞车”问题，打破行政壁垒，逐步建立商品和生产要素自由流动的统一市场，形成科学的分工与协作机制，促进东北地区经济的共同发展。东北地区有黑河、绥芬河、珲春、满洲里等对外开放城市和口岸，这些边境开放城市和口岸已经具备了良好的基础设施，但在软环境建设方面还存在很多问题。通过加强双边和多边合作，消除经济交流的障碍，能够充分发挥边境城市和口岸在对外开放中的带动作用。

二、制约国际合作因素

在现如今的发展环境下，许多客观因素成为制约东北振兴的主要原因。20世纪90年代以来，东北亚地区在贸易、投资及地方性区域经济合作等方面都取得了一定的进展，但总体上看，彼此间合作层次依然比较低，在各领域仍然没有取得重大突破。为使区域合作走向深入，实现共同繁荣，迫切需要解决好以下几个重要问题：

第一，在东北亚地区树立共赢意识和建立互信机制的问题。制约东北亚区域经济合作取得突破性进展的因素是多方面的，例如，国家类型复杂多样，历史遗留问题纷繁复杂，地区政治安全长期没有得到有效解决。这些问题有的将会长期存在，有的需要一个长期的历史过程加以解决。在这种极为复杂的地区环境下开展区域经济合作，有关国家必须树立起共赢意识并建立起互信机制。有关国家既要充分考虑到其他国家的特殊情况，尊重制度与文化的多元性，也要求同存异，努力探索适合本地区特点的合作机制；既要正确地、公正地对待历史问题，又要有向前看的眼光，把握积极促进区域关系发展的大局；既要看到地区各国之间的经济竞争性，更要看到其他国家发展为自己的进一步发展创造的新机遇，彻底抛弃各种以邻为壑的狭隘意识。

第二，在已有区域合作框架协议的基础上，有关各国共同探索制度化的合作模式与协调机制的问题。1995年中、俄、朝三国签订了《关于建立图们江地区开发协调委员会的协定》，中、俄、朝、韩、蒙五国签署了《关于建立图们江经济开发区及东北亚开发协商委员会的协定》和《图们江经济开发区及东北亚环境谅解备忘录》。上述国际协定为东北亚区域经济合作，从研究、协商阶段转入实质性合作开发阶段提供了一般性的合作框架，但由于这些协定与协议的内容都比较空泛，因而无法为该地区的经济合作提供有效的指导原则和可靠的制度保障，致使该地区的经济合作仍然处于稳定性较差的松散联合状态。为推动东北亚区域经济合作不断走向深入，迫切需要有关各国共同探索制度化的东北亚区域经济合作模式与协调机制。

第三，改善地区的投资环境，为企业参与区域经济合作创造条件的问题。长期以来，国内外学术界对东北亚区域经济合作一直抱有较高的热情，但实业界的热情却不足。在参与东北亚区域经济合作问题上，目前中国延边州约有 70% 的外资项目都是韩国企业投资，尽管韩国企业比日本企业的积极性高，但其投资规模在韩国对华投资总额中所占的比重也很小。图们江地区吸引的外部投资规模还非常有限，并且大部分都是中小企业的投资，几乎没有大企业、大集团的投资，特别是该地区的开发活动还没有引起跨国公司的足够兴趣。不改变目前企业界重视程度不高、参与较少的现状，东北亚区域经济合作很难摆脱进展缓慢的困境。

目前，建立一个完整的制度性的区域经济合作体系仍然存在很大困难，东北亚地区的有关国家首先应该积极推动农业合作、能源合作、劳务合作、生态环境保护合作、双边与多边投资保护合作。在农业合作方面，既要重视便利农产品流动的制度建设，也要促进现代农业技术的转移；在能源合作方面，既要在合作开发方面取得实质性的进展，也要在技术开发和转让方面加强合作；在劳务合作方面，既要为劳动力的跨国流动创造便利条件，也要在劳动力资源开发和人员培训方面加强合作；在生态环境保护合作方面，既要建立区域生态环境保护体系，也要促进技术开发和转让合作；在多边投资保护合作方面，既要形成东北亚地区便利投资的制度体系，也要注意发展中国家维护自身经济安全的权益。

客观而言，东北地区参与东北亚区域经济合作虽有独特优势，但也受到经济发展水平低，开放程度不高，市场经济体系不完善，技术、人才等高端要素相对短缺等因素的制约，且不同区域在对外合作方面的优劣势差异很大。如黑龙江在林业、农业、能源等领域优势明显且与俄罗斯有着长期合作基础，但汽车、IT 等产业发展水平不高；辽宁重工业基础好、开放程度高但不与蒙、俄接壤；吉林地理位置优越且工业基础良好但缺乏出海口。若东北地区“各自为战”很有可能导致各自劣势增大，相反，只有取长补短，通力合作才能够深入参与东北亚经济合作，加速各自区域发展，甚至成为东北亚区域经济合作的核心区域，中国新一轮开放发展的一片热土。

推进新时代东北全面振兴，是一项伟大而艰巨的任务。地方政府一定要坚定信心，把新时代东北振兴这项宏伟事业推向新阶段，为新时代下的中国发展做出更大贡献。

第四节　振兴东北地区发展的对策

一、东北振兴必须人才优先

现今，我国经济进入新常态，增长速度放缓，东北经济下行明显，实现东北经济的转型，要真正认识问题根源所在，分析经济增长可利用的优势和存在的问题。只有抓住机遇，迎接挑战，在发挥原有产业优势的基础上，解决好问题，提出针对性的转型对策，才能有效地实现东北经济的持续健康增长。

“人才之难万冀一，一士其重九鼎轻”，人是最活跃、最持续、最有效的发展要素，是支撑经济社会发展的第一资源。东北地区想要发展，人才是关键。立足新时代的历史方位，肩负党中央、国务院赋予东北振兴的神圣使命，必须在“人”这一关键要素上实现新突破，用“人”兴引领振兴，以站在高山之巅的高远视角、以求贤若渴的迫切期待、以爱才育才容才用才的优良环境，聚天下英才促东北振兴。人的素质在一定程度上决定着发展质量。

当今时代是科学技术日新月异、发展模式层出不穷的时代，适应新时代，必须提升人的素质。要树立终身学习理念，加强学习型社会建设，既要让终身学习成为必要，又要使终身学习成为可能，以终身学习的韧劲不断提高本领，应对形势变化。充分挖掘区域内外人力资源，增加人才供给总量。整合区域内高校资源，集中建设好优势特色学科专业群，构建与东北老工业基地传统产业转型升级和战略性新兴产业发展需求相匹配的学科专业体系，促进产学研无缝对接，留住本地高校毕业生。推广创新人才联合培养共用、产学研合作培养、“订单式”人才培养模式，强化创新创业领域的人才储备。加大技能人才培育力度，对未升学初、高中毕业生、农民工、失业人员和转岗职工、退役军人、残疾人进行免费、精准的职业技能培训，组织实施化解过剩产能企业职工、高校毕业生、新生代农民工等重大专项培训计划，加快实施新型职业农民培育工程。此外，对高端人才的引进也是重中之重，高端人才能够起到火车头的作用。比起物质报酬，高端人才更加注重事业平台和干事创业的外部环境，必须着重打造包括重点高校、科研院所、国家重点实验室、工程技术中心、企业博士后科研工作站等在内的高端人才集聚平台和载体，营造良好的创新创业政策环境，拓展国际引才揽智合作平台和人才载体服务平台，面向全球吸引和集聚产业领军人才、创业投资人才和优秀年轻科技人才来东北共建共创，共享共荣。

在人才引进方面，一方面要取其精华，另一方面亦要“去其糟粕”。“去其糟粕”重点在于摒弃束缚人才发展的陈旧观念和用人方法，消除虚占岗位、大材小用、小材大用等人才不合理使用及浪费现象。坚决摒弃资历论、学历论、人情论、本土论等不正确的用人观念，把实践能力和工作业绩作为评判选拔人才的根本标准；坚决摒弃“领导式管理”思想，增强服务意识，根据专业技术人员工作性质和规律，制定区别于行政人员的管理和考核办法，充分调动人才的积极能动性；坚决摒弃“重引进轻使用”“重使用轻培训”等不恰当的用人方法。要坚持“术业有专攻”“好钢用在刀刃上”的原则，结合人才的专业知识、工作经历等合理安排岗位，把人才放在最合适的地方，使人才真正最大限度地得以合理使用。要重视人才引进后的再培训、再教育，多方筹措资金，建立多元人才培训体系，制订个性化培训方案，对各类人才实施精准培训，使其获得更大的发展机会。

通过构建体现智力劳动价值的薪酬体系，调动各类人才干事创业的积极性。探索高层次人才、紧缺人才协议工资、年薪制、一次性奖励等分配办法，对境外高端人才、紧缺人才进行个人所得税财政补贴，吸引和留住高层次人才、紧缺人才，为东北经济社会发展服务。完善企业经营管理人才中长期激励措施。建立企业家报酬制度，采取股权、期权、年薪制等分配方法，依法保护企业家财产权和创新收益。积极推行经营者管理资本“干股”分红制，使他们的收入和企业经济效益、资产增值挂钩。建立和完善知识产权入股制度和技术创新人员持股制度，鼓励高校、科研院所等事业单位或科研人员以专利、发明、技术等要素参与分配，对企业里做出突出贡献的高技能人才实行股份奖励，对长期在关键技术岗位上工作的高技能人才实行期权激励的分配政策。落实兼职兼薪政策，鼓励事业单位专业技术人才跨部门、跨区域兼职，确保收入来源多元化。提高科研人员成果转化收益比例，取消劳务费预算比例限制。

着力破除人才发展的体制障碍。目的是扫除人才发展体制重要领域和关键环节的障碍，激发制度活力，推进职称制度改革。通过鼓励高校、科研院所和国有企业等有条件的单位开展自主评审，鼓励企业和行业开展技术技能人才评价，建立高层次、急需紧缺人才职称评审绿色通道，赋予用人主体自主评审权。同时，在高校、科研院所等事业单位实行人员控制总量备案管理，人事主管部门不再对用人单位内部的专业技术人员职称、职务结构比例设置硬性指标，而是让用人主体按需设岗、按需用人，畅通青年人才晋升通道，激励和稳定优秀青年人才。健全人才顺畅流通机制。推进人才工作信息化建设，建立人才数据库和企业岗位数据库，充分发挥市场机制对人才资源配置的基础性作用。加快人事档案管理服务信息化建设，规范社会保险转移接续，促进人才跨地区、跨行业、跨体制合理流动。重点是健全高校、科研院所和企业之间双向兼职机制，鼓励高校、科研院所聘任企业、行业高层次人才担任兼职创业导师，吸引国内外高校、科研院所高层次人才通过兼职、短期工作、项目合作等方式向企业一线有序流动。

二、推进新时代东北全面振兴

明确全面振兴东北的重点任务，是推进新时代东北全面振兴的重要方法论，是东北地区破解矛盾、扬长避短、发挥优势的钥匙。东北地区发展面临新的困难和问题，解决这些困难和问题归根结底还要靠全面深化改革。贯穿新发展理念，激发创新驱动内生动力、构建协调发展新格局、巩固提升绿色发展优势、建设开放合作高地、让人民群众共享东北振兴成果。

从东北地区经济增长乏力的原因来看，要想促进东北地区的经济发展必须突破体制机制的障碍，突破计划经济下的思维僵化，要针对东北地区经济发展的问题提出相应的对策。政府和企业要进行合理的权责划分，通过双方的努力来促进经济的发展；政府对经济发展起着带头领导作用，企业要积极配合。

大力提高市场化程度。东北地区民间资本力量薄弱，改革必然要由政府来主导。政府和企业的职责必须进行明确划分，必须政企分开，让市场能够充分合理的分配利用各种资源，让民营企业有更多的发展空间。首先，要大力推进国有企业的改革，要对各类国有企业进行精准定位，要把符合经济发展方式的优势企业继续做大做强，同时要淘汰一些长期发展亏损，技术水平落后，不符合市场发展需要的劣势企业，提升国有企业的竞争力。其次，要促进民营经济的发展，充分发挥民营资本的积极作用，建立完善的市场环境是改革的关键一环。对于创业者应给予必要的政策、税收等方面的优惠，只有实现“大众创业、万众创新”的社会风气，才能更好地促进民间市场的发展和民间资本的流动。

促进产业结构调整升级。一是要坚持对传统产业进行调整的对策。我们要加大调整力度，要优胜劣汰，对于不符合时代发展的产业进行淘汰，促进重点产业的振兴。二要加大对新兴产业的培养，想要促进东北地区的经济发展，就必须使传统产业和新兴产业同时发展，并驾齐驱。东北地区在促进新兴产业发展方面经验较少，可以借鉴国内外新兴产业发展较好地区的发展经验，从人才，技术，创新意识，合作精神等多方面进行学习，使得东北地区的新兴产业可以形成规模发展，促进地区经济的发展。

实施创新驱动发展战略。提高东北地区的创新能力，我们就要正确认识政府与市场之间的关系，我们要实行简政放权的策略，我们应该以市场为主导，大力促进制造业的发展，而制造业发展的关键就在于产业的结构转型，其中技术的改造，科技发展能力，生产效率等都非常重要。政府要加大对于创新创业的资金投入，提供更好的公共服务，同时在政策上给予支持比如税收的减免，激励奖励制度，给创新人才的待遇，提升人们的创新积极性，东北地区才能不断前进。

推动制造业转型升级。作为历史上装备制造业发展基地，东北工业基础雄厚，熟练技工相对丰裕，地区工业成熟度高，制造业在区域生产总值中地位举足轻重。同时，东北人民强烈渴望重振制造业雄风，憧憬再现制造业辉煌。未来应把握国家战略机遇，依托国家政策、财政投入、科研投入、体制机制创新、项目扶持等方面的系统性、综合性安排，打破内部的体制机制障碍，树立以市场分配资源的基本理念，通过混合所有制改革，为传统工业引入新的发展动力和理念，承接好国家资源，聚集好社会资源，激发出内部潜力，优化存量，用好增量，实现东北制造业的“弯道超越”。

大力推进创新驱动战略，提高创业创新实效。党中央和国务院突出强调了创新在发展中的首要作用，聚焦创新发展几乎是实现东北振兴唯一出路，挑战与机遇并行。创新驱动发展、大众创业和万众创新既需要全新理念和激情，又需实事求是和科学精神；既要立足当前，又要明了大势所趋；既要充分发挥个体主观能动性，又要善用系统性合力。只有将创新行动全面融入东北建设，才能创新驱动东北发展，实现东北振兴。创新和创业是风险聚集的高质量实践活动，要善于将相关风险控制在可承受范围内，东北创新必须格外注重符合实际需求，掌握稳妥和积极并行。努力形成风险与双创收益协调平衡机制，掌握好现实与未来发展间的平衡，小步快走，积小胜为大胜。

正确处理国有资本与民间资本、市场机制与政府作用间的关系。各类资本既有共性也有特性，对于解决不同问题各有短长，准确界定各自定位和职能，就会形成积极合力。东北问题错综复杂，应分门别类各展各种资本之所长。在充分发挥各类资本积极作用的基础上，在充分发挥市场机制作用和政府作用的基础上，科学合理地定位各类资本的现实作用和发展方向，科学合理地打造市场机制和政府作用间的衔接互补机制是发展东北经济的关键环节之一。振兴东北与国有资本发展、民间资本发展、市场机制和政府作用是一体多面关系，不可割裂看待，不能偏废，不能厚此薄彼，在不同条件和情况下，可以各有侧重。市场机制存在失灵、政府作用会有越位缺位，彼此协调，实现合力最优是发展方向。

充分利用国际合作推动东北振兴。积极扩大对外对内开放，提升开放合作的层次和水平，不仅有利于拓宽外部市场，释放东北地区的优质富余产能，推动国际产能和装备制造合作，而且有利于充分利用国外丰富自然资源和人力资源，加强经济技术和人文交流，并承接更多的国际国内产业转移，从而为东北老工业基地振兴提供新动力、新引擎。推进共建丝绸之路经济带和海上丝绸之路，是我国统筹国内国际发展两个大局提出来的对外开放大战略，东北地区要抓好这一历史性发展机遇，发挥地处东北亚前沿的区位优势，科学谋划互联互通的大通道建设，积极推动优质富余产能走出去，以创新为动力，以园区为载体，带动东北经济尽快走出困境。

大力发展和运用金融手段促进东北振兴。提高存量资本配置效率，大力引入资本增量是扭转东北经济困境的重要手段和工具。从当前和未来时期看，应重点推进以下任务。首先是优化金融生态环境。从建设和完善制度、监管、政策、人才、信用环境等方面入手，完善金融产权，改善金融法律制度，构建金融生态的制度环境，完善金融监管体制，加强区域信用体系建设，制定金融政策扶持体系，建设专业化人才队伍。其次是充分发掘多元化投资主体，发挥政府资金的示范引导作用，激活包括民间资本、法人资金在内的私有资本，利用社保基金和海外投资，更好地促进产业结构调整和转型升级。最后是建立多元化融资渠道，优化融资结构，重点发展直接融资。就国际经验来看，新能源、新材料、生物制药等高新技术企业通常更适合直接融资，而这正好契合了产业结构调整、转型和升级的内涵。一方面，应进一步完善间接融资体系，促进银行融资业务创新，重点解决中小企业的融资问题。另一方面应扩大直接融资比重，发展多层次资本市场，帮助企业通过债券融资、股权融资等渠道获得支持其科技研发、产品转化和市场推广的必要资金，将东北优势产业、优势资源、优势区位与区域内外广泛民间资本紧密融合，充分利用金融资源推动收购兼并，探索加快东北经济供给侧改革。

解决东北地区的发展问题，必须先从自身原因入手，进行体制机制的改革，对国有企业进行调整，充分激发市场经济的活力，鼓励创新创业，培养高科技人才，不断扩大对外开放。东北地区的经济发展虽然面临困境，但是其仍然有很多的发展机遇，通过各方的共同努力，振兴东北经济并不遥远，我们要有足够的信心。经济增长速度一度被视为衡量东北振兴成果的重要风向标。但无论以何角度评价，都应按照“以人民为中心”的理念，东北全面振兴实现经济高质量发展的衡量标准，应该而且只能是以人民群众是否在全面振兴中得到了实惠，增强了获得感，提高了幸福指数为标准。新时代的东北振兴，要特别关注补齐民生领域各种短板，让人民群众共享东北振兴成果。东北地区全面振兴的任务依然任重而道远，但是在新时代中国特色社会主义旗帜的引领下，相信能够扬帆起航，一步一个脚印地稳步向前迈进。

第八章

推动黄河流域生态保护和高质量发展

第一节　推动黄河流域生态保护和高质量发展的战略意义

黄河是世界第五大长河、全国第二长河，是中华民族的母亲河，全长5464公里，流域面积75万多平方公里，流经九个省区。从青海源头到内蒙古呼和浩特市托克托县河口镇是黄河上游，由河口镇至河南省郑州市桃花峪属黄河中游，其余的属于下游。

从流域分布特点来看，青海三江源是黄河的源头，甘肃尤其是甘南藏族自治州是黄河的蓄水池；“天下黄河富宁夏”“黄河百害、唯富一套”形容了黄河沿岸的宁夏、内蒙古河套地区是受益地区；黄河中游的陕西、山西属黄土高原区，是黄河粗泥沙的集中来源地，也是造成黄河下游“地上悬河”的重要原因。历史上地处黄河中下游的河南是黄河灾害中受害最严重的地区，其中包括自然的、人为的原因。进入20世纪80年代后，随着流域引黄用水量的不断增加，以及受大中型水利工程的调蓄影响，下游的黄河山东段入境水量越来越少，断流次数增加，给山东经济、社会发展和生态环境带来的危害较大。

2019年9月18日，中共中央总书记、国家主席、中央军委主席习近平在郑州主持召开黄河流域生态保护和高质量发展座谈会并发表重要讲话。他强调，黄河流域是我国重要的生态屏障和重要的经济地带，是打赢脱贫攻坚战的重要区域，在我国经济社会发展和生态安全方面具有十分重要的地位。保护黄河是事关中华民族伟大复兴和永续发展的千秋大计。黄河流域生态保护和高质量发展，同京津冀协同发展、长江经济带发展、粤港澳大湾区建设、长三角一体化发展一样，是重大国家战略。加强黄河治理保护，推动黄河流域高质量发展，积极支持流域省区打赢脱贫攻坚战，解决好流域人民群众特别是少数民族群众关心的防洪安全、饮水安全、生态安全等问题，对维护社会稳定、促进民族团结具有重要意义。

建设黄河生态经济带，黄河生态经济带上升为国家战略，势在必行。建设黄河生态经济带，有六大现实需要和重大意义。

一是区域协调发展的现实需要。不管是在党的十九大报告中，还是中央经济工作会议上，实施区域协调发展战略都被党中央、国务院多次提及，重要性不言而喻。黄河流域目前的经济社会发展呈阶梯状分布：上游落后、中游崛起、下游发达。尤其是黄河上游的甘肃、青海、宁夏在全国的经济排名中经常垫底，构成了事实上的西北经济塌陷区，相比较黄河中游的关中城市群、晋陕豫黄河金三角、中原城市群和下游的山东半岛城市群、黄河三角洲高效生态经济区，黄河上游地区的落后更加明显。黄河流域生态保护与高质量发展上升为国家战略，能够促进西部大开发形成新格局、中部（原）实现崛起和下游发达地区的山东实现新旧动能转换、高质量发展，缩小贫困落后的西北地区与中东部地区的发展差距，整体进入高质量发展新阶段，是贯彻落实习近平总书记在党的十九大报告中提出的区域协调发展战略的重要举措，同时也有利于畅通“一带一路”。

二是贯彻落实习近平生态文明思想的现实需要。生态兴则文明兴，生态衰则文明衰，这是人类文明史所揭示的朴素真理。经济发展的经验证明：先污染再治理的代价太大，是不可持续的。黄河上游、中游是国家重要的生态安全屏障区，生态环境脆弱，水土流失严重，在习近平生态文明思想指引下，建设好黄河生态经济带有重大现实意义。

三是坚定文化自信，实现中华民族伟大复兴的现实需要。黄河流域是中华文明的重要发祥地和传承创新区，是中国古代的政治、经济、文化中心地带，黄河流域的文化源远流长、灿若星河，如丝绸之路文化、始祖文化、长城文化、河湟文化、仰韶文化、马家窑文化、中医药文化等不胜枚举。建设黄河生态经济带，挖掘文化潜力，促进文化旅游业融合发展，是树立、坚定文化自信，实现中华民族伟大复兴的重要抓手。

四是实施食品安全战略，确保国家粮仓无虞的现实需要。党的十九大报告中明确提出“实施食品安全战略，让人民吃得放心”，习近平总书记指出，能不能在食品安全上给老百姓一个满意的交代，是对执政能力的重大考验。沿黄河九省区的河南、山东、陕西、甘肃、宁夏、内蒙古等省份是农业大省、畜牧大省，是小麦、大米、玉米、水果、蔬菜、肉类等主产区，是我国重要的粮食生产核心区。食品安全事关每一个老百姓，黄河生态经济带建设中一个重要的内容就是应该把好食品安全关，确保人民群众吃上放心、安全、绿色、健康食品，确保国家粮仓安全无虞。

五是建立长效脱贫机制，构建全面小康社会，实施乡村振兴战略的现实需要。黄河流域的沿黄九省区集中的人口较多，尤其是河南、山东、陕西等都是人口大省、农业大省。黄河上游的省份及中游的陕西属欠发达地区，其中的贫困人口较多，面临贫困面广、贫困程度深、贫困人口多、返贫率高的问题，是脱贫攻坚的主战场和难啃的“硬骨头”。我国提出到 2020 年全面建成小康社会的目标，黄河上游涵盖的区域是精准扶贫、精准脱贫的短板地区，时间紧、任务重，急需国家政策的扶持。建设黄河生态经济带，有利于巩固脱贫攻坚成果，建立长效脱贫机制，促进乡村振兴战略实施，在黄河流域探寻出一批乡村振兴成功的模式和案例。

六是维护民族团结，实现中华民族大家庭繁荣发展的现实需要。习近平总书记在党的十九大报告中提出，要加大力度支持革命老区、民族地区、边疆地区、贫困地区加快发展，强化举措推进西部大开发形成新格局。黄河流域尤其是上游地区几乎生活着全国所有的少数民族，很多又与革命老区、贫困地区等叠加，中下游地区也生活着很多少数民族群众，建设好黄河生态经济带，有利于构建和谐社会，维护民族团结，实现中华民族大家庭繁荣稳定发展。

第二节　黄河流域生态保护和高质量发展的主要目标任务

治理黄河，重在保护，要在治理。要坚持山水林田湖草综合治理、系统治理、源头治理，统筹推进各项工作，加强协同配合，推动黄河流域高质量发展。要坚持“绿水青山就是金山银山”的理念，坚持生态优先、绿色发展，以水而定、量水而行，因地制宜、分类施策，上下游、干支流、左右岸统筹谋划，共同抓好大保护，协同推进大治理，着力加强生态保护治理、保障黄河长治久安、促进全流域高质量发展、改善人民群众生活、保护传承弘扬黄河文化，让黄河成为造福人民的幸福河。

第一，加强生态环境保护治理。黄河生态系统是一个有机整体，要充分考虑上中下游的差异。上游要以三江源、祁连山、甘南黄河上游水源涵养区等为重点，推进实施一批重大生态保护修复和建设工程，提升水源涵养能力。中游要突出抓好水土保持和污染治理。水土保持不是简单挖几个坑种几棵树，黄土高原降雨量少，能不能种树，种什么树合适，要搞清楚再干。有条件的地方要大力建设旱作梯田、淤地坝等，有的地方则要以自然恢复为主，减少人为干扰，逐步改善局部小气候。对汾河等污染严重的支流，则要下大气力推进治理。下游的黄河三角洲是我国暖温带最完整的湿地生态系统，要做好保护工作，促进河流生态系统健康，提高生物多样性。

第二，保障黄河长治久安。黄河水少沙多、水沙关系不协调，是黄河复杂难治的症结所在。尽管黄河多年没出大的问题，但黄河水害隐患还像一把利剑悬在头上，丝毫不能放松警惕。要保障黄河长久安澜，必须紧紧抓住水沙关系调节这个“牛鼻子”。要完善水沙调控机制，解决九龙治水、分头管理问题，实施河道和滩区综合提升治理工程，减缓黄河下游淤积，确保黄河沿岸安全。

第三，推进水资源节约集约利用。黄河水资源量就这么多，搞生态建设要用水，发展经济、吃饭过日子也离不开水，不能把水当作无限供给的资源。“有多少汤泡多少馍”。要坚持以水定城、以水定地、以水定人、以水定产，把水资源作为最大的刚性约束，合理规划人口、城市和产业发展，坚决抑制不合理用水需求，大力发展节水产业和技术，大力推进农业节水，实施全社会节水行动，推动用水方式由粗放向节约集约转变。

第四，推动黄河流域高质量发展。2019 年 8 月 26 日，习近平总书记在中央财经委第 5 次会议上强调，要支持各地区发挥比较优势，构建高质量发展的动力系统。沿黄河各地区要从实际出发，宜水则水、宜山则山，宜粮则粮、宜农则农，宜工则工、宜商则商，积极探索富有地域特色的高质量发展新路子。三江源、祁连山等生态功能重要的地区，就不宜发展产业经济，主要是保护生态，涵养水源，创造更多生态产品。河套灌区、汾渭平原等粮食主产区要发展现代农业，把农产品质量提上去，为保障国家粮食安全做出贡献。区域中心城市等经济发展条件好的地区要集约发展，提高经济和人口承载能力。贫困地区要提高基础设施和公共服务水平，全力保障和改善民生。要积极参与共建“一带一路”，提高对外开放水平，以开放促改革、促发展。

第五，保护、传承、弘扬黄河文化。黄河文化是中华文明的重要组成部分，是中华民族的根和魂。要推进黄河文化遗产的系统保护，守好老祖宗留给我们的宝贵遗产。要深入挖掘黄河文化蕴含的时代价值，讲好“黄河故事”，延续历史文脉，坚定文化自信，为实现中华民族伟大复兴的中国梦凝聚精神力量。

第三节　黄河流域将迈入生态保护和高质量发展新阶段

黄河流域在我国经济社会发展和生态安全方面具有十分重要的地位，保护黄河是事关中华民族伟大复兴和永续发展的千秋大计。由此，黄河流域的九个省区将迈入生态保护和高质量发展新阶段。

一、黄河流域生态保护“一盘棋”

作为中华民族的母亲河，长达 5000 多公里的黄河，从青海发源，流经四川、甘肃、宁夏、内蒙古、山西、陕西、河南，从山东入海，惠泽了我国北方数亿的人民群众。

青海三江源地区，是长江、黄河、澜沧江的源头，被誉为“中华水塔”。受气候变化及人类经济活动因素影响，当地草原曾一度过牧超载，生态发生严重退化，致下游水患频发。2005 年至今，国家在当地累计投入超 180 亿元，实施人工草补播、黑土滩治理、草原有害生物防控等生态工程，取得明显成效，草原植被盖度、森林覆盖率、水域占比等显著提高。

甘肃甘南藏族自治州是黄河上游重要的水源涵养地，黄河甘南州段全长 433 公里，其地表水资源总量为 199 亿立方米，每年平均向黄河补水 65. 9 亿立方米，占黄河流区总径流量的 58. 7%。自 2008 年启动《甘肃甘南黄河重要水源补给生态功能区生态保护与建设规划》以来，累计综合治理 1573. 5 万亩鼠害草原、116 万亩沙化草原、10. 69 万亩重度沙化草地、3. 55 万亩流动沙丘。黄河甘南段生态恶化趋势已初步扭转，水源涵养能力逐步提升，但甘南草原退化面积目前仍有 2313 万亩，还需逐步修复。

黄河中下游省份近年来也在防止水土流失和泥沙注入、湿地和滩区保护、防止工业废水和生活污水向黄河排放等方面作出切实努力，取得较好成效。如黄河三门峡段的湿地保护使生态显著改善，每年吸引了大量的白天鹅栖息越冬，三门峡市也增添了“天鹅城”的城市名片。

黄河生态系统是一个有机整体，上游要提升水源涵养能力，中游要突出抓好水土保持和污染治理，下游要做好保护工作，促进河流生态系统健康，提高生物多样性。下一步，随着黄河流域生态保护和高质量发展顶层设计的推出，黄河流域生态保护将进入由点带面、由浅入深、由粗到细的系统化、协同化推进新阶段，黄河流域生态保护需要尽快形成指挥中枢，需要自然资源部、生态环境部、水利部和沿黄九省区齐抓共管、协同推进，并因地制宜、分类施策，上下游、干支流、左右岸统筹谋划，共同抓好大保护，协同推进大治理，着力加强生态保护治理、保障黄河长治久安，建立黄河生态保护长效机制。

正如习近平总书记所强调的，要加强对黄河流域生态保护和高质量发展的领导，发挥我国社会主义制度集中力量干大事的优越性，牢固树立“一盘棋”思想，尊重规律，更加注重保护和治理的系统性、整体性、协同性，抓紧开展顶层设计，加强重大问题研究，着力创新体制机制，推动黄河流域生态保护和高质量发展迈出新的更大步伐。

二、沿黄省区迈入高质量发展新阶段

近年来，绿色发展、转型升级已成为黄河流域省份及全国各地的共识和一致行动，沿黄省份各自拥有相应的定位和平台。

青海省有三江源国家生态保护综合试验区，四川省有国家自由贸易试验区，甘肃省是全国循环经济示范省、国家中医药产业发展综合试验区、华夏文明传承创新区，宁夏是内陆开放型经济试验区，内蒙古是国家大数据综合试验区，山西省是国家资源型经济转型综合配套改革试验区，陕西省有国家自由贸易试验区，河南省是国家大数据综合试验区、华夏历史文明传承创新区和国家自由贸易试验区，山东省被确定为新旧动能转换综合试验区等。

借助黄河流域生态保护和高质量发展上升为国家战略，沿黄九省区将进入高质量发展新阶段。

从沿黄省份来看，黄河上中下游经济发展态势区别明显：上游落后，中游崛起，下游发达。黄河中下游的山东、河南2018年GDP分别达到7.6万亿元、4.8万亿元，陕西、内蒙古、山西分别为2.4万亿元、1.7万亿元、1.68万亿元，甘肃、青海、宁夏分别为8246亿元、2865亿元、3705亿元。黄河流经四川省仅有阿坝藏族羌族自治州，未来即将出台的顶层设计中，四川局部还是全域纳入黄河流域生态保护和高质量发展国家战略尚未可知，如果将四川全域纳入这一国家战略，无疑将增加黄河上游省份的经济发展权重，四川也成为唯一跨长江经济带、黄河流域生态保护和高质量发展双战略的省份。2018年，四川省GDP达到40678.13亿元，成都市GDP达到15342.77亿元。

从黄河流域城市来看，2018年GDP在5000亿元以上的城市依次是青岛12001.62亿元、郑州10143.32亿元、西安8349.86亿元、济南7856.66亿元、烟台7832.58亿元、潍坊6156.78亿元、淄博5068.35亿元；GDP介于3000亿元至5000亿元的城市由强到弱依次包括济宁、临沂、洛阳、东营、威海、太原、榆林、鄂尔多斯、泰安、包头、德州、聊城、菏泽、南阳，东营市及其之前的城市在2018年全国城市GDP排名中位于前50名。介于2400亿元至3000亿元之间的城市由强到弱依次包括许昌、滨州、周口、兰州、新乡、呼和浩特、枣庄，居全国城市GDP排名前100位。山东省15个城市、河南省6个城市进入全国百强市。

从上述城市中不难看出，经济较为发达的城市主要集中于黄河中下游的山东、河南。山东半岛城市群、中原城市群产业聚集、经济起飞态势明显，关中平原城市群、呼包鄂榆城市群、兰西城市群亟待发力。

习近平总书记指出，推动黄河流域高质量发展，要从实际出发，宜水则水、宜山则山，宜粮则粮、宜农则农，宜工则工、宜商则商，积极探索富有地域特色的高质量发展新路子。

基于青海巨大的生态资产价值，青海提出“加快从经济小省向生态大省生态强省转变”，并坚持试点先行和整体推进相结合，落实和深化国有自然资源资产管理、生态环境监管、自然生态空间用途管制、生态补偿等生态文明体制改革。以循环经济为主攻方向，走绿色发展之路，大力实施绿色制造工程，打造“四个千亿元”产业、两个“千万千瓦级”可再生能源基地、“八大绿色产业技术体系”。

甘肃和陕西在祁连山生态破坏、秦岭违规建别墅事件深刻的教训之下，积极进行生态修复治理，探寻绿色发展。2018 年初，甘肃省出台了推进绿色生态产业发展的规划，提出将培育壮大节能环保、清洁生产、清洁能源、循环农业、中医中药、文化旅游、通道物流、数据信息、先进制造等十大重点产业，以期促进传统产业脱胎换骨，迈向高质量发展。2018 年甘肃省十大生态产业完成增加值 1511. 3 亿元，占全省生产总值的 18. 3%，增长 6. 7%；今年一季度，十大生态产业增加值增长 7. 4%，占全省生产总值比例提高到 21. 1%，成为推动甘肃高质量发展的新引擎、新动能、新支撑。

第九章

新时代中国城市高质量发展案例

案例一　新时代广州推动粤港澳大湾区国际科技创新中心建设

粤港澳大湾区建设，是习近平总书记亲自谋划、亲自部署、亲自推动的重大国家战略，是中央从国家发展全局和“两个建设好”的战略高度支持港澳与广东这块改革开放前沿阵地在共融中实现共建共享共赢的重大决策部署，是新时代推动形成全面开放新格局的新举措，也是推动“一国两制”事业发展的新实践。

作为我国开放程度最高、经济活力最强的区域之一，粤港澳大湾区在国家发展大局中具有重要战略地位。40 年改革开放，粤港澳大湾区经济实力、区域竞争力显著增强，已具备建成国际一流湾区和世界级城市群的基础条件。按照规划纲要，粤港澳大湾区不仅要建成充满活力的世界级城市群、国际科技创新中心、“一带一路”建设的重要支撑、内地与港澳深度合作示范区，还要打造成宜居宜业宜游的优质生活圈，成为高质量发展的典范。推动粤港澳大湾区建设，有利于贯彻落实新发展理念，为我国经济创新力和竞争力不断增强提供支撑；有利于进一步深化改革、扩大开放，建立与国际接轨的开放型经济新体制，建设高水平参与国际经济合作新平台。

广州集中全市力量推动粤港澳大湾区国际科技创新中心建设

广州是我国改革的重镇、开放的前沿，广州这座城市因改革而生、因创新而强，改革是广州的根、广州的魂。

中共广东省委常委、广州市委书记张硕辅多次强调指出，推进粤港澳大湾区建设，是新时代推动形成全面开放新格局的新举措，是推动“一国两制”事业发展的新实践，也是推动广州市进一步深化改革扩大开放的重大历史机遇。广州作为粤港澳大湾区核心城市、省会城市，要担当起沉甸甸的历史责任，展现一线城市、特大城市的胸怀格局，在狠抓落实上见行动、见实效。

当前，广州正在深入学习贯彻习近平总书记对广东重要讲话和重要指示批示精神，落实省委关于举全省之力推进粤港澳大湾区建设的决策部署，携手港澳和珠三角兄弟城市，发挥各自优势，实现共赢发展，共建国际一流湾区和世界级城市群。着力抓住粤港澳大湾区建设这个“纲”。着力深化穗港澳科技合作，推动粤港澳大湾区国际科技创新中心建设。着力推进基础设施互联互通，加快机场、港口、高快速路、轨道交通和信息基础设施建设。着力提升产业合作水平，建设先进制造业强市、科技创新强市、现代服务业强市、文化强市。着力共建宜居宜业宜游优质生活圈，深化与港澳在文化、教育、医疗、旅游、生态环保等领域全面合作。着力打造一批重点合作区域，高水平建设南沙粤港澳全面合作示范区、琶洲数字经济创新试验区等合作平台。

广州各级各部门要深入学习贯彻习近平总书记关于创新驱动发展系列重要讲话精神以及全省创新驱动发展大会精神，进一步统一思想，增强推进创新驱动发展的紧迫感和责任感，坚定信心，厚植优势，坚持改革、开放、创新相结合，建设国际科技创新枢纽，把创新驱动发展作为经济社会发展的核心战略和经济结构调整的总抓手落到实处。

广州市市长温国辉多次指出，广州坚决贯彻落实习近平总书记和党中央关于粤港澳大湾区的战略部署，充分发挥广州国家中心城市和综合性门户城市的作用，携手湾区城市打造世界级城市群。聚焦营商环境规则体系对接，加快建立与国际高标准投资贸易规则相衔接的制度体系，探索推进穗港澳三地“单一窗口”系统对接和合作，深化与港澳在服务贸易领域的合作。聚焦广深港澳科技创新走廊建设，培育提升广州科技中心功能，共建粤港澳大湾区国际科技创新中心。深化教育医疗等民生领域合作，与港澳等湾区城市共同推进中华优秀传统文化传承发展。推进交通基础设施互联互通，加快布局建设一体化的轨道交通网。加强区域内各城市的深度合作，推动形成区域协调发展新格局。着力提升大湾区核心引擎功能，打造高质量发展典范。

广州按照国家创新驱动发展战略要求，明确提出了要建设国际科技创新枢纽和国家创新中心城市的目标，“十三五”期间广州围绕建设枢纽型网络城市的目标，坚持为创新创业者打造一方发展热土，形成“创新来广州、创业来广州”的大好局面。

广州建设具有全球影响力的创新名城

党的十八大以来，广州聚力创新，以只争朝夕的紧迫感奋力推进创新发展的工作实践，着力推进以科技创新为核心的全面创新，着力打造产业科技创新中心和先进制造业基地，着力形成以创新为引领的经济体系和发展方式，努力探索出一条具有中国特色、广州特点的创新发展之路：提升广州在国家创新体系中的地位，增强科技创新对广州高质量发展的支撑作用。着力点简单归纳可以叫“一深化四提升”。“一深化”就是深化科技体制改革，坚持问题导向，着力破解体制性障碍、结构性矛盾和政策性问题。“四提升”就是要提升企业的自主创新能力；提升产业创新能力，加强基础研究和原创研究、实施重大科技成果转化；提升高水平平台的集聚能力；提升区域的创新活力。

历经40年改革开放的光辉洗礼，广州具有了产业基础、市场活力、区位交通、物流体系、人才储备、生态环境、发展空间等诸多方面的优势，特别是近两年一批龙头项目的落户建设，为其增添了新的动力。富士康超视堺、乐金8.5代OLED、思科智慧城、广汽智能网联、通用生物产业园、百济神州、粤芯芯片等重大项目落地推进广州加快建设。

无论是地理区位还是综合资源，广州无疑是粤港澳大湾区城市群的“龙头”。

资本跟着创新走，只有集聚创新资源，把创新经济的文章做好，才能挺立于价值链的高端，当好“龙头”。“龙头城市”想要以创新引领城市群发展，必须注重创新生态的营造。

广州丰富的科教人才资源，使其具备了高强创新潜力。创新不仅是研发活动，更是经济活动。广州作为中国高等教育资源最集中的五大城市之一，是国家三大高等教育中心、四大科研教育中心之一，科教综合实力仅次于北京、上海，居全国第三位。作为全国重要的科教中心，广州每万人中间大学生数量、研究生数量、两院院士数量，在全国都排名前三。高层次人才集聚，地方科研实力强大，广州拥有27个国家重点实验室、16个国家工程技术研究中心。跟国内其他城市相比，广州自主创新所具有的科教资源禀赋非常突出。根植于广州的中央企业、军工研究所和省属大企业，也是广州自主创新的重要方面。

广州主要是充分发挥国家中心城市和综合性门户城市的引领作用，全面增强国际商贸中心、综合交通枢纽和科技教育文化中心功能，同时着力建设国际大都市。

这是基于广州作为华南国家门户的区位优势而言，也是基于广州作为传统商贸中心的历史底蕴而来，更是基于广州在全球城市的综合地位而定的。

广州的优势是综合的，因此定位也是综合的。

广州不仅是华南地区唯一的国家中心城市，也是全国排名首位的交通中心，本专科学生总量已经超过武汉位居全国第一位，在GaWC发布的世界一二线城市榜单中，广州位列Alpha级（一线），而深圳则位列Alpha－级（弱一线）。

中共广东省委常委、广州市委书记张硕辅多次指出，要在思想深处真正重视创新，在工作布局上真正谋划创新，在实际行动上真正推进创新，始终用创新的思路抓创新，用开放的视野抓创新，用市场的手段抓创新，让创新这个动力引擎转得更快更好。

目前广州市正阔步迈向高质量发展新征程。

近年来，广州市委、市政府继续积极推进创新驱动战略，确立了 IAB（新一代信息技术、人工智能、生物医药）、NEM（新能源、新材料）产业的发展战略，推动新旧动能转化。一大批 IAB、NEM 相关项目落户广州，来自广州市商务委的数据显示，仅 2018 年，广州就已有 27 个 IAB 产业项目落户落地，合计投资总额近 1500 亿元人民币。广州把创新作为引领发展的第一动力，着力将广州打造成为科技之城、创新之城、机遇之城，已成为广州市全力推进的新目标。

《中共广东省委关于制定国民经济和社会发展第十三个五年规划的建议》首提“发挥广州全面创新改革试验核心区和深圳创新型城市的创新引领作用，打造国际产业创新中心，推动形成珠三角各市创新驱动发展各有特色、一体联动格局”；提出“实施高新区升级行动计划，促进高新区集聚发展和辐射带动”，广州科学城、中新知识城被重点提及，广州将立足广州高新区、中新知识城、科学城、琶洲互联网创新集聚区、生物岛、大学城、民营科技园等建设国际科技创新枢纽。广州加快打造“风险投资之都”，正在加速推进金融业与珠三角制造业的深度融合，打造全球最大的产业金融服务网络。截至 2018 年，广州已集聚各类创业投资、股权投资、私募基金机构 3500 多家、管理资金规模 7000 多亿元。

目前，广州互联网企业超过 3200 家，诞生了微信、UC 浏览器、YY 语音、唯品会、酷狗音乐、网易等，在 2018 年“中国互联网企业 100 强”排行榜中，广州共 98 家企业入榜，总数位列广东第一。2018 年广州高新技术企业净增 4000 家，增量全国第二，增速居全国副省级以上城市首位；专利申请量、发明专利申请量增速均列全国副省级以上城市之首。

广州实施高层次人才支持政策，全国人才管理改革试验区建设扎实推进，人才集聚效应持续增强，成为首批国家知识产权强市创建市，发明专利申请量和授权量增速居全国前列。广州选手在第 44 届世界技能大赛上获 2 金 1 银 3 铜的好成绩。近 2 年来，广州成功举办了财富全球论坛、中国风险投资论坛、海交会、创交会、生物产业大会、官洲国际生物论坛、生物医药圆桌会、人工智能圆桌会、国际金融论坛全球年会等国际会议活动，创新创业创造的氛围更加浓厚。

通过举办粤港澳大湾区全球创新大会，推进广东省向创新型省份进军，率先建成创新型省份，主要发展指标接近中等发达国家或地区水平，成为国际化创新创业高地。科技进步贡献率达到 58%，综合科技进步水平指数达到 75%，高新技术企业突破 27000 家，高新技术产品产值超过 80000 亿元。研究与开发投入占地区生产总值比重达到 2.9%，万人发明专利申请量达到 15 件。国家级创新平台数量突破200个，省级新型研发机构达到200家。创新人才的制度环境进一步改善，高端创新人才加快集聚，新增引进创新创业团队50个、领军人才40名。珠三角地区各地级以上市基本建成创新型城市，粤东西北地区创新能力取得显著进步，区域协同创新机制逐步完善。科技企业孵化器、加速器、众创空间数量达到1300个左右。

到2020年，珠三角地区初步建成领先全国的创新型城市群，全省基本形成创新型经济格局，主要创新指标达到或超过中等国家和地区水平，成为全国创新驱动发展排头兵，有力支撑我国进入创新型国家行列和全面建成小康社会。若干重点产业进入全球价值链中高端，科技进步贡献率达到60%，综合科技进步水平指数达到78%，高新技术企业力争达到28000家，高新技术产品产值超过80000亿元。在若干重点领域形成独特优势和领先地位，研究与开发投入占地区生产总值比重达到2.8%，万人发明专利申请量达到17件。国际科技合作更加活跃，创新人才快速集聚，产学研协同创新体系基本建成，国家级创新平台数量突破220个，省级新型研发机构达到200家。再新增引进创新创业团队50个、领军人才50名。全省12~15个地级以上市基本建成创新型城市。全社会初步形成创新活力竞相迸发、创新源泉不断涌现的良好局面。

到2030年，实现向创新型经济强省转型，建成以创新为主要引领和支撑的经济体系和发展模式，发展驱动力实现根本转换，进入创新型地区先进行列。

（资料来源：粤港澳大湾区全球创新发展研究报告，易昌良）

案例二　国际创新城市深圳举全市之力推进粤港澳大湾区建设

飞速奔驰的列车，也成为粤港澳大湾区建设加快推进的见证——深度对接中央要求、港澳所需、湾区所向、深圳所能。在中国发展昂首步入新时代的宏大背景下，粤港澳大湾区建设的蓝图化为脚步坚实的行动，愿景变成风生水起的现实。

初春的深圳，碧空如洗。站在福田区的高楼上，向南眺望，深圳河对岸香港新界的连绵青山，清晰可见。

视线所不及的地下，广深港高铁线上的高速列车以近200公里的时速在福田中心区和香港西九龙站之间穿梭，香港和深圳之间旅行时间大幅缩短，两地居民的心理距离更近了。飞速奔驰的列车，也成为粤港澳大湾区建设加快推进的见证——深度对接中央要求、港澳所需、湾区所向、深圳所能。2017年7月1日，习近平总书记在香港见证推进大湾区建设框架协议签署以来，深圳经济特区坚决贯彻中央部署要求，牢牢扭住大湾区建设这个“纲”，举全市之力推进粤港澳大湾区建设，在规则衔接、体制机制创新、重大项目重大平台建设等方面取得一系列实质性成果，让深圳的大湾区核心引擎功能不断增强。

总书记亲自谋划、亲自部署、亲自推动粤港澳大湾区建设

推进建设粤港澳大湾区，有利于深化内地和港澳交流合作，对港澳参与国家发展战略，提升竞争力，保持长期繁荣稳定具有重要意义，是新时代推动形成全面开放新格局的新举措，也是推动“一国两制”事业发展的新实践。

“香港、澳门发展同内地发展紧密相连。”

出席庆祝香港回归祖国20周年相关活动并见证《深化粤港澳合作　推进大湾区建设框架协议》签署之后，在党的十九大报告中，习近平总书记指出，要支持香港、澳门融入国家发展大局，以粤港澳大湾区建设、粤港澳合作、泛珠三角区域合作等为重点，全面推进内地与香港、澳门互利合作，制定完善便利港澳居民在内地发展的政策措施。

亲自谋划、亲自部署、亲自推动！习近平总书记对于粤港澳大湾区建设，格外关切，寄予厚望，在多个重要会议、多次重大活动场合，对粤港澳大湾区规划建设做出重要指示要求，指明前进方向——

2018年3月7日，习近平总书记参加十三届全国人大一次会议广东代表团审

议时指出，广东要抓住建设粤港澳大湾区重大机遇，携手港澳加快推进相关工作，打造国际一流湾区和世界级城市群。

2018 年 10 月，习近平总书记亲自宣布港珠澳大桥正式开通。随后的 10 月 22 日至 25 日，习近平总书记视察广东。“要把粤港澳大湾区建设作为广东改革开放的大机遇、大文章，抓紧抓实办好！”此次视察，总书记对广东提出了 4 个方面的工作要求，第一项就是深化改革开放。

“实施粤港澳大湾区建设，是我们立足全局和长远做出的重大谋划，也是保持香港、澳门长期繁荣稳定的重大决策。建设好大湾区，关键在创新！”2018 年 11 月 12 日，习近平总书记会见香港澳门各界庆祝国家改革开放 40 周年访问团，多次讲到粤港澳大湾区。

作为经济特区、全国性经济中心城市和国家创新型城市的深圳，更是在粤港澳大湾区建设不断提速的进程中，被赋予新的重大历史使命。2018 年 12 月 26 日，习近平总书记对深圳工作作出重要批示，要求深圳市委市政府抓住粤港澳大湾区建设重大机遇，增强核心引擎功能，朝着建设中国特色社会主义先行示范区的方向前行，努力创建社会主义现代化强国的城市范例。

语重心长的嘱托，为粤港澳三地以大湾区建设为重点锐意进取、不辱使命，指明方向，鼓舞信心。

在中国发展昂首步入新时代的宏大背景下，粤港澳大湾区建设的蓝图化为脚步坚实的行动，愿景变成风生水起的现实。

深圳举全市之力推进粤港澳大湾区建设

2017 年 8 月 31 日，香港特别行政区行政长官林郑月娥在就任行政长官后首次考察深圳，在前海紫荆园，林郑月娥和深圳市委书记王伟中共同种下一棵红花紫荆树，象征深港合作、共创繁荣。

此后，深圳和香港、澳门政府高层之间频繁开展互访，沟通交流进一步加强，常态化联络机制不断完善。如今，这棵红花紫荆树，花繁叶茂，一片勃勃生机。

总书记对深圳殷殷嘱托，要求深圳抓住粤港澳大湾区建设重大机遇，增强核心引擎功能，朝着建设中国特色社会主义先行示范区的方向前行，努力创建社会主义现代化强国的城市范例。面对新的重大机遇、新的重要使命，深圳如何不负重托，把中央、省有关加快推进粤港澳大湾区规划建设的部署落到实处，一直以来就备受关注。

在总书记对深圳工作再次做出重要批示后，今年 1 月，深圳市委六届十一次全会在部署 2019 年十项重点工作时首先提到的就是“举全市之力推进粤港澳大湾区建设，努力形成全面开放新格局”。全会强调，粤港澳大湾区建设是深圳新时代改革开放的总牵引，是开拓高质量发展的大机遇，必须贯彻到全市改革发展各方面全过程，着力增强粤港澳大湾区核心引擎功能。

事实上，2017 年 7 月以来，“粤港澳大湾区”在深圳市的全局工作中，就一直是举足轻重的关键词。

2017 年 8 月，深圳市委六届七次全会提出要开展“开放优势厚植行动”，加快前海开发开放，积极参与和推动国家“一带一路”建设和粤港澳大湾区建设。同年 12 月，王伟中在市委六届八次全会专题讲话中表示，深圳要携手香港在粤港澳大湾区世界级城市群建设中发挥核心引擎作用，这对深圳发展具有非常大的意义。

2018 年 1 月，深圳市委六届九次全会提出，要主动服务粤港澳大湾区建设，在更高水平对外开放上实现新突破；2018 年 7 月，市委六届十次全会强调，抢抓粤港澳大湾区建设重大机遇，努力形成全面开放新格局。携手周边城市共建粤港澳大湾区核心引擎和“一带一路”倡议支点。

尤为引人关注的是，为了高效推进粤港澳大湾区建设各项工作，深圳在机构设置上做出了特别安排。目前，深圳成立了推进粤港澳大湾区建设领导小组，王伟中担任领导小组组长，市长陈如桂担任领导小组常务副组长。在新一轮机构改革中，深圳市委组建了推进粤港澳大湾区建设领导小组办公室，该办公室作为市委工作机关，与深圳市政府港澳事务办公室合署办公。

设施“硬联通”与制度“软联通”无缝对接

以前，从深圳中心区到香港市中心，最快的交通方式是坐两地车牌的汽车，加上过关的时间，耗时依然要超过 1 个小时；如今，搭乘广深港高铁，从福田站出发，14 分钟就可以到达香港西九龙站。

“太神速了！我们只是聊了一下天，话都还没说完高铁就到站了！”作为粤港澳合作的重要项目之一，广深港高铁于 2018 年 9 月 23 日正式通车，这条“深港最快交通线”让很多香港、深圳市民的生活发生了改变，上午赶到香港办事、中午就赶回深圳，不再是什么新鲜事。

更加让人期待的是，伴随深圳与国内 20 余省（市）连通高铁以及深茂高铁、赣深高铁建设，在不久的将来，香港可借道深圳接入全国高铁网络，并实现与粤东、粤西的高铁互通，实现粤港澳大湾区高铁全覆盖。

在此基础上，深圳进一步提出，要打造大湾区国际综合交通枢纽。为此，深圳将强化国际航空枢纽辐射功能，加快第三跑道等规划建设，新增 5 个以上国际通航城市，推进通用航空发展，加快建设一流的空港经济区。加快盐田港东作业区和西部出海航道二期工程，规划建设深圳港内陆港，推进深港引航互认，推动开设深港海上旅游航线。开通穗莞深城际轨道交通，加快深中通道等对外通道建设等。

以广深港高铁正式开通，以及莲塘/香园围口岸即将于今年正式建成为代表，重大交通基础设施的互联互通，直接推动粤港澳大湾区加速融合。与此同时，设施“硬联通”与机制“软联通”同步推进。

“以前每天花 3 ~4 个小时在家校往返的路上，现在早上可以多睡 2 个小时了。”小瑜是 2017 年首批入读深圳公立小学的港籍学童，这已经是她在深圳就读的第四个学期了。得益于深圳从 2017 年 9 月开始实施港澳籍学生申请就读公立学校的政策，近 7000 名像小瑜一样的港澳籍学生进入深圳公立学校就读。

内地第一家香港独资专科医院成功上市，与澳门科技大学等合作共建深澳中医药创新研究院……深圳率先落实便利港澳居民政策措施，不仅仅在教育领域发力，在就业、就医、社保、安居和政策扶持等不同领域，深圳为港澳居民在深圳工作发展提供全覆盖、多层次、“一站式”服务。

在住房保障方面，符合条件的港澳人才在深圳可依照程序申请租赁或购买人才住房；香港澳门的青年以及中小微企业，被纳入创业补贴扶持范围。在敬老优待方面，深圳即将向在深长期居住的港澳长者发放敬老优待证，凭证可以享受免费搭乘公交、进入公园和博物馆等公共服务场所，深港澳民生领域合作取得实质成果。

深港法律合作领域一直不乏新举措，两地在 2017 年 10 月续签《法律合作安排》，旨在共同营造稳定、公平、透明、可预期的营商环境，提升粤港澳大湾区法律服务的国际化水平，为提升深港合作水平提供更有效的法律保障。此外，在建设全球海洋中心城市的进程中，深圳还提出“将深圳港打造成为绿色智慧的全球枢纽港，与香港港共建国际航运中心”的发展目标，聚焦自由贸易港建设，创新以贸易便利化为重点的贸易监管制度。

一个全面“对接”和快速“联通”的粤港澳大湾区正在到来。

重大项目重点平台建设取得重大进展

今年 1 月 7 日，福田区政府与中国科学院深圳先进技术研究院签订了战略合作协议，双方将在深港科技创新合作区深方区域建设深港生物医药创新研究院、深港高端医疗设备创新中心等创新平台。

一张以“科技创新”为关键词的深港合作路线图渐次展开……

走进升级改造中的福田保税区，一股浓浓的“深港科创”味早已扑面而来：深港协同创新中心、深港商贸科技合作基地等项目已落地，南科大深港合作项目、香港生产力促进局合作孵化器、香港应用科技研究院等项目也已蓄势待发。

据了解，深圳将在深港科技创新合作区探索建立适应开放创新、融合“一国两制”优势的体制机制，在人员物资流动、职业资格准入、标准规则创新、新药品新器械监管等方面先行先试，实现深港科研资金跨境使用，探索建设离岸创新基地。

今后，深圳将在合作区构建“基础研究＋技术攻关＋成果产业化＋科技金融”的全过程科技创新生态链，集聚国际创新资源，共建一批突破型、前沿型国家重大科研基础设施和世界级大科学设施集群，建设国际一流科技孵化转化机构。

视线由东到西，在前海石边，2019 年 1 月 1 日习近平总书记新年贺词里的那句“深圳前海生机勃勃”再次回荡耳边。

前海的今天，昭示依托香港、全方位深化粤港澳合作的累累果实。

从 2017 年到 2018 年，前海紧紧围绕“深港合作年”主题，谋划落实“粤港澳深度合作示范区”新定位，积极推动粤港澳服务贸易自由化示范基地建设，推动港人港企数据认证服务平台上线，成为国内首个支持香港数字证书的电子政务应用，启动深港设计创意产业园项目。

一系列扎实的举措，有效地拓展了前海国家战略平台功能。截至 2018 年底，前海累计注册港企数量突破 1 万家，港资企业实现增加值和纳税占到前海的四分之一，港资企业支柱作用凸显。

作为粤港澳青年创新创业的“明星平台”，前海深港青年梦工场一直将打造港澳青年内地发展“第一站”作为己任，引导港澳及国际新科技、新媒体、新业态等创新创业资源集聚前海，成功引进香港 X 科创平台、港科大蓝海湾等香港创业孵化平台。截至目前，梦工场累计孵化创业团队 340 家，其中港澳国际团队 169 家，香港团队融资总额超 7.5 亿元人民币。

西有前海，东有河套，深圳正通过东西两翼的合作平台集聚全球创新要素，推动科技创新等重点领域的合作典范，以共建“粤港澳大湾区核心引擎”为契机，引领深港澳创新生态圈建设，为深圳向全球创新链上游攀升赢得先机。

（资料来源：《深圳特区报》，2019 年 3 月 5 日，吴读特）

案例三　青岛：担当高质量发展“排头兵”

城市发展的道路虽然漫长，但紧要处常常只有几步。GDP 突破万亿大关，无疑是青岛城市发展史上极为紧要的一步。2016 年，青岛 GDP 突破万亿元，成为山东首个、中国北方第三个“万亿之城”。2017 年，又一举突破 1.1 万亿元。2018 年，青岛 GDP 突破 1.2 万亿元。这在青岛城市发展史上极具里程碑意义。

这是量的突破，更是质的升华——制造业加快转型升级，实体经济根基越来越牢固，供给侧结构性改革扎实推进，经济发展结构更趋合理，内生活力不断增强，高质量发展之路越走越宽。

党的十九大报告指出，我国经济发展已由高速增长阶段转向高质量发展阶段。明确要求，必须坚持质量第一、效益优先，以供给侧结构性改革为主线，推动经济发展质量变革、效率变革、动力变革。这一战略为青岛实现新的跨越指明了方向。

创新驱动，经济发展内生动力不断增强

上九天揽月，下五洋捉鳖。日新月异的科学技术，在实现着人们梦想的同时，拓展着经济发展的“视界”。

海洋科技是发展蓝色经济、建设海洋强国的智力支撑。一个多月前，搭载 4500 米级无人无缆“海龙三号”潜水器的“大洋一号”从青岛起航执行 2018 年综合海试任务。“此次海试及试验性应用将进一步夯实我国深海进入、深海探测、深海开发的技术基础，提升我国国际海域资源勘查水平，助推深海科学研究发展。”中国大洋协会办公室副主任李波表示。

习近平总书记指出，发展是第一要务，人才是第一资源，创新是第一动力。党的十八大以来，青岛紧紧抓住创新这个“牛鼻子”，努力建设活力青岛，为经济发展注入活力。

创新是全方位的，不是哪一个方面、哪一个领域、哪一个部门的创新。青岛加快推进以科技创新为核心，以产业创新为主导，以提质增效和可持续发展为主线，以科技创新、产业创新、开放创新、文化创新、金融创新为重点的“一揽子”创新行动。

在创新驱动战略引领下，一大批“国字号”试点、试验、示范项目纷纷花落青岛，其中包括国家技术创新工程试点城市、国家创新型试点城市、“中国制造 2025”试点示范城市、军民融合创新示范区、国家首批知识产权示范城市、促进

科技和金融结合试点城市、新能源汽车推广应用城市、国家海洋技术转移中心城市、国家城乡居民增收综合配套政策试点、全国财富管理金融综合改革试验区、海洋科学与技术国家实验室、高速列车国家技术创新中心……这些项目不仅给青岛带来了“金字招牌”的荣耀、政策惠顾的优势以及经济转型升级的动力，更显示出青岛积极承担国家层面先行先试创新使命的实力与担当，给城市带来了前所未有的发展契机和强大后劲。

毫无疑问，创新的主体是企业。青岛着力发挥企业的创新主体作用，大力培育新技术、新产业、新业态、新模式，不断激发和释放经济社会发展新动能，加快提升城市综合实力和竞争力。在青岛，无论是“老字号”企业还是“新生代”企业，无不将创新置于首位，不断推动技术创新、工艺流程创新和商业模式创新，实现了“穿新鞋、走新路”。

结构调整，供给侧结构性改革扎实推进

推动经济高质量发展关键在于转方式调结构。万亿之城的背后是对经济结构的不断调整优化，是对资源配置效率的不断提高。

实体经济是国家的本钱，也是万亿之城的根基。经济结构优不优，关键是看实体经济强不强，特别是制造业强不强。经过多年的发展和积淀，青岛已构建起门类齐全、规模庞大的制造业体系，成就了青岛制造业名城和品牌之都的闪耀光环。党的十八大以来，青岛主动适应、把握、引领经济发展新常态，咬定实体经济不放松，使青岛制造业在实践“中国制造 2025”的过程中先行一步，呈现服务化、蓝色化、国际化、智能化、集群化五大升级发展趋势，实体经济的本钱越来越厚实，经济转型发展的根基越来越牢固。

优化资源配置，必须调整产业布局。青岛以壮士断腕的决心，开启了一场史无前例的老城区企业“大迁徙”。这不是简单的空间位移，而是一场旨在淘汰落后产能、加快转型发展、加强环境保护、提升城市功能的自我变革。辗转腾挪间实现凤凰涅槃。截至 2017 年底，青岛市 129 户规划内搬迁企业中，已关停的搬迁企业达 125 户。经此一役，青岛市老城区面貌焕然一新，企业焕发生机，产业布局更趋合理。2017 年，全市三次产业比例为 3.4∶41.2∶55.4，服务业成为推动青岛市经济增长的主要力量，贡献率为 59%，超过工业、建筑业等其他行业之和。

在产业结构不断优化的同时，青岛的投资结构、消费结构、出口结构也持续向好。

投资是万亿之城的有力推手。青岛固定资产投资规模连年以千亿级的增量进阶。2017 年，全市固定资产投资达到 7777.1 亿元，增长 7.4%；其中，第三产业投资增速高达 22.5%，高技术投资增长 15.5%，全市亿元以上新开工项目 701

个，完成投资1984亿元，增长29%。投资量质齐升，为全市经济转型升级和持续健康发展注入强大动力。

消费肩负着拉动经济增长和满足人民日益增长的美好生活需要的双重责任。青岛实施内外贸融合发展，推动商业模式转型升级，加快商贸流通基础设施建设，推进跨境电商服务试点，积极扩内需、促消费。2017年，全市实现社会消费品零售额4541.0亿元，消费需求不断得到释放，市场活力不断得到提升。

对于一个因海而生、因贸而兴的城市来讲，出口在经济发展中的地位无须赘述。无论国际环境如何风云诡谲，青岛始终一门心思做好自己。青岛着力推进现代国际贸易运行新体系新机制建设，在巩固传统发展优势的基础上，加快培育外贸竞争新优势，积极推动货物出口稳定增长。2017年，全市实现外贸货物出口总额3031.8亿元，增长7.5%。尤其值得欣喜的是，全市跨境电商进出口总额达到241.3亿元，增速高达101.1%。

动能转换，经济发展新动能不断蓄积

迈向高质量发展必须突破既有的路径依赖，加快实现质量变革、效率变革、动力变革。

党的十九大报告提出，推动互联网、大数据、人工智能和实体经济深度融合，在中高端消费、创新引领、绿色低碳、共享经济、现代供应链、人力资本服务等领域培育新增长点、形成新动能。

为推进互联网与实体经济的深度融合，青岛展开了一场壮阔的“制造业变革”——在国内率先实施“互联网+”战略，依托国家“智慧城市”技术和标准试点城市、国家下一代互联网示范城市等优势大胆探索、先行先试，全力推动互联网与制造业深度融合，推动网络经济与实体经济协同发展，打造青岛经济升级版。

拥抱互联网，青岛企业当仁不让。以海尔、海信、酷特智能、赛轮金宇、双星等一批先锋企业为先导，青岛制造围绕互联网工业的智能制造这一关键环节，展开了转型升级的全面探索。越来越多企业利用互联网技术，开发应用智能制造技术和装备，实施流程制造关键工序智能化、关键岗位机器人替代工程，探索智能制造生产方式。

在青岛，智能制造已经蔚然成风。海尔的互联工厂、双星的工业4.0生态圈、青啤的流程制造自动化生产线、中车青岛四方股份的设计装配与试验验证仿真一体化平台，青特、德盛机械的离散制造数字化车间，赛轮金宇、森麒麟的轮胎智能工厂，特来电的电动汽车群智能充电服务……短短几年间，“互联网+”战略为青岛制造注入互联网基因、厚植下互联网思维，让创新源泉不断喷涌，让新技术、新产业、新业态、新模式风生水起，让青岛制造加速迈向青岛智造、青岛创造，为青岛激活传统产业、抢占新兴业态制高点找到了最佳路径，为实体经济新一轮振兴打下了深厚根基。

眼下，一场更为波澜壮阔的新旧动能转换旅程业已开启。

2018 年 1 月 3 日，国务院批复《山东新旧动能转换综合试验区建设总体方案》，青岛被明确定位为引领试验区建设的“三核”之一，被赋予“形成东部地区转型发展增长极”的国家使命。这一“大事件”开启了青岛新的发展机遇期，令人振奋，催人奋进。

2018 年 4 月 20 日，青岛宣布设立 3000 亿元新旧动能转换基金，以政府出资引导带动金融和社会资本投向新旧动能转换重点项目、重点领域。此举无疑将成为青岛加快新旧动能转换的重要推手。

雄关漫道真如铁，而今迈步从头越。在创新发展、持续发展、领先发展的重大历史性机遇面前，青岛正积极抢抓机遇、先行先试、率先突破，努力为全省新旧动能转换当好排头兵、驱动器、示范区，努力在全面建成小康社会进程中、在社会主义现代化建设新征程中走在前列。

（资料来源：国是智库研究部研究成果；《青岛日报》，2018 年 5 月 14 日，沈俊霖）

案例四　新时代　杭州开启高质量发展新征程

新故相推舒画卷，丹青妙手向翠峰。

新时代的每一天都在拓展历史的边界，新征程的每一步都在召唤杭州的担当。杭州市政府工作报告提出将2018年GDP增速预期目标定为7.5%左右。数据背后，是杭州经济社会发展更加突出“高质量发展”的鲜明导向和使命担当。

从杭州市代表委员热议的一个个“关键词”中，我们不难看出，杭州的高质量发展，不只是数字的变化，更是发展“含金量”的提高，意味着一定程度上淡化对经济增长速度和数量的追求，而更看重质量与效益的提升，更看重经济建设与社会生态的协同发展，更关注人民的获得感、幸福感、安全感。

优化营商环境　助力创业创新

推动高质量发展，“有效市场”“有为政府”缺一不可。杭州市政府工作报告指出，要以“最多跑一次”改革为牵引，进一步撬动重点领域关键环节改革向纵深推进，构建对外开放新格局，持续增强发展活力和动力。

“良好的营商环境是推动高质量发展的内在要求。”潘伟红说，杭州大刀阔斧地推进“最多跑一次”改革，营造了与国际接轨的投资环境、便民高效的政务环境，大大提升了杭州的城市竞争力。

在潘伟红看来，营商“软环境”也同样重要，“要加强法治建设，加大知识产权的保护力度，营造公平的市场竞争环境”。

随着杭州营商环境的不断优化，人才、资本、技术、项目等高端要素纷纷集聚杭州。各类特色小镇和众创空间应运而生，搅活了杭州创新创业的“一池春水”。

肖榕认为，一个企业愿意落地，一定是这个地方的产业环境土壤优渥，聚集效应放大。比如安防企业全国排名前三的企业都在杭州，那么配套安防的一些企业肯定也会相继在周围落地。他举例说，比如智能网联汽车这块现在空间很大，电子化正进入窗口期，像杭州大江东正在推进汽车制造，而很有可能萧山也会落地一个自动驾驶测试场，这些产业资源型的平台会给杭州的商业环境带来新的动力。

肖榕也表示，如果能把国内的智能交通协会的标志性论坛引进到杭州，通过会展建立杭州的名片，然后搭建一个信息平台，就能在品牌拓展方面逐步推动产业的落地。

立起实体经济“老底子” 新旧动能协同发力

杭州市政府工作报告指出，2017年杭州市生产总值达到12556亿元，实体经济是“12556亿元”的坚实根基。杭州推进经济转型升级、提质增效、持续健康发展，既有目标，更有路径，自然有底气。

汪新来从事科技工作，他建议杭州要重视加强实体经济“科技+”工作，企业是创新的主体，而加强实体企业科技投入、研发力度是经济保持持续稳定发展的关键。

“当前国内创新创业氛围浓厚的城市，杭州、深圳成为一对比对的典型案例，从产业的对比中，我们也能发现杭州和深圳的差异。杭州偏重信息经济、文创产业等，互联网氛围浓，制造业占比低，侧重商业模式创新；深圳的优势在实体经济，产业构成更为丰富，科技产业蓬勃向上，追求技术创新。”汪新来说，杭州在新的一轮技术产业变革中，应当有一些思辨。

他提出，应重点做好三方面工作：一是持续加大创新资源的集聚。积极营造浓厚的创新氛围，加大科技成果转化、技术型人才引进力度，支持中小微企业的发展，打造创新的天堂。二是重点加强研发能力建设。特别是上市企业、行业龙头和优质企业的带动引领作用，支持重点企业研究平台建设，培育更多的行业冠军、引领企业。三是应持续加大未来产业培育。瞄准未来科技产业发展的方向，制定可行的产业规划，实施一批重大产业攻坚投入，引进培育一批技术创新的“独角兽”企业。

新旧动能协同发力，是杭州经济稳步向前的有力支撑。以数字经济、“互联网+”为特征的新业态快速发展。

“我公司就是很好的例子，通过转型升级，企业装备先进了，管理提升了，研发能力更强了，财务核算更精准了，企业实力强了，市场的认同度客户的满意度越来越高，研发和生产的产品越来越高端，企业得到了更好的、高质量的发展。”郑玉英说，杭州市政府工作报告中，对于支持实体经济发展，鼓励传统制造向智能制造转型升级，鼓励推广应用工业互联网，实施企业上云、机器换人、工厂物联网，支持传统产业向高质量发展等方面，表达得很切实际又入情入理，既鼓励了企业发展又提振了企业家信心。

“说实在的，企业要发展好，要走在行业前列，就必须紧跟形势紧随潮流，必须从方方面面去提升，去创新。”郑玉英说。

实体经济“老底子”立起来，需要政策、资金、技术、人才等要素的扶持，也需要弘扬工匠精神，引导形成亲实业、重实业的社会风尚。

“我自己是做茶叶的，龙井茶驰名海外，包括丝绸、茶叶、瓷器、宋文化等，它们都是杭州的金名片、软实力，不仅有历史沉淀，更有世界地位。因此在经济大潮中，对于传统产业的扶持和振兴，也是政府需要思考的问题。”祝百昌说，在现在竞争压力越来越大的情况下，如果传统手工艺、农产品无法形成产业化规模发展，可能就会迅速萎缩，退回到小作坊、夫妻店式的经营，对于经济发展也是不利的。

他希望政府能更关注这些传统行业里的中小企业，给他们多一些的发展空间，在用电、人才引进等方面给予扶持。

抓牢人才引擎　推动高质量发展

实现高质量发展，归根结底需要人才，尤其是高层次人才提供强有力的智力支持。

吴谦对于杭州市政府工作报告中，提到了充分发挥人才引领作用，推进人才生态最优城市建设，加快实施名校名院名所建设工程，支持之江实验室、达摩院建设印象深刻。

作为一名科技工作者，吴谦认为，在拥江发展的战略背景和高质量发展的现实要求下，服务、支撑好新型科技创新载体发展，对于提升营商环境、加快人才集聚，具有重要意义。

“之江实验室和达摩院，一个是高规格的事业单位，一个是企业研究院，体现了政府对高校、企业等多方参与的新型科技创新载体的高度重视。表明了政府把支持新型创新载体作为支撑科技发展的实践路径，来解决社会问题、经济问题的一个思路。”吴谦说，杭州具备良好的城市创新基因，这些机构选择在杭州创业，首先是认为这里不存在“创新风险”，都愿意来。再加上“最多跑一次”改革、特色小镇建设、钱塘江金融港湾建设等多个政策叠加，为这些新型创新载体发展，及平台背后的产业、人才、资本、市场营造了良好的发展环境。

“人才集聚将持续推动杭州的活力创新，为建设独特韵味别样精彩的世界名城提供源源不断的动力。”吴谦说。

“2016 年，杭州人才净流入高达 8.9%，全国领先；去年，杭州人才流入率和海归净流入率居全国城市首位。杭州为人才出台了不少的配套政策，要加大宣传，提高公众对政策的知晓度。”潘伟红说，从“人才新政 27 条”到“人才若干意见 22 条”，杭州揽才可谓是不遗余力。一方面，要提高政策的知晓度，推动政策有效落地，另一方面也要加强对项目申报的针对性指导。

2017 年，杭州入选“外籍人才眼中最具吸引力的中国城市”前三位。当下，杭州已引进外籍人才 6150 名、海归人才 4068 名。人才来了，也需要用配套服务留住人才。

“对我们服务业来说，意味着需要从传统向现代服务业转型，提供有品质的家政服务。比方说过去我们开一个门头招揽生意，来的人也不穿工作服，但现在扫一扫二维码，直接在手机上下单，上门的服务人员不仅穿工作服，而且提供标准化流程的服务，让消费者感觉享受到真正的品质服务。”陶晓莺说，许多国际高端人才在杭州主要还是住酒店，因为没有人帮他们打理生活。要让他们长期在杭州安居乐业，需要提供配套的服务。

“外籍人才最关注的问题基本上有三个：看病、小孩子读书和家务管理等。要让他们安心在杭工作生活，就要解决好这三个问题。”陶晓莺说，为国外高端人才提供各类福利与细致的服务是在民生范畴上对人才的一项福利，以此提高其生活质量，促进其增强对杭州的归属感，从而更好地吸引人才。

她建议，开放相关政策，引进外籍家政专业人员，为外籍、海归等高层次人才提供生活便利的配套措施。

发展没有终点，只有新的起点。面对继往开来的新征程，沿着高质量发展之路开拓进取，杭州一定能交上无愧于时代、无愧于人民的发展新答卷。

（资料来源：《杭州日报》，2018 年 2 月 6 日，郑莉娜，史洁，庄郑悦）

案例五　长春：创新点燃高质量发展引擎

一汽集团新能源汽车技术、无人驾驶技术跻身国际先进行列；长光卫星成功发射“吉林一号”卫星，标志着长春航天信息产业向国际领先迈进……

近年来，在向高质量发展迈进的关键节点，长春大力实施创新驱动发展战略，创新投入连年增长，激励政策接连出台，新技术、新成果加速转化，创新能力稳步提升。2018年长春329家企业申报国家高新技术企业认定，比2017年增加103户；全市科技型“小巨人”企业达846户，比2017年新增181户。在一系列政策推动下，科技交易潜力被挖掘出来，全市技术合同成交额迅猛增长，长春已经迈入全国技术交易活跃区域。科技创新集聚转型能量。对于长春而言，科技创新就是推动经济发展的“船桨”。

当前，长春市采用新技术、新工艺、新设备、新材料，以及改造提升生产设施、工艺条件、生产服务的“车间革命”正在蓬勃开展。该市实施“1238”工程，持续抓好21个产学研协同创新机制示范点建设，完善科技大市场，加快构建创新创业服务体系……

在创新发展的新时代，长春在着力打造科技创新高地，促进产业转型升级、推进科技成果转化等方面取得了新进展。产业集聚促进跨越发展。在创新发展中，长春市不仅传统产业在努力扩容强基，先进装备制造、光电信息、生物及医药健康、新能源汽车、新材料和大数据六大战略性新兴产业也在转型提升中加速成长。华为、浪潮、科大讯飞等龙头企业规划建设全市政务云平台、企业云和工业互联网服务平台；精准引进的科大讯飞人工智能双创基地等项目，正在全力推进航天信息产业园、华为云数据中心等“三新”项目建设；小卫星、大数据、人工智能、新材料等“高”字号、“新”字号、“尖”字号产业集群加速壮大。随着创新体制机制的不断完善，长春在汽车、轨道客车、光电信息等领域的技术储备和研发优势也进一步转化释放。人才驱动提升发展速度。

近年来，长春不断深化人才优先发展和人才强市战略，为经济社会发展提供强大的智力支持。探索建立了“不求所在、但求所用”的柔性引才机制，引进海外归国人员1000余人、国外高端科技人才和企业管理人才700余人，获评“中国城市引才十强”；针对产业一线人才匮乏的问题，与12所大学、19个科研机构和18家重点实验室建立了产业人才联盟及15个产业人才高地，聘请19位院士专家作为首席科学家，率先在东北建立“人才管理改革试验区”；在全国副省级城市和省会城市中首开先河，成立了长春市院士专家联合会；中国长春人力资源服务产业园于2017年揭牌，这是国家批准的第9个国家级产业园区，成为东北三省首个国家级人力资源服务产业园。

（资料来源：《劳动新闻》，2018年11月9日，栾伟强）

案例六　高质量发展，苏州如何走在前列?

苏州今天成为全国发展的标杆，就是因为它有量的支撑。在量的基础上怎么提升，需要把握机遇，让更多的企业以全球的视野来布局发展空间。苏州的一些企业，实际上已经在全球布局。当然，如何把它们在苏州的根留住，把它的品牌价值发扬起来，还需要思考，发挥的空间很大。

未来的经济增长将以城市为核心，城市是经济发展的载体。世界主要国家都市圈人口和 GDP 相比较，中国主要都市圈人口和经济产出的占比，比发达国家低得多。在中国，由于地区之间为了本地区的经济增长展开了剧烈的竞争，这样的竞争让中国整个经济面临了巨大的国家经济风险。所以在这样一个格局下面，我们需要正视，如何在规避国家风险的情况之下，能够让要素资源在高端城市群集聚。

城市空间集聚有利于劳动分工，促进知识的溢出。城市群是制造业和服务业高度集聚的产物，在全球范围之内，比较活跃的，值得我国参照的有 3 个城市群，那就是东京、纽约和旧金山。实际上在借鉴这些城市群发展的过程当中，我们可以看到它们走过的身影是我们长三角一体化进程当中值得借鉴的。

比较世界三大湾区城市群，可以发现国际化的实业、创新化的功能区、网络化的基础设施、统一的区域治理机制十分重要。党的十九大之后，已经由高速增长转向高质量发展，以城市群为主题，空间布局优化，要素集聚作用将更加突出，这有利于我国的质量变革、效率变革、动力变革，这是提升区域竞争力的必然选择。

在诸多城市群当中，长三角城市群以南通为北、以宁波为南，以南京、苏州、杭州拱卫上海，实际上更具有竞争力。上海不仅是全球的金融中心，也是改革开放的窗口型城市，拥有巨大的资本优势和政策红利，扬子江城市群为上海提供了广阔的经济伏地，特别是苏州、南京是先进制造业的中心，苏南五市又是“中国制造 2025”的试点示范城市，当然还有杭州、宁波这样一些“一体两翼式”的上海大湾区，有利于构建协同发展的城市群。

为了确保城市群战略的顺利落地，我们需要把解决地域分割严重、城市职能定位不清晰、协同发展制度成本比较高的困难上升为国家战略，这个战略为苏州高质量发展带来重大的机遇。江苏也提出要牢记习近平总书记对江苏为全国发展探路的嘱托，找准定位、优化路径，积极作为，争改革开放之先，争协调发展之优，扬实体经济之长，补交通体系之短，来抓紧推进江苏省参与长三角一体化发展，实现基础设施一体化、区域市场一体化、社会治理一体化、公共服务一体化，来加强系统研究，把自己能做的事情更好、更加积极有效地做起来、做到位，来更好地推进和支持一体化的发展，努力在长三角地区更高质量一体化发展中走在前列。

内外环境的演变也是苏州高质量发展所要面临的挑战。所以针对苏州经济发展的现状，如何趋利避害推进高质量发展？最关键的几个方面如下：

第一，突出创新驱动。创新可以写在纸上，实际上应写在心上，我觉得苏南人在20世纪80年代这么差的环境下，利用上海的企业家、技术的优势，让苏州经济的发展成为了全国的标杆。当中看到了苏州创业、创新的身影，在新的阶段，要想把苏州制造向苏州创造转变，苏州速度向苏州质量转变，苏州产品向苏州品牌转变，必须有信心、有耐心、有定力地抓好自主创新。

第二，拓展市场空间，做大市场规模，确立行业地位，为高质量发展提供量的支撑。苏州今天成为全国人民的标杆，就是因为它有量的支撑。在量的基础上怎么提升，需要把握机遇，让更多的企业以全球的视野来布局发展空间。苏州的一些企业，实际上已经在全球布局。当然，如何把它们在苏州的根留住，把它的品牌价值发扬起来，思考、发挥的空间还很大。

第三，以长三角区域一体化发展上升为国家战略为契机，来营造制度环境。区域一体化并不是向谁靠拢，更多的是对接自贸区、自贸港，充分利用一体化的政策优势，这方面有巨大的空间。发挥区位优势，建设一体化的示范区，探索先行先试的方案，对接一系列的硬件设施和软件的体制，真正实现人才体制上的一体化，并强化创新驱动，在鼓励创新的制度上有所突破。

（资料来源：《苏州日报》，2018年12月11日，南京大学商学院院长、江苏省政府参事沈坤荣）

案例七　高质量发展典范，为什么是长沙?

“跑疯了!”

2001 年，长沙的经济总量只有 728 亿元，2018 年跳动到 11003.4 亿元，增幅高达惊人的 1411%。

从 2005 年到 2018 年，长沙经济总量从全国排名第 28 位跃升到第 14 位，上升幅度排在全国第一。

不沿海、不沿江、不沿边，长沙把区位劣势变成发展优势，成为省会城市竞争和全国区域经济格局上的成功“逆袭者”。

为什么是长沙?

“跑疯了”

作为中部省份的一个普通省会城市，长沙近 20 年的发展增速，完美地缔造了“另一个深圳”。

与 2017 年首次跻身“万亿俱乐部”的惊喜相比，长沙在 2018 年制造的“黑马传奇”还在继续。这个一直低调的中部省会城市，已经无法遏制住高调的曝光率。

追溯长沙的崛起之路，2005 年是一个绕不过去的年份。这一年夏天，无数人的平静生活被一档选秀节目《超级女声》所打破，全国各地的“玉米们”用每条 1 元钱的短信价格，将湖南卫视捧到了全国地方电视台的王者地位。

但与芒果台的辉煌相比，2005 年的长沙略显低调。经济总量刚过 1500 亿元，在全国省会城市中排名第 12 位，全国城市排名第 28 位，离中部“老大哥”武汉还有一定差距。

2006 年，长沙开始步入发展快车道，向上的势头十分明显。这一年长沙全年实现生产总值 1790.66 亿元，比上年增长 14.8%，增幅比全国快 4.1 个百分点。

之后 5 年，长沙以连续 5 年超过 14.5% 的增幅，领跑全国。2011 年，长沙经济总量跨过 5000 亿元关口，经济发展迈上新台阶。

当时间快速划过到 2017 年，长沙经济总量突破万亿元，并且赶超了苏南明星城市无锡，跃居全国城市第 14 位，省会城市第 6 名。

12 年间，长沙从全国排名第 28 位跃升到排名第 14 位，14 位的上升幅度，排在全国第一。

2001 年，长沙的经济总量只有 728 亿元，2018 年跳动到 11003.41 亿元，增幅高达惊人的 1411%，在全国 41 座重点城市中排名第四，外界称长沙“跑疯了”。

长沙跃飞的 12 年，相继赶超了福州、长春、石家庄、郑州、济南、沈阳等省会城市，成为区域经济格局上的成功“逆袭者”。

就省会城市而言，南京正在成为长沙下一个赶超的目标。2018 年，二者的差距是 1800 亿元左右。

经济实力的增强，也让长沙在中部有了叫板“老大哥”武汉的底气。

2001 年，长沙经济总量仅为武汉的 54%，但到了 2018 年，占比已高达 74%。转眼一瞬间，长沙从只能站在一边艳羡武汉，摇身一变，成了中部“新贵”，正在不断向中部地区领头羊发起冲击。

但要冲击武汉的“老大哥”地位，首先是长沙要成为国家中心城市。2017 年，长沙在向建设国家中心城市的目标上又“迈进一步”。经济首位度达到 29.9%，居全国第 11 位，在经济总量前 10 位的省会城市中，长沙经济首位度低于成都、武汉、西安，高于广州、杭州、南京、郑州，对湖南的引领作用愈加凸显。

“十年前，长沙还在为挤进全国经济实力城市二十强而苦苦努力。如今，平添了与全国前十强‘掰手腕’的底气和勇气。”湖南省社会科学院经济研究所副所长杨顺顺分析说。

“抢风口”

2005 年之所以是长沙的一个特殊年份，还因为在这一年里，历史的天平已经眷顾，并倾斜于这个拥有 3000 多年璀璨历史的文化名城。

在国家战略层面上，“中部崛起”战略得到大力推进。2005 年起，包括湖南、山西、河南、湖北、安徽、江西在内的中部六省，作为中国版图的脊梁位置，开始从“坍塌”走向“崛起”。

在中部崛起的十年中，武汉、长沙、郑州和合肥四个省会城市成为国家战略风口下的受益者，均进入全国视野中的发展快车道。

2015 年 4 月，国务院批复实施《长江中游城市群发展规划》，长江中游城市群（简称“中三角”）正式成为国家战略层面的四大超级城市群之一。长株潭城市群作为长江中游城市群重要组成部分，一轮新的发展空间由此打开。

长沙在这个风口中抢占了先机。承接长沙经济发展主战场的湘江新区，成为全国第 12 个国家级新区，同时也是中部地区首个国家级新区。有专家认为，“湘江新区”之于中部的战略意义，一如当年的浦东新区之于长三角。

实际上，回看这一轮中部崛起，长沙拥有湘江新区，郑州有郑东新区，合肥有滨湖新区，南昌有红谷滩新区，武汉则有东湖新区，这些新区成为中部崛起过程中，带动城市区域发展不容忽视的力量。

国家战略赋予湘江新区的定位，是高端制造研发转化基地和创新创意产业聚集区。事实上也确实如此，湘江新区拥有 40 多名院士、30 多所大中专院校的大学科技城；还有国家超级计算中心（长沙）等 120 多个国家级技术创新平台。

在长沙市第十三次党代会报告中，也将三个国家级的战略中心作为未来五年发展的新目标——国家智能制造中心、国家创新创意中心、国家交通物流中心。而把创新创意上升为国家级中心的，放眼全国，也只有湖南人才敢这样喊。

早在 2008 年，中部崛起战略启动 3 年之后，湖南的文化产业逐步形成以长沙为重点的文化产业中心区和京广线、潇湘片、大湘西三个特色文化产业带。一个以旅游业、会展业为两翼，广电、出版、报业、娱乐为四轮的湖南文化产业航母在全国率先崛起，成为湖南的新兴产业支柱。2017 年 11 月 1 日，长沙从全球多个城市中脱颖而出，成为中国首座获评世界“媒体艺术之都”称号的城市。

除了一向领先的文化“轻”产业的长板之外，长沙的“重”产业同样风生水起。这直接体现在长沙发展思路与国家战略的同频共振上。当国家大力推动沿海制造业向内陆地区转移时，长沙的发展思路是“加速推进新型工业化，全面提升经济竞争力”。

作为这个思路的代表作，长沙培植了四大千亿级产业集群，即以三一重工、中联重科为代表的装备类产业；以比亚迪、菲亚特为代表的汽车类；以远大住建为代表的材料类；以湖南中烟、旺旺为代表的食品类。并且，新兴产业也开始大放异彩。北斗产业、3D 打印正成为长沙产业发展中的“新名片”，产业增速均超过 50%。在机械制造产业集群的带动下，2017 年，长沙规模以上工业增加值排名全国省会城市第四位，仅次于广州、武汉、成都。

产业上的强势与长沙交通的通达密切相关。近代史上，长沙的第一次腾飞便得益于粤汉铁路；当高铁时代来临之后，京广、沪昆两条连接中国南北、东西发展的黄金高铁，在长沙形成“十字交汇”，长沙也因此成为中国陆运时代的一大节点。

不仅陆路交通占优势，长沙黄花机场还是中部地区年客流吞吐量最大的机场。作为国内第五个、中部第一个跻身“国际三星机场”名录的机场，客运量上已连续 6 年领跑中部。

手握新特区牌子，推进长株潭一体化，“轻”“重”产业优势，十字交通汇点铸就了长沙如今的实力。

“新湘军”“惟楚有才，于斯为盛”

历史上，湖南人外出创业打拼，形成的“湘商”更是成功跻身全国新十大商帮之一。如今，人才的回流，预示着长沙的宜居宜业环境在强势反弹，长沙也连续9年入选“全国最具幸福感城市”。

与其他省会城市相比，长沙在房价等民生问题上的步伐相当稳健，当别的城市忙着一头扎进房地产生意经的时候，长沙在“击鼓传花”的风气中抵挡住了诱惑，房价增长速度远远低于经济发展增速，一直被公认为全国省会城市里房价“永恒的洼地”。

2018年6月，湖南日报曾连续推出5篇促进长沙房地产市场平稳健康发展的“晨风”系列评论文章。长沙市旋即出台楼市调控政策，全面打响“反炒房”攻坚战，坚决落实“房住不炒”的定位。最终，浇灭了楼市“骚动”的火苗。

10年来，长沙的房价收入比在全国35个主要城市中最小，房价最为合理。这样的“房价洼地”为更多人才选择长沙，留在长沙，打开了“机会大门”。

统计数据显示，2016年四季度至2018年一季度，在全国15个重点城市的人才净流入率排名中，长沙人才净流入率排名第二。2016年，在全国城市人才净流入占比排名中，仅次于杭州。2017年，长沙常住人口增量为27.29万，仅次于深圳、广州和杭州，是武汉和成都的两倍，南昌的三倍。而常住人口增速为3.57%，高居全国第二，仅低于深圳。

人才涌进的背后是长沙揽才计划的大手笔。2017年8月，长沙推出“人才新政22条”，成为国内少数将补贴对象由博士、硕士扩大为全日制本科生的省会城市，推行“先落户后就业”，一旦落户并在长沙工作即可享受最低6000元/年的生活补贴与租房补贴。

毫无疑问，人口将成为二线城市快速崛起的红利。在这一轮崛起中，比拼的不仅是抢人的诚意，更是思想解放的魄力与改革开放的力度。

这与湖湘文化十分契合。坐等，画饼，这些都不是湖南性格的秉承，也不是求贤若渴的写实。放开思路，广开大门，用真心实意和真金白银来为湖南打造一支强有力的人才“新湘军”，已是湖南正在做的事情。

长沙对外敞开进贤之门，对内向市场要红利，进一步释放市场活力。截止到2017年末，长沙每千人拥有市场主体数量103个，和杭州接近，超过京沪，每千人新增市场主体为23个，居全国第八位。

人口、市场释放出的红利，让长沙消费型城市日益成熟，成为越来越多大品牌布局中部的战略要地。

在阿迪达斯近期发布的2020年大中华区规划中，长沙是中国市场发展的23

个“核心城市”之一；无印良品把中国面积最大的标准店开进了长沙步步高梅溪新天地；香港九龙仓集团投资的长沙国际金融中心，属于湖南第一高楼、长沙新地标；亚马逊则将AWS联合孵化器湖南区域总部放在雨花区；沃尔玛、德国卓伯根家居则在湘江新区设立区域总部……

2018年，长沙经济总量突破11000亿元。有人说长沙是改革开放40年进步最大的省会城市，而现在人们最关心的是，这匹“黑马”还会在逆袭的道路上抛出怎样的经济曲线？

这是属于“黑马”长沙未来的想象空间。

（资料来源：《决策杂志》，2019年第1期，赵治国）

案例八　黄钦[①]描述高质量发展的"无锡内涵"

中共十九大高举习近平新时代中国特色社会主义思想伟大旗帜，描绘了中国特色社会主义现代化建设美好蓝图，做出了我国经济已由高速增长阶段转向高质量发展阶段的重大判断。

当前，无锡经济已经站在万亿级的新平台上，唯有高质量发展方能稳中有进；高水平全面建成小康社会仍然存在差距，唯有高质量发展方能补齐短板；人民群众对美好生活的需要日益增长，唯有高质量发展方能更好满足。我们必须把高质量发展作为当前和今后一个时期谋发展、抓发展的根本要求，用高质量的发展实践全面落实新发展理念，用高质量的发展实效不断满足人民美好生活需要，用高质量的发展实绩交出优异的新时代发展答卷。

让产业结构加快调高调优，让改革开放不断拓深拓广

推动高质量发展，就是要让无锡的改革开放不断拓深拓广。高举改革开放大旗，对无锡的改革开放再谋划、再部署，推动改革开放全面深化，努力在改革开放上迈出更大步子、取得更大突破。深化改革，关键要加快营造与高质量发展相适应的体制政策环境，通过深化供给侧结构性改革、"放管服"改革、国有企业改革，充分激发全社会创造力和发展活力。深化开放，关键要拓展发展空间，主动融入国家"一带一路"建设，通过引资引智引技、培育贸易新业态新模式、创新对外投资方式，提升对外开放的质量和水平。

让城乡区域趋于协调协同

推动高质量发展，要让无锡的城乡区域趋于协调协同。积极构建城乡区域协调发展新机制，下好全域规划"一盘棋"，统筹打造"一轴一环三带""一体两翼两区"和"一城两核三片六组团"的总体空间布局，以锡澄锡宜一体化为重点加快推进各区域互联互通的重大交通基础设施建设，加大老城更新改造力度，完善太湖新城开发建设体制机制，积极推进农村各项制度改革，加快形成城市农村共兴、一体两翼共进、各个板块共荣的城乡区域发展新格局。

---

① 黄钦，中共无锡市市委书记。

让生态环境更加宜居宜人

推动高质量发展，要让无锡的生态环境更加宜居宜人。坚持经济、生态合成“一本账”算，推动政府、社会拧成“一股劲”干，统筹推进环境保护、污染治理和生态修复，围绕治水、治固废、治气三大重点深入开展“263”专项行动，推行绿色生产方式，推动太湖生态保护圈、江阴长江生态安全带、宜兴生态保护引领区建设，推进山水林田湖草系统保护修复，健全完善生态保护体制机制，做到面子里子共治、经济生态双赢，让绿色成为高质量发展的最美“底色”。

让百姓生活过得有滋有味

推动高质量发展，要让无锡的百姓生活过得有滋有味。自觉践行以人民为中心的发展思想，做好民生大事，围绕民生重点领域每年办好一批重大民生实事项目；解好民生烦事，方便群众工作和生活；抓好民生难事，精心精准做好低收入人员、经济薄弱村的脱困转化工作；办好民生急事，建立健全困难群体和低保边缘户家庭“救急难”工作机制；高度重视文化事业发展和精神文明建设，深入推进平安法治建设，让发展成果有更多“民生含量”、发展成效有更高“幸福指数”。

推动高质量发展，必须凝聚全市上下的智慧和力量。全市各级政协组织和广大政协委员要坚持以习近平新时代中国特色社会主义思想为指导，广泛联系团结各界社会力量，共同为实现高质量发展不懈奋斗。要进一步提高政治站位，强化“四个意识”，树立“四个自信”，坚决维护以习近平同志为核心的中共中央权威和集中统一领导。要进一步服务发展大局，聚焦市委市政府关注的重点问题、社会关心的热点问题、群众关切的堵点问题，多为广大百姓讲真话、多为党和政府进诤言、多为改革发展谋良策。

新的一年，无锡将紧紧围绕当好全省高质量发展领跑者目标定位，全面落实省委十三届五次全会和省“两会”部署要求，提振精气神、整装再出发，打好高水平全面建成小康社会决定性基础、夺取“强富美高”新无锡建设关键性胜利，努力交出高质量发展新答卷，为江苏走在全国高质量发展前列作出新贡献。

交出高质量发展新答卷，就是要让无锡经济运行和发展态势更稳。推进工业企业资源利用绩效评价，实施系列减负政策，加大补短板和化解政府性债务力度，把供给侧结构性改革“巩固、增强、提升、畅通”要求落到实处。抓牢重大项目，推动99个投资超10亿元重大产业项目落地见效，推进交通、民生、生态等领域重大项目建设；优化消费环境，促进实物消费提档升级、服务消费扩容升级，增强消费拉动力；推动出口市场多元化，高水平建设国家跨境电商综合试验区。

交出高质量发展新答卷，就是要让无锡创新活力和转型动力更强。坚定实施创新驱动核心战略和产业强市主导战略，聚力高端发展、创新发展、集群发展、融合发展、协同发展，实施新一代信息技术、智能制造、现代服务业三年行动计划和创新型企业倍增计划、太湖人才计划升级版2.0，发展数字经济、枢纽经济、总部经济，创建国家物联网创新中心等重大平台，打造国内一流、具有国际影响力的现代产业、科技创新、人才发展高地。

交出高质量发展新答卷，就是要让无锡生态质量和人民生活更好。坚决打好污染防治攻坚战，深入推进太湖治理和河道综合整治，巩固提升大气污染综合治理攻坚行动成果，全面完成固废处置设施建设三年计划任务。打好精准脱贫攻坚战，促进社会事业提质发展，下决心办成一些看似办不成但经过努力可以办成的事，下功夫办成一些多年没有办成但应该办成做好的事，不断提高人民群众获得感、幸福感、安全感。

交出高质量发展新答卷，就是要让无锡政治生态和干事环境更优。认真落实新时代党的建设总要求，坚持以政治建设为统领，全面推进党的建设各项工作，努力打造敢于担当作为的高素质干部队伍，进一步激励全市上下求真务实、开拓奋进，更好凝聚起推动高质量发展的强大合力。

（资料来源：国是智库研究部研究成果；《江南晚报》，2018年1月7日，高美梅）

案例九　筑牢基石　谱写高质量发展“南昌篇章”

这是一个必须乘势而上、勇立潮头的新时代。

当今世界，新一轮科技革命和产业变革浪潮席卷而来。对于一个地区而言，着眼高质量发展，抢抓新一轮产业变革和技术革命的时代机遇，不断强化创新“第一动力”，成为必然的选择。

南昌市委十一届五次全会提出，必须牢固树立高质量发展理念，找准高质量发展抓手，落实高质量发展要求，不断提高南昌发展质量和效益，为做大做强做优大南昌都市圈提供强力支撑。

新时代呼唤高质量发展，高质量发展是南昌经济破浪前行的不二航道。

2018 年以来，南昌全市上下深入推进供给侧结构性改革，大力破除低端无效供给，着力培育创新发展新动力，为推动高质量发展创造更多有利条件。新产业、新业态、新模式积极推进，实体经济向产业链和价值链中高端迈进步伐坚实，“三新”经济快速发展，日益成为支撑经济提质增效的重要力量。另外，随着转型升级的有效推进，实体经济逐渐回暖，企业经营效益明显回升，经济增长向质量效益型转变更加坚定。

突出重点　助推产业升级“第一关键”

企业兴，则经济兴；产业强，则经济强。

2017 年，全市产业发展推进大会上，市委、市政府提出“一核两重”产业发展战略，吹响了“强攻产业、决战工业”的号角；市委十一届四次全会再次明确要“继续大抓产业、抓大产业”。全市上下认真贯彻、强力推进，争先恐后抓产业、比学赶超推项目的氛围持续高涨，产业发展和项目建设的速度持续加快，产业结构持续优化。

据统计，2018 上半年，全市规模以上工业增加值同比增长 9.5%，不仅继续保持全省第一，而且比 1～5 月又提高了 0.2 个百分点。新产业枝繁叶茂，是上半年南昌经济的靓丽风景。优质供给加快孕育，特别是体现转型升级方向的新产业、新产品表现突出，为全市工业经济较快增长提供了有效支撑。一是工业新产品快速增长。智能制造、新型材料和高端电子信息领域的产品产量强劲增长，智能手机、光电子器件、光缆、新能源汽车产量分别同比增长 35.4%、39.3%、65.3%和 52.1%。二是新兴动能持续增强，全市重点打造的八大产业中，电子信息、现代轻纺、机电装备制造产业增加值增速较快，分别同比增长 18.0%、

10.7%、17.5%；装备制造业和高技术产业增加值分别同比增长10.6%和10.9%。

以互联网、云计算、物联网等为代表的信息技术飞速发展，电子商务与实体经济深入融合，网购方式更加便捷多样。数据显示，上半年，全市批发和零售业通过公共网络实现商品零售额增长38.5%，高于全市限额以上消费品零售额28.3个百分点。网购消费需求的强劲表现，带动了快递业务快速增长。上半年，全市邮政业务总量为27.15亿元，同比增长48.2%，高于去年同期16.3个百分点。“互联网+”正日益融合于经济各行业领域，不断催生新商业形态的同时，也推动了互联网服务业的创新。1~5月，全市规模以上服务业中软件和信息技术服务业、互联网和相关服务营业收入增速迅猛，分别同比增长14.8%和42.4%。

把握方向　抓住创新发展“第一动力”

“发展是第一要务，创新是第一动力。”以更实的举措推动经济高质量发展，必须抓住创新驱动这个“牛鼻子”。

近年来，南昌市把推进国家创新型城市建设摆在突出位置，大力推动战略性新兴产业发展，创新基础不断夯实，创新环境切实优化，创新能力得到提升。

南昌坚持以实施科技创新“六个一”工程为动力，突出产业的核心地位，大力发展战略性新兴产业，加快构建市场潜力大、创新能力强、科技含量高、能够提升城市综合竞争实力的现代产业体系。同时，突出企业主体作用，持续优化城市硬环境，大力提升城市规划、建设、管理水平。

2018年，南昌新认定国家高新技术企业318家，总数达619家，较2016年增长42%，占全省总数的29%；完成技术合同登记额42.8亿元，同比增长9.38%；成功获批建设中国（南昌）知识产权保护中心；新增国家企业技术中心1家；新增省级重点实验室1家、省级工程技术研究中心4家。同时，国家“两创”示范城市建设成果丰硕。科技成果只有转化应用，才能更好发挥作用、带来效益。近年来，南昌市加快建立科技成果转化平台，畅通科技成果转化通道，着力解决科技成果转化“最后一纳米”问题，最大限度地让科研成果落地生根、开花结果。

数据表明，2017年，南昌重大科技攻关项目立项7项，重大科技成果转化项目立项5项，涉及科技专项经费2100万元；重点科技成果转化项目验收16项，涉及科技专项经费914.29万元；科技“小巨人”计划验收10项，涉及科技专项经费700万元；实施知识产权转化项目验收26项，涉及经费460万元。科技项目的安排，促进了一大批科技成果在南昌市的转化运用。

夯实基础 积极用好人才“第一资源”

人才是创新的根基，创新驱动实质上是人才驱动，谁拥有一流的创新人才，谁就拥有了科技创新的优势和主导权。以更实的举措推动经济高质量发展，必须抓住人才这个“第一资源”。

近年来，围绕“人才强市”发展战略，南昌以实施“洪城特聘专家计划”“洪城计划”“洪城海鸥计划”以及“211”企业经营管理人才培训计划等人才引进培育项目为引领，大力引进国内外“高精尖缺”人才，培养本土急需人才，取得了明显成效。2017 年，南昌市出台并实施的“洪城海鸥计划”既涵盖外国专家引进，又拓展到海外留学人才的引进，共引揽海外高层次创新人才 120 人。与此同时，南昌市还通过在全国高校聚集地开展“洪城智汇招聘行”活动，为重点企业招牌硕士以上学历高层次人才 88 人、高技能人才 111 人。

2018 年 5 月，南昌以深化人才发展体制机制改革为主线，使出更多的硬招实招，拿出更多的“真金白银”，推出了一系列更有针对性、更有特色、更有吸引力的“人才新政”——《关于实施“天下英雄城　聚天下英才”行动计划的意见》，明确提出未来五年将安排 100 亿元人才发展经费，通过体制机制创新，聚集 100 名国内外顶尖人才和国家级领军人才，500 名地方级领军人才，2000 名重点产业紧缺急需人才和社会事业紧缺急需人才，新增 10 万名技能人才，吸引 50 万名青年人才在昌创新创业。

相信随着南昌人才新政五年计划的实施，南昌必将成为吸引人才的“磁力场”、人才发展的“梦工厂”、人才生活的“温馨港”。南昌积累的人才优势，也必定会转化为科技优势、创新优势、产业优势，从而助推南昌跨越发展。

编者评：扫除“绊脚石”实现高质量发展

无论是从数据分析，还是从形势判断，目前，南昌经济转向高质量发展的特征更趋明显。然而，企业总体研发投入偏少、人才资源储备不足等问题仍是阻碍南昌发展的“绊脚石”，这意味着我们推动经济高质量发展的任务极为迫切，更为艰巨。

实现南昌经济高质量发展，必须牢牢抓住产业升级这个关键。要始终坚持“一核两重”的产业发展思路，紧紧围绕主导产业、优势产业和潜力产业，积极探索转型升级路径，着力打造大体量、高效益、有影响的产业集群。

实现南昌经济高质量发展，必须牢牢抓住创新这个“牛鼻子”。要把创新摆在核心位置，加快形成以创新为引领的现代经济体系，把科技创新聚焦到推动高质量发展上来，让企业成为科技创新、研发投入、成果转化的主体，着力培育一批拥有市场主导权、代表南昌形象的领军科技企业。

实现南昌经济高质量发展，必须抓住人才这个“第一资源”。要深入实施“人才强市战略”，积极深化人才发展体制机制改革，着力优化人才发展环境，把南昌打造成为吸引人才的“强磁场”，为做大做强做优大南昌都市圈提供强大智力支撑。

（资料来源：国是智库研究部研究成果；《南昌日报》，2018 年 8 月 10 日，吴浣、成奔）

案例十　海口：全域开放旅游“向外走”

在全域旅游时代，旅游从封闭的自循环向开放的融合发展方式转变，也从景区“内”走向景区“外”。海口旅游正是如此。

近年来，海口旅游产业加速与农业、林业、文化、体育等产业的融合，跨界整合新业态，推进“旅游+”“+旅游”持续升级，让全市城乡处处充满旅游元素，满足市民游客日益增长的旅游新需求。

延长链条　新需求逐步满足

2019年1月17日，海口至马来西亚古晋航线正式开通，这是海口今年新开的第一条国际航线。

2018年，海口新开10多条国际航线，强势拉动国际游客增长，全年全市累计接待入境过夜游客261296人次，同比增长43.62%。

而随着国际航线增多，海口的星级酒店、餐馆饭店、大街小巷的“洋面孔”多了，这也对海口旅游业发展提出了更高要求。专注接待俄罗斯游客的海南珠江国际旅行社相关负责人张丽娟表示，这就要求旅游业加大与相关行业的融合，推出更多的新产品，满足国际游客的不同需求。

“近些年，海口推出湿地公园、夜市、理疗体验等，给国际游客提供了更多的旅游选择。”海口市旅游发展委员会相关负责人表示，还将进一步深入挖掘旅游与文化资源，培育更多适合国际游客的旅游线路和特色旅游、文化产品。还将加大城市旅游化、国际化改造，完善道路交通、标识标牌、外币兑换、外卡消费、外语服务等便利化服务，提高国际接待水平。

融合裂变　新业态层出不穷

海口作为滨江滨海城市，亲水运动被看作是全民健身的一块“金字招牌”。海口市国家帆船基地公共码头可以提供游艇出海观光、摩托艇体验、皮划艇体验、冲浪板体验等观光体验及休闲运动，自开放以来，每天有大批市民游客前来体验。

近年来，海口加快推进高端旅游产品建设，依托观澜湖旅游度假区、桂林洋国家热带农业公园、长影“环球100”、海口帆船帆板训练基地等重点项目，实施“旅游+”和“+旅游”，深度打造富有特色的旅游产品体系，加快培育和发展邮轮游艇等旅游新业态。

由海榆中线一路向南，过了永兴镇，就到达橄榄树掩映下的冯塘绿园。每逢节假日，来此采摘蔬菜瓜果、玩游戏、体验乡村美食的市民游客总是络绎不绝。冯塘绿园因冯塘古村而兴，企业在保护性开发中重点发展乡村民宿，打造独具特色的共享农庄，“旅游+”“+旅游”焕发新生机。

在推进全域旅游过程中，海口因地制宜，用心经营乡村，大力实施“民宿+”战略，把有海口地方民俗味、乡土味、人情味的美丽乡村、主题民宿提升成为海口新的旅游吸引物。

净化市场　新环境喜迎客来

在推进全域旅游中，海口不断优化旅游消费环境，提升旅游信息化水平，提高旅游服务质量。强化联合执法，加大行政处罚力度。针对“不合理低价游”，充分发挥旅游市场执法主体作用，加强与交通、公安、物价、工商等部门的协同联动，共同开展专项整治行动。2019 年以来，海口市旅游发展委员会接连发出行政处罚事先告知书，对违规违法的 5 家旅行社进行处罚，其中最高的罚款金额为 10 万元。

“针对海南建设自由贸易试验区的新形势，2019 年将坚持严管重罚、保持市场监管高压态势，规范旅游企业依法经营。”海口市旅游质量监督管理所负责人表示，根据市场区域特点，有针对性地对集中区域经营的旅行社进行集中约谈。同时，坚持日常检查、巡查、暗访和专项治理相结合，与旅游警察、旅游工商开展广泛联合执法。与周边地区开展市场执法监管互动，从源头上治理旅游市场低价游乱象。对失信黑名单企业实行公示和曝光，促使旅游企业诚信经营，提高服务质量。

（资料来源：《海口日报》，2019 年 3 月 21 日，海闻）

案例十一　三亚：在全域旅游背景下建设国际旅游消费中心

三亚是我国唯一同时具有热带雨林和热带海洋风光的城市，可以说三亚发展旅游业不仅是发展的需要，也是生存的需要，没有旅游业就没有三亚市的今天。

三亚目前有旅游景区 18 家，其中包括 3 家 5A 级景区、6 家 4A 级景区和 4 家 3A 级景区；拥有 17 家国际知名酒店管理集团，35 个酒店品牌。没有高标准就吸引不了游客。

三亚市是目前全国酒店盈利能力最强的城市之一。2018 年，三亚酒店的平均入住率达到 71.76%，共接待 2248 万名游客。2018 年，三亚凤凰国际机场接待人数突破了 2000 万人次，三亚是全国唯一一个机场接待量达到这个数字的非省会地级市。三亚凤凰国际机场在全国机场排第 22 位。2018 年，三亚市接待入境游客约 82 万人，同比增长了近 20%。三亚自然资源条件好，但“天生丽质”并不等于就能把旅游业做好，三亚旅游业发展很重要的一点就是加强全域旅游建设。

海南省委常委、三亚市委书记童道驰多次强调指出，三亚作为海南省建设国际旅游消费中心的“要塞”和桥头堡，在全域旅游背景下，举全市力量推进建设国际旅游消费中心先行区，积极探索消费形式转型升级。

三亚市市长阿东强调指出，三亚市将紧紧围绕建设国际旅游消费中心引领区这一核心目标，创新体制机制，不断优化发展环境，进一步开放旅游消费领域，积极培育旅游消费新业态、新热点，提升高端旅游消费水平，推动旅游消费提质升级，努力打造业态丰富、品牌集聚、环境舒适、特色鲜明的世界级滨海旅游城市。

当前，三亚加快国际旅游消费中心先行区、引领区建设的步伐，积极推动旅游产业向高端化、国际化转型升级，在国际航线的开拓、文旅重点项目建设以及高端旅游产品供给等方面多点发力，着力打造业态丰富、品牌集聚、特色鲜明、环境舒适的国际旅游消费胜地。

目前，三亚正在不断完善基础设施的建设，比如，在解决交通问题方面，三亚正在全力推进建设第二机场，改造高速公路，建设城际铁路等基础设施建设。同时，未来三亚还将建设智慧城市，旅游可以通过大数据分析，按需配套。为了做好服务，三亚也将在教育和医疗上下功夫，打造国际化的服务水平。吸引更多优秀的企业、人才和高端消费人群来三亚。

为了贯彻“推动海南建设具有世界影响力的国际旅游消费中心，是高质量发展要求在海南的具体体现”重要精神，落实中央全面深化改革委员会第五次会议审议通过的《海南省建设国际旅游消费中心的实施方案》明确的发展目标和任务，三亚市将紧紧围绕建设国际旅游消费中心引领区这一核心目标，创新体制机制，不断优化发展环境，进一步开放旅游消费领域，积极培育旅游消费新业态、新热点，提升高端旅游消费水平，推动旅游消费提质升级，努力打造业态丰富、品牌集聚、环境舒适、特色鲜明的世界级滨海旅游城市。

为了将三亚打造成国际旅游消费中心，三亚市采取了以下举措：

第一，拓展旅游消费发展空间，构建丰富多彩的旅游消费新业态，全面提升旅游消费供给质量。

一是打造全球免税购物中心和时尚消费中心。实施更加开放便利的离岛免税购物政策，打造全球免税购物中心。将乘轮船离岛旅客纳入离岛免税政策适用对象范围，实现各种交通方式离岛旅客全覆盖。适当提高离岛免税政策免税限额，进一步增加免税商品品种，力争增设 2 至 3 家免税店。

建设全球时尚消费中心，满足高端个性化消费需求。吸引全球时尚高端消费品牌入驻，鼓励设立品牌代理总部或地区总部。建立时尚高端消费品发布、定制和展示交易中心，吸引独立设计师品牌、大师工作室、艺术研究机构及时尚营销机构集聚，带动时尚潮流资讯传播和时尚产品消费。

二是丰富提升国际旅游产品供给。拓展邮轮旅游，开通跨国邮轮旅游航线，邮轮港口开展公海游航线试点，加快三亚向邮轮母港方向发展。发展游艇旅游，放宽游艇旅游管制，对境外游艇开展临时开放水域审批试点，推动琼港澳游艇自由行。稳步发展低空旅游和海岛旅游，探索在适宜的景点景区、特色城镇开展热气球、直升机、水上飞机等通航观光体验和翼装、滑翔、跳伞等航空运动，有序推进西沙旅游资源开发，稳步开发海岛游。

三是培育旅游消费新业态。建设一流的国际旅行卫生保健中心，为出入境人员提供高质量的国际旅行医疗服务。努力打造中外文化交流展示中心，聚合中国文化和东南亚、南亚文化在三亚展示，形成一个中外文化交流展示和国内外游客体验的大平台。鼓励发展沙滩运动、水上运动、赛马运动等项目，建设太极文化、潜水、冲浪等国家体育训练基地和省级体育中心，打造国家体育旅游示范区。加快发展全域旅游，大力推进“旅游 +”，打造创意产品、体验产品、定制产品和各类旅游新业态，全力推进“十镇百村”建设，打造一批精品旅游景区和旅游度假区。

第二，提升旅游消费服务质量，创建国际一流的旅游消费环境，打造智慧型国际消费集聚区。

高标准布局建设具有国际影响力的大型消费商圈，完善“互联网 +”消费生态体系，鼓励建设“智能店铺”“智慧商圈”支持完善跨境消费服务功能，实现“互联网 +”消费生态体系。

推进旅游公共服务设施建设，实施旅游咨询服务国际化提升工程，加大旅游厕所建设力度。积极推进旅游 APP 监管服务平台建设，加强旅游大数据的采集与应用。实行旅游领域信用“红黑名单”制度，引导企业诚信守法经营，惩戒旅游市场失信行为，实现信用监管。与知名交易平台合作，推进建立“口碑三亚”。

第三，对接国际化消费理念和消费模式，提升旅游消费要素的国际化水平，建设世界知名的旅游消费目的地提升旅游市场主体国际化水平。

鼓励旅游企业优化重组，支持符合条件的企业上市融资，促进旅游产业规模化、品牌化、网络化经营，形成一批具有国际竞争力的旅游集团。鼓励注册符合条件的中外合资旅行社从事除台湾地区以外的出境旅游业务。加快建立与国际通行规则相衔接的旅游管理体制，推动企业开展国际标准化组织（ISO）质量和环境管理体系认证，提升企业管理水平。对标国际海岛旅游胜地，全面提升以旅游产业为核心的城市国际化水平。

一是提升国际游客通达便捷化水平。加快提升旅游国际通达度，重点开通直飞“一带一路”参与国家和地区的航线，探索在国内枢纽机场设立“海南入境游客免签中转服务区”，到 2020 年境外直飞航线达 50 条。及时总结 59 国入境旅游免签政策实施效果，为进一步扩大免签创造条件。

二是提升旅游人力资源国际化水平。其一是构建更加开放的引才机制。鼓励社会资本通过市场化方式设立旅游专业人才培养和留学生入学的专项基金，扩大高校留学生规模。通过联合办学等多种方式允许引进外籍和港澳台地区技术技能人员按规定在三亚就业、永久居留。其二是实施技能人才培训计划。积极引进境外优质教育资源，办国际大学，打造国际旅游人才蓄水池，联合培养国际化中高级专业人才。建设国际大学城，面向东南亚和世界其他各国和地区广泛招生；鼓励大学和职业学院与旅游行政管理部门、旅游协会和企业建立沟通协商机制，定期交流讨论专业设置和人才培养需求。支持符合条件的境外企业或经济组织在三亚注册经营性培训机构，引进一批国（境）外品牌培训机构。

三是提升旅游对外交往合作水平。持续举办世界小姐总决赛、澜湄国家旅游城市合作论坛、三亚国际能源论坛、三亚南山世界太极文化节、中国三亚天涯海角国际婚庆节等国际大型文体赛事；举办国际商品博览会，打造世界商品的展示中心和分销基地，吸引全世界的游客来这里消费世界的商品。办好海南岛国际电影节、ISY 三亚国际音乐节，持续引进和打造一批国际一流电影音乐节，借助各类大型文体赛事活动和论坛开展旅游营销推广。

（资料来源：国是智库研究部研究成果）

案例十二 南通："中国近代第一城"迈向"强富美"

近代，南通开风气之先，办教育、兴实业。创办第一所师范学校、第一座民间博物苑、第一所纺织学校、第一所刺绣学校、第一所戏剧学校、第一所中国人办的盲哑学校和第一所气象站，因为这"七个第一"，南通市被两院院士吴良镛称为"中国近代第一城"。

转方式调结构推动"经济强"，持续改善民生加快"百姓富"，建设生态文明，实现"环境美"，突出文化建设和社会治理，促进社会文明程度提高。站在改革开放40周年的新起点，南通积极勾画"强富美"新蓝图，朝着高水平全面建成小康社会、高起点开启社会主义现代化建设新征程阔步前进。

"天鲲号"领航，船舶工业驶向新天地

作为首批14座沿海开放城市之一，40年间南通市除旧布新、改天换地，从1978年生产总值仅为29.4亿元，到2017年全市实现地区生产总值7734.6亿元，经济总量在全国大中城市排名中跃居第18位，并在2017年中国百强城市排行榜中列第22位。

"这条船是从2016年开始建造，创新程度和技术含量都很高，制作难度也很大，目前已经基本调试结束，试航完成，预计在9月底或者10月初交付，在新中国成立69周年国庆节向祖国献礼。"在南通市启东船舶工业园的码头，振华重工启东海洋工程股份有限公司副总经理陈新华向采访的记者们介绍着面前这艘"天鲲号"。

能近距离看这艘"大国重器"，每位前来采访的记者都很兴奋，全船长140米，宽27.8米，最大挖深35米，总装机功率25843千瓦，设计每小时挖泥6000立方米，绞刀额定功率6600千瓦，是中国首艘从设计到建造拥有完全自主知识产权的重型自航绞吸船，为亚洲最大、最先进的绞吸挖泥船，风化岩、岩石、淤泥、黏土等不同土质均能绞碎，最大排距达15公里，也被称为"造岛神器"。

"天鲲号"于2018年6月12日成功完成首次试航，它的建成标志着中国疏浚装备制造进入了一个新的阶段，实现了中国疏浚装备从中国制造到中国创造的转变，并在2017年获得世界十大名船称号。

在启东中远海运海工的展厅里，项目管理部高建华经理向记者们介绍了获得2011年度国家科技进步一等奖的圆筒型超深水钻探储油平台"希望1号"，它是世界首艘圆筒型钻井平台。紧挨着"希望1号"的是一艘红蓝相间的模型。"这

艘‘希望6号’正在英国北海区域服役。”高建华指着模型说，表情异常自豪。

“天鲲号”“希望6号”只是启东海工船舶工业园值得骄傲的一部分。8个世界第一、3个亚洲第一、3个国内第一……启东海工船舶工业园正借助这些“国之重器”向“世界知名、全国一流”的海工船舶制造基地大步迈进。

科技创新推动，未来城市新核心初具雏形

创新决胜未来，改革关乎国运。科技领域则是最需要不断改革的领域，在南通，中天科技和通富微电提供了科技创新促进发展的样本。

起步于1992年，起家于光纤通信的中天科技，得益于改革开放，致力于科技创新，现已形成通信、电网、新能源、海洋系统和精工装备等多元产业格局，产品出口140多个国家和地区，获得1200多个自主知识产权的专利授权。而据中天科技海缆有限公司生产部副经理陈杰介绍，公司在改革开放前只是一家砖窑厂。

“致力于提高国产自制率，为国家自主可控信息安全作贡献”的通富微电，通过不断创新拓展，仅用20年时间同样走向了世界舞台的中央。当前，在全球封测企业排第7位，具备了与世界一流封测企业同台竞技的能力。

抓创新就是抓发展，谋创新就是谋未来。如果说中天科技和通富微电是南通科技发展的过去，那么中央创新区则代表着南通科技创新的未来。

在南通中央创新区，笔者看到正在建设中的科创中心、医学中心、南通大剧院、美术馆、紫琅湖、中央森林公园渐露真容，展现出朝气和活力。这片园区范围约17平方公里，是南通积极策应国家创新驱动战略，打造扬子江城市群协同创新示范区和上海“北大门”的重要举措，也是南通培育现代产业创新体系、推动高质量发展的现实需要。

把创新作为引领发展的第一动力，牵住了科技创新这个牛鼻子。中央创新区正在成为区域科技创新引领区、沪通创新资源合作承载区、城市转型发展示范区和未来城市新核心。

生态文明指引，各项产业遍地开花

“遨游半在江湖里，始觉今朝眼界开。”王安石在狼山观海时毫不掩饰对南通市狼山的喜爱和赞美。几百年后，狼山、军山、剑山、黄泥山、马鞍所在的五山地区及周边的长江岸线腹地，在“共抓大保护，不搞大开发”的精神指导下，正式启动了修复与保护。

“我们面前的是长江，对岸是常熟、太仓，隔着碧绿的江水看得一清二楚。”

五山及沿江地区建设指挥部工作人员在滨江片区向记者介绍说，根据规划，五山及沿江地区将通过“还山以林、还江于民”，建设“面向长江、鸟语花香”的“城市绿肺”和“生态客厅”，把本地长江岸线由生产型岸线建设为生态型、生活型岸线。

保护和修复五山及沿江地区生态是南通市推进花园城市、国家生态园林城市和国家森林城市“三城同创”的一个缩影。记者了解到，以“三城同创”为抓手，南通近两年加快产业、城市、交通“三大转型”，推动城市由外延型向内涵型、由功能型向生态型、由管理型向服务型“三个转变”，重点实施增绿、清水、畅通、便民四大行动取得成效。两年完成城建重点项目投入 462 亿元，目前竣工 537 个为民办实事项目。

生态兴则文明兴。把生态文明建设放在突出位置，经济建设、政治建设、文化建设、社会建设协同进步，南通市的各项产业遍地开花、蓬勃发展。

雄关漫道、闯关夺隘，40 年的探索、40 年的奋斗，南通人高擎改革开放的大旗，靠着一股勇气和韧劲，闯出了一片天地。新时代、新起点上，继续坚持创新引领发展、调整生产结构转型升级、突出生态文明建设，南通市定能在前进中创造风光无限的明天。

（资料来源：大众网，http：//news. dzwww. com/guoneixinwen/201809/t20180914_17844614. htm，董晓伟）

案例十三　大数据助推贵阳经济社会创新和高质量发展

贵阳市市长陈晏日前指出，当今的贵阳已如舟至中流，有了更开阔的水域，也面临着“中流击水、浪遏飞舟”的挑战。对标高质量发展的要求，我们要进一步解放思想，紧扣改革发展实践，在谋划改革发展思路上下功夫，在解决突出矛盾问题上下功夫，在激发基层改革创新活力上下功夫，找准着力点、解决实际问题，形成推动振兴发展的新思路、新办法、新机制。围绕转变发展思路解放思想，以新发展理念为引领，聚焦推进高质量发展。克服传统路径依赖，突破传统发展模式，打好发展组合拳。在高质量发展上敢闯、敢试、敢改，洞开高质量发展思维，打开观察世界眼光，找到创新发展路径，进一步解放和发展社会生产力、解放和增强社会活力。

当前，大数据已经成为贵阳经济社会创新发展和高质量发展的一个强有力的助推器。最有特色和亮点的是狠抓政府数据“聚通用”、强力推动政府数据共享开放，做优做实“互联网+政务服务”，最大限度地实现了便民利企。

一是打破数据壁垒。依托省电子政务外网，构建横向连接党政部门、群团组织，纵向贯通国家、省、市、区、乡的电子政务“一张网”，为政府数据融通共享奠定了基础。

二是汇集数据资源。建成投用人口、法人、自然资源和空间地理、宏观经济、电子证照五大基础数据库，对市、区两级365个部门、1385个系统、14053项的数据资源目录进行集中存储、统一管理、开放共享，为政务服务实现“材料一次提交、证明一次查验、资料反复使用”奠定了坚实基础。2017年底，贵阳成为全国首个建成市、区两级政府数据资源全量目录的城市。

三是强化平台支撑。依托“云上贵州”平台，建成投用贵阳分平台、政府数据共享交换平台、政府数据开放平台、数据增值服务平台、数据安全监控平台等平台，并建立标准统一、支撑有力的全市数据共享网络体系，实现网通、云通、数据通。

四是确保数据安全。以建设国家大数据安全靶场为契机，按照“三级等保”的标准建立健全网络安全体系，在电子政务外网与互联网进行数据交互以及政府数据共享时，强化身份验证、数据加密、数据使用情况记录等监测审计机制，对政务服务网络体系进行全天候、全方位的安全防范和实时监控，确保数据安全使用，现已在全市党政机关和企事业单位开展试验。

（资料来源：国是智库研究部．大数据助推贵阳经济社会创新和高质量发展，http：//www.scio.gov.cn/32344/32345/37799/38759/zy38763/Document/1634859/1634859.htm）

案例十四　“量水发展　以水定城”让昆明走上高质量发展道路

2019 年年初，电视剧《启航》作为开年大戏在央视热播，引起全社会的广泛关注和热议。和这部电视剧中的“渤海市”一样，昆明经济社会发展与生态文明建设中也存在着不小的矛盾，城市发展规划、人口规划、经济总量控制规划等都需要水资源总量、环境承载能力来支撑。

2015 年，昆明提出了“量水发展、以水定城”的发展理念，“向环境要 GDP”的旧有发展方式随之转变。三年多来，昆明把水资源、水生态、水环境承受力作为经济社会发展的刚性约束，加速发展旅游经济、养老经济、大健康经济等低污染、低能源消耗产业，不断推进转型升级，逐步走上高质量发展道路，展现了城市发展领域的新理念、新举措、新成绩、新面貌。

三大抓手破解生态建设、经济发展矛盾

2015 年 8 月 2 日，云南省委常委、市委书记程连元进行了到昆明任职后的第一次调研，调研内容正是滇池治理。在这次调研中，程连元指出，水是生命之源，昆明作为全国 14 个严重缺水城市之一，要牢固树立“量水发展、以水定城”的理念，根据可供水量的约束条件“解方程”，算清水账、拿出规划，切实采取有力措施，支撑城市可持续发展。同时，根据水资源量和滇池保护治理的需要，对城市规划建设管理提出更严厉的约束条件，合理控制城市规模。

“滇池处于昆明主城下游区域，经济发展所产生的大量污染物只能直接或间接地进入滇池，但滇池的纳污容量有限，滇池流域环境承载能力非常脆弱，而这也限制了昆明地区的经济发展。”滇池水环境治理总顾问葛敬表示，要破解这一难题，就需要同时抓好三个方面工作：一是减少污染物产生量；二是大力发展清洁产业；三是滇池综合治理，提高湖体纳污能力。这就是“量水发展、以水定城”。

葛敬表示，树立“量水发展、以水定城”的理念，意味着昆明将进一步落实科学发展观，把水资源、水生态、水环境承受力作为经济社会发展的刚性约束，实行最严格的水资源管理制度。水环境承受力的硬框架一旦确立，环境约束的倒逼机制一旦形成，“向环境要 GDP”的旧有发展方式就不得不随之转变。从这个意义上看，“量水发展、以水定城”，不但是生态文明建设方面的坚实举措，对于昆明进一步深化改革、推动产业转型升级，也有着非同一般的独特意义。

多管齐下昆明走上高质量发展道路

三年多来，昆明不断推进“量水发展、以水定城”下的科学发展，坚持节水优先方针，把节约用水贯穿于经济社会发展和群众生产生活全过程，运用产业政策、财政政策、税收政策、价格杠杆等多种手段，建立节水激励机制，加快推进由粗放用水方式向集约用水方式的根本性转变，不断调整优化用水结构，形成有利于节约用水的生产方式和消费模式。

同时，坚持政府作用和市场机制协同发力，既积极探索水权水市场、拓展水务投融资渠道、建立符合市场导向的水价形成机制，又加强了政策研究和制度建设，强化水务公共服务和政府监管，进一步完善水资源管理体制机制，提高水行政管理能力，切实做到该管的事必须管住管好。

此外，不断着力落实最严格水资源管理制度，强化水资源论证、取水许可、用水定额和计划用水管理、水资源有偿使用、饮用水水源地核准和安全评估等制度，努力改变水资源过度开发、用水浪费、水污染严重等突出问题。进一步完善法律法规，严格执行和落实各项规章制度，依法治理滇池。要把科学治理和严格管理结合起来，利用科学手段，有计划地系统治理滇池。

在葛敬看来，“量水发展、以水定城”有机结合了习近平总书记关于保障水安全问题的重要讲话精神和昆明的具体“水情”，也使得昆明不断推进转型升级，逐步走上高质量发展的道路。

（资料来源：《昆明日报》，2019 年 3 月 13 日，孙潇）

案例十五 中山:“东承西接”打造粤港澳大湾区重要一极

连接广东省深圳市和中山市的深中通道今年进入建设关键期，预计2024年建成通车。这是继港珠澳大桥开通后，粤港澳大湾区另一超级工程。

粤港澳大湾区11个城市分布在珠江口东西两岸，全长约24公里的深中通道开通后，将大大缩短珠江口东西两岸城市间的距离，大湾区城市群的物理联通也将更为畅通。

孙中山先生的故里中山市正好位于深中通道的一端，是连接东西两岸的重要综合交通枢纽。随着国家战略粤港澳大湾区建设的推进，作为其中重要节点城市的中山，正抢抓历史性发展机遇，做好“东承西接”文章，加快创新发展，奋力建成粤港澳大湾区重要一极。

“大湾区建设从开局起步，转向全面铺开、纵深推进阶段。对中山来说，既是重大历史机遇，也是沉甸甸的历史责任。我们画好了一张带着时间刻度的‘施工图’‘项目书’。”中山市委书记陈旭东说。

加快基础设施“硬联通”是粤港澳大湾区建设的重要任务之一。记者从当地了解到，中山正加快基础设施互联互通建设，并取得成效。广珠城际轨道中山站已接入国家高铁网，可通达全国30多个大中城市；中山公路交通进入高快速路网时代，总里程超过3000公里；中山港是国家一类口岸，外轮可直达中山码头。

“未来三年，中山还将计划投入1400亿元打响大交通建设攻坚战，打造珠江西岸重要综合交通枢纽，实现半小时可达广州、深圳中心城区，1小时可达粤港澳大湾区所有城市。”陈旭东说。

建设粤港澳大湾区国际科技创新中心也是《粤港澳大湾区发展规划纲要》的重要内容。据中山市科技局局长尹明介绍，虽然在科技基础研究和原始创新方面，中山与广深、香港还有差距，但是在创新成果转化，特别是科技成果产业化方面，中山有独特的产业配套优势。

中山实体经济发达、民营经济活跃，全市拥有38个国家级产业基地，包含装备制造、电子信息、白色家电在内的3个超千亿元产业集群，以及5个超500亿元产业集群……

“这些都是粤港澳大湾区创新要素培育孵化和产业化的重要基础，也非常符合规划纲要提出的各城市优势互补、错位发展。”尹明说。

事实上，一批粤港澳大湾区合作项目也正在加速落户中山。2018年，中山、澳门签署《关于共同创建国家生物医药科技创新区合作框架协议》，推动粤澳深化医疗卫生健康领域合作。此后，广东药科大学——香港大学创新平台等一批重大创新平台又落户中山。三地融合发展的深度、广度明显加强。

随着粤港澳大湾区政策红利不断释放以及城市吸引力的提升，越来越多的港澳青年也选择来中山创业就业。

在中山市易创空间创业孵化基地，澳门青年谢嘉荣及其团队是22个入孵的港澳青年创业团队之一。2017年，他和同伴在中山创立公司，打造出一套医院探视系统产品，对进出医院的人流进行精细化管理，提升就医体验。当地给予他们两年场地免租、提供免费创业指导的支持。

在他看来，内地发展速度令人惊叹，市场机会非常广阔，政策环境也越来越好。这些独特的优势，都让他对来内地发展充满希望和信心。

“我们现在不仅往来澳门、中山很方便，往来大湾区城市都很方便。在我身边，越来越多的澳门青年和我一样，选择来中山、来大湾区发展。”谢嘉荣说。

（资料来源：新华社新媒体，2019年4月9日，周颖）

案例十六　珠海：建成广东世界级产业集群重要一极

近日，港珠澳大桥正式通车的新闻可谓刷爆屏幕。除了祝贺这座跨海大桥通车以外，珠海这座城市再次引起关注。港珠澳大桥的建成通车将极大改善珠海的交通条件，使珠海从区域的交通末端一跃成为核心枢纽，加上广珠城际轨道的建设，珠海真正融入粤港澳一小时交通圈。未来，珠海将打造成珠江口西岸的核心城市。

人口与面积

珠海地理位置优越，濒临南海，东与香港水路相距 36 海里，南与澳门陆地相连。珠海是我国重要的口岸城市，设有拱北、横琴、珠澳跨境工业区 3 个陆运口岸，九洲港、湾仔港轮渡客运、珠海港、斗门港、万山港 5 个水运口岸，一共 8 个国家一类口岸，是仅次于深圳的中国第二大口岸城市。

截至 2017 年年末，土地面积为 1736. 46 平方公里。珠海全市下辖香洲、斗门、金湾 3 个行政区，设有横琴、高新、高栏、万山 4 个经济功能区。

人口方面，珠海市常住人口持续增长。据统计数据显示，2017 年年末全市常住人口 176. 54 万人，比上年末增加 9. 01 万人，增长 5. 4%，出生率 12. 25‰，死亡率 2. 81‰，自然增长率 9. 44‰。

生产总值

随着战略地位的提升，给珠海带来了更多的发展机遇及更广阔的发展前景。2010 年 10 月，为尽快解决珠海市特区内外发展不平衡、特区发展空间局限和"一市两法"等问题，国家同意将珠海经济特区范围扩大到珠海全市。特区扩容，为珠海的发展提供更多强有力的制度支撑，也是珠海建设珠江口西岸核心城市的需要，促进珠海市经济发展。

近年来，珠海市地区生产总值持续增长。据统计公报显示，初步核算，2017 年珠海市实现地区生产总值（GDP）2564. 73 亿元，同比增长 9. 2%。其中，第一产业增加值 45. 53 亿元，增长 4. 1%，对 GDP 增长的贡献率为 0. 8%；第二产业增加值 1288. 75 亿元，增长 11. 6%，对 GDP 增长的贡献率为 63. 2%；第三产业增加值 1230. 45 亿元，增长 6. 9%，对 GDP 增长的贡献率为 36. 0%。三次产业的比例为 1. 8∶50. 2∶48. 0。

对内投资

珠海市鼓励和引导民间资本进入法律法规未明确禁止准入的行业和领域，近年来固定资产投资也在持续增长。据统计公报显示，2017 年全年完成固定资产投资 1662.02 亿元，比上年增长 19.6%。其中，港澳台、外商经济投资 243.87 亿元，增长 6.6%。

分产业看，第二产业投资 336.71 亿元，增长 17.1%，第三产业投资 1324.06 亿元，增长 20.5%。工业投资 336.78 亿元，增长 17.2%，工业投资中的制造业投资 295.29 亿元，增长 22.4%。全年亿元以上在建项目 365 个，增长 38.3%；新开工项目 114 个，增长 96.6%。高技术制造业投资 113.32 亿元，增长 58.5%，占固定资产投资的比重为 6.8%。先进制造业投资 243.86 亿元，增长 16.8%，占固定资产投资的比重为 14.7%。

对外贸易

珠江三角洲地区（由位于珠三角地区的广州、深圳、珠海等 9 个城市组成）已成为规模最大、人口最多的世界第一大都市圈。珠海地处粤港澳都市圈中心地带，是珠江口西岸的核心城市和交通枢纽。

珠海市在珠江西口岸发挥重要作用，对外贸易经济活跃。据数据显示，2017 年珠海外贸进出口总额转跌为增，全年完成外贸进出口额 2990.12 亿元，增长 8.6%。其中，出口 1882.98 亿元，增长 4.4%；进口 1107.14 亿元，增长 16.4%。进出口差额（出口减进口）775.85 亿元，比上年减少 76.08 亿元。

旅游运输

珠海有丰富的海洋资源，环境优美，海岛众多，海域辽阔，北到珠江口、东和南至万山群岛海域，西到黄茅海，是珠三角城市中海洋面积最大、岛屿最多、海岸线最长的城市。珠海市内有多个品牌度假景点，吸引各地游客前往。

据数据显示，2017 年全年接待入境旅游人数 499.46 万人次，增长 1.5%。其中，外国人 62.93 万人次，下降 1.2%；香港、澳门和台湾同胞 436.53 万人次，增长 1.9%。在入境旅游人数中，过夜游客 318.25 万人次，增长 0.3%。国际旅游外汇收入 12.1 亿美元，增长 15.8%。接待国内游客 3481.23 万人次，增长 2.1%，其中过夜游客 1970.37 万人次，增长 3.2%。国内旅游收入 286 亿元，增长 15.5%。酒店平均开房率 60.57%，比上年高 1.53 个百分点。全年各主要旅游景点共接待游客2138.55万人次，增长1.3%。旅行社组团国内游116.94万人次，增长8.4%；出境游48.27万人次，下降2.4%。实现旅游总收入367.7亿元，增长16.0%。

据数据显示，2017年全年规模以上港口完成货物吞吐量13585.66万吨，增长15.3%，其中外贸货物吞吐量2980.76万吨，增长18.1%；内贸货物吞吐量10604.90万吨，增长14.6%。港口集装箱吞吐量227.04万标准箱，增长37.3%。

产业结构

珠海市域范围主体功能区包括提升完善、集聚发展、生态发展和禁止开发四类区域。其中，提升完善区域占全市的10.07%；集聚发展区域占全市的36.31%；生态发展区域占全市的26.31%；禁止开发区域占全市的27.31%。

（1）集聚发展区。

集聚发展区是支撑珠海市经济增长的重要增长极，落实全市发展战略、促进珠海市城乡协调发展的重要支点，未来全市人口和经济的集聚区。集聚发展区分为北部唐家湾片区、西部斗门工业片区和南部临海片区3个片区，是未来人口和产业集聚发展的区域，也是重点进行工业化、城镇化集聚开发的城市化地区，对于珠海市经济社会发展具有重要的作用。

（2）生态发展区。

生态发展区主要由西部乾务和平沙片区、斗门北部片区、海岛片区以及磨刀门片区组成，是目前珠海市重要的农产品产区、重要的生态地区、特色产业发展地区。生态发展区严格保护耕地和基本农田，稳定粮食生产，发展现代农业，增强农业综合生产能力；发展特色海洋经济、生态型工业，以及与现代农业相关的特色旅游业，增加农民收入。

总的来看，珠海产业发展战略格局以参与全球中高端竞争和科学崛起为指引，按照"高端起步、合理布局、集聚发展、创新驱动"的方针，打造三大板块、一区一带的"三高一特"产业发展战略格局。

三大板块：打造以高新技术为导向的高新区板块（以高新区主园区为板块组成范围）、以高端服务为重点的东部板块（横琴—香洲高端服务业板块）、以高端制造为核心的"两港"板块等三大板块鼎立格局。

一区一带：以生态农业示范和探索海洋经济发展模式为原则，规划布局西北部"黄杨山生态绿核"为重点的生态农业示范区和以万山海洋开发试验区为重点的沿海特色海洋产业发展带。

日前，备受关注的港珠澳大桥正式通车，这也为珠海带来新机遇。目前，粤港澳大湾区正在快速发展中，产业集中、结构优化、多地加强交流与合作，未来在全球经济舞台上将越来越突出及重要。粤、港、澳三者在大湾区中扮演角色不同，珠海市要紧抓港珠澳大桥通车等重大机遇，紧密与粤港澳其他城市群的联系，加强区域创新合作，共建粤港澳大湾区开放发展新格局。

（资料来源：国是智库研究部研究成果）

案例十七 一个老工业基地“脱胎”“换骨”之路
——湖南省株洲市绿色转型发展实践

湖南省株洲市是典型的老工业基地，因工业而兴，也因工业而困，长期沿袭的“高消耗、高排放、高污染”粗放型发展模式，给城市带来严重污染，“天上灰蒙蒙，地下满地尘”这曾是很多人对株洲这座工业重镇的初始印象，烟囱林立，光城区就有烟囱500多根，酸雨频率高达79%，2003年、2004年连续两年被戴上“全国十大污染城市”的帽子，市民反映强烈。

2007年，国务院批准设立长株潭城市群为资源节约型和环境友好型（以下简称“两型”）社会建设综合配套改革试验区，要求加快形成节约资源和保护环境的空间格局、产业结构、生产方式、生活方式。资源节约型和环境友好型社会建设是生态文明体制改革的重要内容。株洲市以“两型”社会建设为契机，推动发展循环经济，开展清洁生产和就地技术改造，虽取得一些成效，但并未遏制环境继续恶化的趋势。

2013年11月，习近平总书记在湖南考察时指示：“要以长株潭试验区为龙头，抓好以湘江流域为重点的重金属污染治理、以大城市为重点的大气污染防治、以畜禽及渔业养殖为重点的农村面源污染治理，加快完善节能减排体制机制，严格控制高耗能、高污染、高排放行业，谱写建设美丽中国湖南新篇章”，为长株潭试验区绿色发展指明了方向，为推进湘江流域综合治理按下了“快捷键”。株洲市认真贯彻落实习近平总书记的重要指示，在国家发展改革委等部门指导下，深化“两型”综合配套改革试验，认真实施《湘江流域重金属污染治理实施方案》，扎实开展国家城区老工业区搬迁改造试点，下定决心、凝聚合力对湘江流域最大的环境敏感区和最大的难点堵点区域——清水塘老工业区进行整体关停转型，从根本上改变“高耗能、高污染、高排放”的粗放发展模式。

2018年12月30日，随着中国五矿株洲冶炼集团股份有限公司（以下简称“株冶”）在清水塘地区的最后一座运行中的冶炼炉——基夫赛特炉正式熄火关停，标志着清水塘老工业区261家企业全部关停退出，彻底斩断了污染源头。株洲完成了一场具有里程碑式意义的“退出”，把清水塘恢复成了一张白纸，在白纸上再来描绘崭新的未来，为清水塘重新正名，为株洲城市形象重新定位。2018年，株洲市入选改革开放40周年经济发展最成功的40个城市，成功创建全国文明城市、国家卫生城市、国家园林城市、国家森林城市。可以说，经过多年的努力实践，株洲市交了一份符合总书记期待和要求的满意答卷。

一、“脱胎”：壮士断腕实施清水塘老工业区搬迁改造

老工业区、重污染区——这是株洲清水塘曾经的两个“身份”，这片15.15平方公里的土地上汇集了261家重化工业企业，其中不乏株冶、中盐株化这样的大型央企，年产值300多亿元，累计上缴近500亿元税收，创造了160多项全国第一。光鲜的背后，是粗放式发展带来的环境污染，这里的“三废”排放量曾一度占全市的2/3，是株洲市最大的污染源和湘江流域最大的“环境敏感区”。

进入新时代，清水塘老工业区虽曾肩负荣光，却处境尴尬。在不改变现状条件下推动绿色转型，成效不大，但短期内仍保有一定财政收入；整体搬迁虽能“刮骨疗毒”，但成本很大，短期内财政损失。何去何从？成为株洲市建设“两型”社会，推进高质量发展无法绕过去的“坎”。面对选择题，决策却未陷入困境。对粗放发展模式有切肤之痛的株洲市用行动给出答案：搬迁改造、淘汰落后、生态优先、绿色转型。

从2014年起，株洲市以壮士断腕的决心打响了清水塘老工业区搬迁改造攻坚战，创新手段治沉疴，探索出了一条“土地收储+搬迁奖补+转型支持+就业帮扶”的清水塘老工业区搬迁新路子。截至2018年底，区域内所有的261家企业全部关停退出，职工成功安置，创造了全国老工业区搬迁改造的“株洲样本”。

清水塘地区搬迁改造是整个株洲市走“两型”之路、绿色转型的硬骨头，也是考验株洲市委市政府是否真正落实生态文明体制改革要求、落实习近平总书记要求的硬骨头。作为清水塘地区生产规模、占地面积最大的五矿株冶，其关停搬迁是清水塘老工业区搬迁改造的重头戏，事关整个老工业区搬迁改造的成败。五矿株冶集团，其前身为国家“一五”期间建设的156项重点工程之一的株洲冶炼厂，是我国最大的铅锌冶炼企业，也是占地面积最大、污染较大的企业。株冶占地总面积2000多亩，拥有职工6000多人，年营业收入130多亿元，年铅锌金属产量65万吨，带动相关就业10万人，对地方GDP累计贡献达到1050亿元以上，“三废”排放量占清水塘地区的3/5。“既要金山银山，又要绿水青山；若毁绿水青山，宁弃金山银山。”

株洲市义无反顾地决定关停搬迁株冶，但“钱从哪里来，人往哪里去，企业怎么搬”这些问题，清水塘搬迁改造绕不开、躲不过，也拖不起——这是一副重担，更是一块硬骨头。钱的筹集分为3个渠道：一是国家财政对环境治理、工业区搬迁的相关支持；二是用活金融政策，例如，政策性银行贷款、世行贷款等；三是立足于经营清水塘地区，创新土地资产处置模式，按每亩80万元的标准收储关停企业土地，按照企业关停搬迁时间节点给予10万~15万元/亩的奖补，既调动企业关停搬迁的积极性，又合理控制土地成本，“用时间换空间”。株冶的搬

迁，走的正是“经营”路线，收储2000多亩土地，以此为抵押，从银行融资，以解搬迁补偿款难题。人的安置，一部分跟随原有产业走，一部分提前退休，还有一部分人须跟着清水塘后续产业走，即“政策安置一批、转移就业一批、转型就业一批、移交管理一批”。企业的搬迁，通过就近安排进园区、支持搬迁到外地、鼓励应用新技术新装备新工艺等，引导区域内企业转移转型发展。株冶在清水塘老工业区退出历史舞台的同时，一个绿色智能化的大型有色冶炼基地在衡阳水口山崛起。刚刚投料生产的株冶锌项目，引进了100多项新技术、新工艺，拥有4个世界或国内第一核心技术。基地全部建成后，铅锌冶炼产能将缩减一半，年营业收入增加3倍，工业废水实现零排放，二氧化硫削减18倍，重金属削减1.5倍。株冶既减掉了落后产能，更加出了新工艺、新产品，成为株洲市践行新发展理念、推进产业转型升级的一个缩影。

清水塘老工业区光搬迁企业还不够，污染了的环境还需治理，脆弱的生态还需修复，腾退的土地上还需开发建设新城。环境治理的难点和重点是霞湾港，这一清水塘老工业区工业废水流向湘江的主要通道，是湖南省最大的排污口。几十年间，饱含镉、铅、汞、砷等重金属的工业废水都集中在这里排放，底泥中重金属含量惊人。因为这些工业污水都会随着排放主体不同，经常出现不同的颜色，所以人们把霞湾港叫作“五彩河”。全长4.06公里的霞湾港重金属污染治理工程需投入2亿多元，每公里治理投入达5000多万元，相当于在平原地区修建高速公路的造价。为此，株洲市在治理霞湾港上试水，探索创新“重金属土壤修复+土地流转”的治理模式，一方面，科学引导社会资金投入，发行债券、争取政策性银行贷款；另一方面，引入第三方治理企业，利用企业资金和技术治理污染，让参与方从土地增值收益中获取回报，霞湾港2亿多元的治理资金一下就有了保证。自此以后，株洲市的污染治理项目都采用了这种模式，共筹集污染治理资金200多亿元。通过实施排污口整治、港水截留清淤、底泥处置、施工废水处理及河堤生态修复，霞湾港变成了清澈的水渠，“水清岸绿、鱼翔浅底”的霞湾港又回来了。自2016年以来，湘江霞湾段水质已经从2011年的国家Ⅲ类标准提升到国家Ⅱ类标准，主要污染物氨氮、镉、汞，较2011年分别下降了98.4%、130.8%、50%，成为国内河道重金属污染治理成功的典范。与此同时，株洲市将与社会资本合作的第三方治理模式也运用到新城建设中，由株洲市市级平台公司城发集团与株洲循环集团共同出资成立清水塘新城投资集团，吸引清华启迪控股、中交第三航务工程局有限公司等战略合作伙伴，以PPP模式，按照全面退出重化工、替代发展先进制造业和现代服务业的思路正在大力推进新城建设。

二、“换骨”：破旧立新全力打造中国动力谷

断腕阵痛之后，还得谋求新生。为避免因旧动能腾退而出现产业空地、就业

流失的问题，株洲迫切需要拓展新动能。“北郑州，南株洲”，这座“火车拖来的城市”，拥有“中国电力机车的摇篮”“中小型航空发动机特色产业基地”“新能源汽车制造基地”三大标志性名片，中国第一台航空发动机、第一枚空对空导弹、第一辆电动机车、第一台航空发动机等223个中国工业史上的第一都诞生在株洲，集火车动力、飞机动力、汽车动力于一身，产业带动和辐射效应巨大。为此，株洲市强化拓展自身三大动力优势，集聚人才、技术和资本等要素资源，全力打造“中国动力谷”，构建由轨道交通、汽车、航空三大优势产业，新能源、新材料、电子信息、生物医药、节能环保五大新兴产业，陶瓷、服饰两大传统产业等构成的“3+5+2”现代产业体系，这是株洲转换新旧动能坚定的回答。

确定转型发展方向后，享有“动力之都”美誉的株洲不能仅仅坐享原有辉煌与荣耀，而要将其打造成推动经济发展和拉动城乡居民收入提高的新动力。对此，株洲市以推进协同创新培育核心技术，强化企业在技术创新中的主体地位。创新，企业是主战场，关键在于掌握核心技术。株洲以协同创新为突破口，通过联合开展科技攻关、共同建立研发平台、联合培养创新人才、构建产业技术创新战略联盟等方式，全面推进产学研深度融合，形成了与清华大学、中南大学、湖南大学等所高校的共建模式。为引导企业创新，每年安排5800万元科技专项资金，为科技成果转化提供最高200万元的引导资金。

IGBT芯片是能源变换与传输的核心器件，被称为中国高铁的“心脏”，这项技术一直被德国和日本把控，特别是在高级IGBT器件上，以前更没有中国人的一席之地。在IGBT技术面前的缺位，等于将掌控高铁心脏心率的命脉交给了别人。面对这种情况，中车株洲所（以下简称“中株所”）下定决心要实现IGBT技术和产业的突破，为支持企业创新，株洲从市级财政中拿出15亿元专门用于支持IGBT技术的研发。2014年6月，中株所国内首条8英寸IGBT芯片线的投产，标志着我国在电能芯片领域已打破了国外30多年的技术垄断，从一无所有到无出其右，中株所只用了不到10年的时间。这只是企业自主创新的一个个案，这样的企业创新行为近年来在株洲不断涌现。

鼓励创新、支持创新，直接的效果就是创新成果的涌现。世界首列中低速磁悬浮列车成功投入运行，全球首条智能轨道示范线正式运行，全球首个生物医药多肽库、世界最大尺寸超高阻尼橡胶隔震支座等一批重大科技成果在株洲问世，“复兴号”高铁、AG600大型水陆两栖飞机、港珠澳大桥等大国重器无不闪耀着株洲元素。

截至2018年底，株洲市技术创新平台达到308家，其中国家级33家，省级149家，研究开发投入（R&D）比重达到2.6%。

战略性新兴产业是新动能发展的重要支撑。株洲在加快发展动力产业的同时，聚焦15个工业新兴优势产业链条，实施链长责任制，绘制产业链条全景图，明确强链、补链、延链重点环节，精心培育与动力产业高度配套的电子信息、新材料、新能源、节能环保产业、生物医药与食品产业，战略性新兴产业加速集群。阿里巴巴株洲产业带、湖南微软创新中心、中国移动（湖南株洲）数据中心、中航动力航空零部件制造、“两机”专项等一大批战略性新兴产业大项目落地生根、开花结果，其中，电子信息产业聚集50多家上下游企业，为株洲迅速培育新的经济增长点，赢得未来先机，原来的4个传统支柱产业有3个已被新兴产业取代。

让沉睡的传统优势产业重新焕发活力，是株洲加快推动新旧动能转换开出的又一剂良方。株洲硬质合金、陶瓷、服饰等传统产业基础雄厚。近年来，在不断做强动力产业和培育新经济的同时，不忘引导硬质合金、陶瓷、服饰等传统产业运用新工艺、新技术、新装备技改扩能、转型发展，使其进一步走向“高端”、强化“特色”。株洲醴陵陶瓷产业绵延千年，是全国三大“瓷都”之一，是世界釉下五彩、世界电瓷发源地。为促进陶瓷产业升级发展，株洲探索出了一条“标准引领+会展经济+清洁改造”的陶瓷产业转型发展模式。制定了全国首个釉下五彩标准，建成标准化泥釉模配制中心，填补了国内泥、釉、模三大陶瓷原料标准化生产空白，生产效率提高了6~7倍，三废排放几乎为零。如今，醴陵陶瓷产品中，不仅日用及艺术彩瓷依然占领全球市场1/10的份额，电瓷绝缘子及军工陶瓷新材料等打破了欧美技术垄断，基本建成一条集陶瓷材料、制造、机械、颜料、商务“五位一体”的完整产业链，醴陵陶瓷成为株洲传统产业转型发展的一个样本。目前，株洲硬质合金集团已经成为世界行业两强之一；醴陵陶瓷产业年产值逾700亿元，电瓷产量占全球的1/3；芦淞服饰市场成为中南地区最大服饰产业基地，年销售额突破500亿元，传统产业重新焕发出新的活力。

加快新旧动能转换，企业要换思路、换方向，政府部门更要解放思想，实现职能嬗变。株洲坚持把改革作为破解发展掣肘、转变政府职能、营造良好营商环境的关键，以刀刃向内自我革命的决心和勇气，深入推进政府管理体制改革。群众事无小事。株洲坚持“办好群众眼中一件事”，大力简化审批流程、推进网上审批，企业投资项目审批最多50个工作日、政府投资项目审批最多70个工作日，实现了开办企业“三天即办结”、工业项目“拿地即开工”、新购房子“交房即交证”，九成以上事项实现“最多跑一次”，群众的获得感、幸福感不断提升。同时，株洲下决心转变招商理念，以“高门槛”选商代替“一揽子”招商，把高科技含量、高附加值、低能耗、低污染项目作为招商首选，对高污染、高能耗、资源型的“两高一资”项目坚决说“不”。近年来，一口气将不符合产业发展定位的近30个招商大项目拒之门外。一舍一得之间，舍弃的是高耗能、高污染的隐患，换来的是工业发展的绿色转型“轻装上阵”。

动能及时转换，发展稳步向前。当人们还在因大批企业关停为株洲发展捏把冷汗时，株洲却交出了令人瞩目的成绩单：稳增长、传统产业升级、战略性新兴产业培育等工作成效突出，连续第四次获国务院通报表彰，入选“中国大陆最佳地级城市 30 强”，创新竞技力、产业竞争力多项评估均入围全国百强。事非经过不知难，得之点滴却艰辛。“一边开刀，一边跟别人以差不多的速度在跑。”产业转型静悄悄，发展质量却已攀上高水平。就在这看似不经意间，株洲产业结构从重化工为主，平稳地转到以中国动力谷实体经济为支撑的现代化产业体系。

三、“生机”：形成绿色发展方式和生活方式

株洲市坚持以习近平新时代中国特色社会主义思想为指导，践行新发展理念，努力实现经济社会发展和生态环境保护协同共进，为人民群众创造良好生产生活环境，伤筋动骨换来了脱胎换骨，转型升级带来了勃勃生机，迈上了一条生态环境优美、产业结构更优化、新动能更强劲、绿色发展理念深入人心的高质量发展之路。

清水塘成为株洲市现代工业的起点，也是资源节约型、环境友好型社会建设的关键点，更是株洲市工业过去和未来的连接点。新城建设正在紧锣密鼓地进行着，位于清水塘的株洲铜塘湾保税物流中心已竣工并通过国家验收，湿地公园建设已基本完成。株洲市还计划在清水塘原址修建一座工业遗产博物馆，向来往人们静静诉说清水塘的前世今生——从“清”到“不清”，再从“不清”到“清”。

2013 年以来的绿色发展实践，使株洲市天变蓝了、水变清了、地变绿了。2018 年空气质量优良天数达 288 天，比 2013 年增加近两个半月，优良率达 78.9%，居长株潭地区第一。城镇生活污水集中处理率为 95.3%，比 2013 年提高了 4.4 个百分点；工业企业废水实现 100% 达标排放；湘江水质从国家Ⅲ类标准提升到Ⅱ类。城市建成区绿化覆盖率达 43.32%，全市森林覆盖率达 61.95%，所辖 5 个县市均为国家级或省级卫生县城。

经济社会发展质量稳步提升。2018 年，株洲市三次产业结构由 2013 年的 8∶60∶32 调整为 7.1∶43.7∶49.2。高新技术产业增加值达 500 亿元，占规模工业增加值比重超过 60%。科技创新对经济发展贡献率达到 55%，年均提升 1 个百分点。在转型升级、绿色发展中有阵痛，但没有出现动荡，反而实现逆风向阳，去年主要经济指标增速高于全省、全国平均水平，综合实力稳居全省第二，人均 GDP 接近 1 万美元。

城乡居民的生活水平提升了，生活方式变低碳了。2018 年，城镇居民人均可支配收入、农民人均可支配收入分别达到 42867 元、19889 元，分别比 2013 年提高了 49%、54%。《中国城市全面建成小康社会监测报告 2018》显示：株洲在

全国地级市排第 48 位。茶陵、炎陵两个国贫县宣布脱贫摘帽，全市 166 个贫困村全部退出。株洲比全国提前三年实现整体脱贫、同步全面小康，正式告别几千年的绝对贫困，在株洲发展史上留下了浓墨重彩的一笔。绿色发展理念更加深入人心，市民低碳出行比例占城市交通的 60% 以上，社会公众对“两型”社会建设的满意度逐年提升，2017 年已达 87.53%，“两型”成为一种行为理念、一种价值取向、一种文化自觉、一种生活习惯。

（资料来源：《中国经贸导刊》，2019 年第 9 期）

案例十八　湘潭市加快推动经济高质量发展

2019 年是全面建成小康社会的关键之年，也是湖南省湘潭市产业项目建设深入推进之年。近日召开的湘潭市产业项目建设落地年暨“三长”联动推进产业转型升级高质量发展大会，聚焦抓产业项目、促转型升级等任务目标，为推动湘潭经济高质量发展确定了方向、明确了目标、选准了路径。

抓实产业项目建设落地

产业项目建设关乎发展全局，打牢产业基础至关重要。2019 年湘潭市将深入开展“产业项目建设落地年”活动，重点完成好省“五个 100”工程。

湘潭市将聚焦行业核心企业和核心项目，全力推进桑顿新能源、蓝思科技、新松机器人产业园、舍弗勒等一批重大产业项目，力争项目早竣工、早投产、早达效，通过这些项目的建成，培育壮大一批骨干企业。

同时加强科技和产品创新，鼓励引导企业、高校、科研院所参与项目实施，引导各类投资基金对项目股权投资，推进全社会加大研发投入。推进金融机构、投资机构对项目开展科技金融服务，支持项目单位开展技术创新成果双向交易、研发准备金制度等政策试点示范，形成多渠道的项目支持方式。

对准产业链培育需求，开展点对点招商、点对点服务，形成“政府引导、企业承接、市场运作”的招商机制，增强招商引资的靶向性、实效性。推行招商引资产业项目落地企业投资承诺制。

紧扣产业培育、科技创新、产品创新，同步引进人才，确保人才引得进、留得住，在项目推进中能够发挥实质性作用。

补齐基础设施短板

基础设施短板实际上非常贴近最终需求，所以既扩大了有效投资需求，也满足了消费需求，能够形成良性循环。今年，湘潭市将有序推进 227 个基础设施补短板项目，以改革创新的办法，实现稳投资、稳增长，同时防风险、降债务。

城市建设方面，围绕产业配套和区域带动铺排项目。重点建设白云路、芙蓉大道复线及商城路等产业配套基础设施。着力推进莲花线（含下摄司大桥）、G320 绕城线、杨梅洲大桥及南北引线、西二环等具有区域带动作用的重大基础设施项目。启动长株潭一体化“两干一轨四连接线”项目的前期工作，力争年内开工建设。

乡村振兴方面，围绕农村人居环境和特色小镇示范园铺排项目。以农村人居环境整治为重点，以“双十提升行动”为抓手，着力推进“十园十镇”项目建设，努力打造具有湘潭特色的产业小镇。

民生保障方面，围绕公共服务和民生实事铺排项目。建设湖湘学校、华鑫高级中学等一批重点教育项目，努力改善医疗、卫生等公共服务设施，有序推进棚户区改造、城区老旧小区改造、黑臭水体治理等工作。

落细落实“三长联动”

“三长联动”是缓解小微企业融资难，推动“产业项目建设落地年”实施的有效途径。落实“三长联动”将为湘潭产业发展注入强大动能。

2019 年，湘潭市将进一步做好补链、强链工作。充分发挥链长引导协调作用，引导企业与银行业机构加强交流互动；发挥盟长龙头带动作用，组织引导入盟企业强化行业建设，提升行业水平；发挥行长金融助推作用，指导帮助企业突破融资“瓶颈”；各产业链和产业联盟的帮扶牵头单位发挥桥梁纽带作用，搭建好政银企交流合作平台，使“三长联动”机制发挥更大效果。

同时做好产业链发展规划，推动产业、企业配套发展、互补发展。分类制定产业链发展“一图三库”（产业全息图和产业项目库、人才技术库、客商信息库）和评价评估指标体系。邀请企业、高校、科研院所的专家教授组建产业链专家咨询委员会。出台政策，对本地企业相互配套、龙头企业引进上下游关联企业、链上企业联手科研攻关、企业抱团合作出海等给予支持奖励。集中力量打造先进装备制造、汽车及零部件、军民融合三大千亿级产业集群。

加快产业转型升级示范区建设

作为老工业城市，湘潭加快产业转型升级示范区建设步伐，将焕发新的活力，推动经济高质量发展。

2019 年，湘潭市将突出“一谷三城”，落实“智造谷”三年行动计划，重点培育智能机器人、3D 打印、大数据基地等新技术、新业态、新模式。推进吉利新能源跨界车等重大项目建设，打造“民族汽车工业聚集区”。大力创建国家级军民融合创新示范区，加快海洋船舶工程、深海探测技术、航天航空核心部件配套等军民融合产业步伐。加快文化和旅游产业融合，支持韶山和昭山深化全国全域旅游发展示范创建、盘龙大观园 5A 景区创建等。

制造业是实体经济之母，恰是湘潭的优势所在。湘潭市将把先进制造业项目作为“智造谷”建设的重中之重，确保全面完成年度投资计划。同时全面落实《关于加快推进园区改革创新高质量发展的若干意见（试行）》等政策举措，力争全市园区规模以上工业增加值、高新技术产业主营业务收入、财税收入等主要指标同比增长10%以上，着力打造“135”工程升级示范样板。

湘潭市还将突出“三区”改造，高起点高标准推进竹埠港新区建设，加快实施谭家山煤矿区生态修复项目，抓好湘潭锰矿独立工矿区基础项目扫尾等工作。

（资料来源：《湘潭日报》，2019年3月12日，符瑶）

案例十九　赣州市以科技创新引领工业高质量发展

近年来，赣州市发挥科技创新的支撑引领作用，从体制改革、技术创新、平台支撑、人才推动、企业主体等方面发力，加快产业转型升级和新旧动能转换，工业高质量发展迈出坚实步伐。2015～2018 年，全市规上工业企业由 1188 家增加到 1890 家，增量、总数均列全省第一，高新技术企业翻两番、数量突破 500 家，高新技术产业增加值占规上工业增加值比重由 25.7% 增长至 33%。

坚持向改革要动力　构建科技创新政策体系

赣州市围绕建设创新型城市和区域性科研创新中心，坚持向改革要动力，持续深化科技体制机制改革。一是量身打造政策服务包。推动政府职能从研发管理向创新服务转变，围绕科技创新制度设计、研发投入、高端人才引育、平台建设、主体培育、成果转化等关键问题，制定出台《赣州市科技创新"十三五"发展规划》《赣州市建设区域性科研创新中心实施方案》《赣州市加大全社会研发投入攻坚行动实施方案》等 10 余个政策文件，"量身定制"强有力的政策措施，让创新服务成链条、成体系。二是建立多元投入保障机制。建立市、县科技投入逐年稳定增长机制，设立 2 亿元的科技创业引导基金、8000 万元的创新赣州专项、1000 万元的科技创新券，每年安排 1 亿元的科技人才专项，以奖代补等形式支持企业科技创新。推行以研发为导向的政策扶持机制，对申报市级以上科技项目的，要求其上年度研发经费支出需达到申请资金的 4 倍以上；对申报认定高新技术企业的，要求其上年度研发投入强度需达 3% 以上；对获得的市、县奖补资金，要求企业按不低于 30% 的比例用于科技创新研发，鼓励和引导企业自主创新。发挥金融对科技创新的杠杆作用，创造性建立知识产权质押融资与"科贷通"联动机制，推动金融机构为 16 家企业以专利权质押融资 2.17 亿元。三是强化科技创新考核问效。在高质量发展考评中，增加新增高新技术企业数、新增科技型中小企业数、新增省级以上研发平台或载体、全民科学素质提升 4 项考评指标，同时加大 R&D、高新技术产业增加值、专利考评的权重，把创新指数的分值由 10 分提高到 21 分，倒逼形成共抓科技创新的强大合力。

围绕重点领域和关键环节　加快推动产业转型升级

赣州市坚持集群发展、创新发展思路，积极推动科技创新与产业衔接，高标准打造“两城两谷一带”，着力形成以科技创新为引领的现代产业体系和发展模式。一是提档升级传统产业。对稀土、钨、家具等传统产业实施提升改造，推动建设“中国稀金谷”“现代家居城”，鼓励支持稀土、钨、家具加工制造企业建设智能工厂、广泛运用新型信息技术等，助推传统产业向上下游的高附加值、高技术含量环节延伸发展。2018 年，两大传统产业主营业务收入均突破 1200 亿元。二是积极布局战略性新兴产业。超前谋划新能源汽车、生物医药、电子信息、大数据、工业物联网、智能制造等战略性新兴产业，布局建设新能源汽车科技城、青峰药谷、赣粤电子信息产业带等一批重大园区，形成多支柱的新兴产业体系。现已整合智能制造和工业技改专项资金 5000 万元，计划用 3 年时间实施机器换人项目 100 个；启动建设大数据产业园、软件物联网产业园和企服联工业互联网云平台，建成运营中国联通（工业）互联网研究院、赣州天翼·华为云计算中心和全国第一个区块链“监管沙盒园区”。全市战略性新兴产业增加值占规上工业比重达 17% 左右，比 2015 年提高 4.5 个百分点；新增 2 个省级战略性新兴产业集聚区。三是重点突破关键核心技术。围绕新材料、新能源汽车及其配套、生物医药、电子信息等重点产业发展的重大“瓶颈”技术需求，集中高校、科研院所和企业科技创新资源，组织实施一批国家级、省级重大科技项目，着力突破关键核心技术，助力延伸产业链条。2016 年以来，累计实施国家级重大科技专项 28 项、省级重大科技专项 140 项，2 项成果荣获国家科技进步二等奖、54 项成果获省科技奖。

建强科技创新平台　夯实产业发展支撑

赣州市紧紧围绕“两城两谷一带”主导产业和各地首位产业发展需求，布局建设一批创新平台载体。一是争取一批“国字号”创新平台。获批建设国家脐橙工程技术研究中心、中科院海西研究院等国家级创新平台载体 17 个，“国字号”平台实现从无到有、从有到多的重大突破，引领效应不断显现。累计承担科研课题 475 项，获授权发明专利 107 件，实施成果转化和产业化项目 45 个。二是建设一批新型研发平台。坚持强强联合、优势互补，在优势产业领域，按照“政府和高校共建产业研究院、行业龙头建设企业研究院、高新技术企业建设校企合作研发平台、规上企业自建研发机构”思路，组建一批支撑首位产业发展的新型研发机构。同时，瞄准产业关键共性技术，引导和支持大型骨干企业与高等院校、科研院所共建院士工作站、博士后工作站、“海智计划”工作站等“智力”工作站，实现“借船出海”。现已建设省级以上企业技术中心 36 个、省级以上工程（技术）研究中心 34 个、“智力”工作站 59 家。三是培育一批双创平台。鼓励支持园区、企业、科研机构、高等院校及其他投资主体创办专业企业孵化器、众创空间，加速创新资源向园区集聚。累计建成省级以上众创空间 18 家、科技企业孵化器 14 个，赣州国际企业中心孵化器、市小微企业创业孵化基地入选国家级科技企业孵化器。四是搭建一批创新服务平台。充分运用现代网络信息技术，探索线上线下科技创新服务新模式，搭建运行“赣州科创吧”“科协进园区——科技创新一站式 O2O 服务平台”“企服城”等“互联网 +”服务平台，并引入 30 余家法律援助、创业咨询培训、知识产权服务、创投机构等第三方服务机构进驻。全市专利申请量、授权量年均增幅 50% 左右，万人专利拥有量较 2015 年翻了两番，增幅全省第一。

创新人才招引模式　打造人才集聚新高地

赣州市聚焦“主攻工业，三年翻番”目标，高标准宽视野引进一批高层次创新人才，为赣州创新发展提供强大智力支撑。一是坚持引才与留才并重。按照政策“精准化”、平台“多元化”、服务“专业化”思路，创新人才分类、校地合作、人才待遇、人才发展等多方面政策措施，出台“人才新政 30 条”。创新设立招才引智局，推进人才交流中心改革，推动专门的机构为人才提供专业的服务。大力实施人才温暖关爱工程，搭建人才住房、子女教育、家属安置等后期服务保障平台，规划建设 10 万套人才住房，建设人才小镇，运行人才管家 APP，让专家人才扎根下来、安心创业。二是坚持人才与项目并行。坚持按需精准引才，瞄准生物医药、新材料等领域创新型高端人才，出台引进国家“千人计划”人才的政策措施，项目奖励资金最高达 2000 万元，人才津贴最高达 600 万元。创新“人才 + 项目 + 平台”引才模式，实施高层次人才团队引进培育计划，实现“引进一个人才、集聚一个团队、兴办一个企业、带动一个产业”。三是坚持平台与产业并举。率先在全省建设“千人计划”人才产业园，配套建设研发孵化基地、中试加速基地、产业化基地和配套服务基地，推动人才项目在园区内承接、研发孵化和成果转化。创新利用“互联网 + 智库”方式搭建“高端科技智库”平台，集聚中科院智库部、省级以上学会专家、院士工作站院士及其专家团队等高端科技人才 100 余人，为电子信息、新能源、生物科技等领域产业发展出谋出力。近年来，全市共引进（含柔性引进）国家“千人计划”等各类高端人才 320 人，“千人计划”专家人才领办创办企业 17 家、重大项目 45 个。

突出企业主体地位　着力激发创新创造活力

赣州市坚持发挥企业在科技创新中的主体作用，引导企业把发展重心、资源和空间聚焦到创新力的培育上来。一是大力培育创新主体。深入实施创新驱动

“1122”倍增工程，建立高新技术企业和科技型中小企业培育库，对发展潜力大、成长性较好、创新能力强的企业，采取“一企一策”的方式，在研发、融资、用地、资本等方面予以重点扶持，每年推进一批高新技术企业转为规上企业、一批规上企业转为高新技术企业和一批创新能力强、成长速度快、发展潜力大的科技型中小企业向“专精特新”发展。二是积极推进产学研深度融合。建立科技资源开放共享机制，探索政府和企业共建、同类企业联建、企业与高校或科研机构结对联姻等方式，组建优势互补、利益共享、风险共担的技术创新联盟，构建企业出题、联合结题的产学研融合新格局。近三年来，先后成立赣州市检验检测创新联盟、中国稀土功能材料产业创新联盟，实施一批科技成果转化和产业化项目，推动创新成果从实验室加快走向商品化、资本化、产业化。三是注重协同联合创新。先后与中科院、社科院、清华大学等国内大院大所、知名高校签订合作协议，重点开展区域发展战略研究、科技项目研究开发、科技成果转化推广、优秀人才培养等领域的广泛合作。同时，强化与珠三角、长三角、海西经济区的产业与科技对接，推动市内经开区、高新区等各类园区与沿海经开区、高新区建立战略合作关系。

（资料来源：新华网，2019 年 4 月 8 日，江翠芳）

主要参考文献

[1] 习近平总书记调研东北三省并主持召开深入推进东北振兴座谈会纪实.[EB/OL]. 中国共产党新闻网，2018 年 9 月 30 日，http://cpc.people.com.cn/n1/2018/0930/c64094-30322199.html.

[2] 习近平：经济全球化和区域一体化是大势所趋[EB/OL]. 新华网，2018 年 6 月 10 日，http://www.xinhuanet.com/2018-06/10/c_1122964111.htm.

[3] 习近平：坚持绿色发展是发展观的一场深刻革命[EB/OL]. 中国共产党新闻网，2018 年 2 月 24 日，http://cpc.people.com.cn/xuexi/n1/2018/0224/c385476-29831795.html.

[4] 这步棋，习近平落子“区域协调发展”[EB/OL]. 新华网，2017 年 9 月 19 日，http://www.xinhuanet.com//politics/2017-09/19/c_129707375.htm.

[5] 习近平明确区域协调发展的三大目标[EB/OL]. 中国新闻网，2017 年 12 月 28 日，http://www.chinanews.com/gn/2017/12-28/8411049.shtml.

[6] 习近平：在省部级主要领导干部学习贯彻党的十八届五中全会精神专题研讨班上的讲话[EB/OL]. 新华网，2016 年 5 月 10 日，http://www.xinhuanet.com//politics/2016-05/10/c_128972667_2.htm.

[7] 习近平谈“十三五”五大发展理念之二：协调发展篇[EB/OL]. 中国共产党新闻网，2015 年 11 月 11 日，http://cpc.people.com.cn/xuexi/n/2015/1111/c385474-27801280.html.

[8] 习近平：丝绸之路上各国人民共同谱写出千古传诵的友好篇章[EB/OL]. 中国共产党新闻网，2013 年 9 月 7 日，http://cpc.people.com.cn/n/2013/0907/c164113-22840626.html.

[9] 增强广州对粤港澳大湾区空间响应能力[N]. 中国社会科学报，2018-12-25 (005).

[10] 沈铭辉，张中元. 推进东北亚区域合作的现实基础与路径选择[J/OL]. 东北亚论坛：1-14 [2018-12-25]. https://doi.org/10.13654/j.cnki.naf.2019.01.004.

[11] 熊兴，余兴厚，蒲坤明. 长江经济带基本公共服务综合评价及其空间分析[J/OL]. 华东经济管理：1-11 [2018-12-25]. http://kns.cnki.net/kc-

ms/detail/34. 1014. f. 20181220. 1109. 019. html.

[12] 刘秉镰. 京津冀协同发展的历史使命和开发区面临的问题 [N]. 人民政协报, 2018-12-21 (006).

[13] 陈雯, 孙伟, 王珏. 长三角区域合作: 如何做到成本共担、收益共享 [N]. 第一财经日报, 2018-12-20 (A11).

[14] 陈建军. 打破合作壁垒 建立长三角一体化发展试验区 [N]. 第一财经日报, 2018-12-19 (A11).

[15] 林斐. 深度融入长三角更高质量一体化发展大局 [N]. 安徽日报, 2018-12-18 (011).

[16] 张月友. 长三角一体化离不开区域市场一体化 [N]. 安徽日报, 2018-12-18 (011).

[17] 闫华荣, 王慧娟, 段妍. 国外空气治理立法对京津冀雾霾治理的经验借鉴 [J]. 邢台学院学报, 2018, 33 (04): 106-108.

[18] 何冬梅, 杜宇玮. 长三角区域经济格局演变、驱动因素及空间溢出效应研究 [J]. 现代经济探讨, 2018 (12): 7-16, 55.

[19] 张军, 闫东升. 长三角人口与经济协同演变规律及驱动因素研究 [J]. 现代经济探讨, 2018 (12): 84-92.

[20] 李义玲, 杨小林. 长江流域水污染综合防控能力空间变异及影响因素分析 [J]. 环境科学导刊, 2018, 37 (06): 22-28.

[21] 省信息化发展研究院首席专家卓勇良. 进一步发挥经济增长引擎作用 [N]. 浙江日报, 2018-12-12 (005).

[22] 田长生. 系统论视域下东北老工业基地供给侧改革进路 [J/OL]. 系统科学学报, 2019 (02): 101-105 [2018-12-25].

[23] 吕靖烨, 丁周香, 李朋林. "一带一路"对区域经济的收入效应研究 [J]. 会计之友, 2018 (23): 145-148.

[24] 童爱香. 京津冀地区科技创新能力比较研究 [A]. 2018年北京科学技术情报学会学术年会——智慧科技发展情报服务先行论坛论文集: 北京科学技术情报学会, 2018: 14.

[25] 黄建生. 论文化认同与京津冀区域协同发展 [J]. 大舞台, 2018 (06): 95-98.

[26] 曹敏. 区域联动完善改革开放空间布局 [J]. 中国经济报告, 2018 (12): 98-101.

[27] 王景秋. 关于区域科技创新资源及其配置分析的理性思考 [J]. 科技与创新, 2018 (23): 95-96.

[28] 翟月鹏, 陈艳梅, 高吉喜, 宋婷, 冯朝阳, 年蔚. 京津冀水源涵养生

态服务供体区与受体区范围的划分 [J/OL]. 环境科学研究：1-13 [2018-12-25].

[29] 鲍南. 协同协作让京津冀更有安全感 [N]. 北京日报，2018-11-30 (009).

[30] 粤港澳大湾区之空港经济的合作与发展 [N]. 中国社会科学报，2018-11-28 (008).

[31] 以区域一体化推进高质量发展 [N]. 第一财经日报，2018-11-28 (A02).

[32] 徐静. 智慧城市群：京津冀协同发展新活力 [N]. 北京日报，2018-11-26 (018).

[33] 王勇，白静. 习近平区域协同发展思想刍议——"五大发展理念"向度 [J]. 温州大学学报（社会科学版），2018，31 (06)：58-64.

[34] 邵源春，陆峻波，罗晓云. 中国区域经济发展差异及其原因的多尺度分析 [J]. 金融经济，2018 (22)：45-46.

[35] 蔡启山. 风景园林与城市林业的协调发展 [J]. 现代园艺，2018 (22)：127.

[36] 陈广汉，刘洋. 从"前店后厂"到粤港澳大湾区 [J]. 国际经贸探索，2018，34 (11)：19-24.

[37] 发改委. 全面推进内地同港澳合作　支持大湾区建设 [J]. 信息技术与信息化，2018 (11)：7.

[38] 郭晶. 区域发展何以更协调 [J]. 人民论坛，2018 (33)：88-89.

[39] 程必定. "东中一体"协调发展的中部崛起新论 [J]. 区域经济评论，2018 (06)：29-35.

[40] 刘慧，程艺. "一带一路"建设对中国沿边地区发展影响的区域分异 [J]. 区域经济评论，2018 (06)：85-91.

[41] 张蕾蕾. 我国区域经济协调发展的特征与长效机制分析 [J]. 中国市场，2018 (34)：29-30.

[42] 张艳琴. "一带一路"战略引领下我国区域经济创新发展的研究 [J]. 辽宁经济，2018 (11)：14-15.

[43] 陈亚梅. 浅析人力资源管理与区域经济发展的关系 [J]. 辽宁经济，2018 (11)：54-55.

[44] 郭小卉，康书生. 京津冀三地经济增长溢出效应探析 [J]. 经济与管理，2018，32 (06)：4-12.

[45] 马建新. 新时代东北振兴的核心要义与实践方略 [J]. 大连干部学刊，2018，34 (11)：10-14.

[46] 李便．东北老工业基地文化现代转型发展研究 [J]. 才智，2018 (32)：204－205.

[47] 巫强，林勇，任若琰．长三角三次产业协调发展程度测算及其影响机理研究 [J]. 上海经济研究，2018 (11)：77－89.

[48] 叶万军．中国省域综合协调发展水平时空特征研究 [J]. 税务与经济，2018 (06)：66－71.

[49] 吴炯．资本流动对区域经济差距的影响研究 [J]. 纳税，2018，12 (31)：235.

[50] 蔡之兵．区域经济视角下的现代化经济体系问题研究 [J]. 经济学家，2018 (11)：62－68.

[51] 韩松．马克思区域经济思想对京津冀协同发展的启示 [J]. 天津职业院校联合学报，2018，20 (10)：115－119.

[52] 周韬．习近平新时代空间经济思想的全新内涵与特质 [J]. 特区经济，2018 (10)：14－19.

[53] 余璐，戴祥玉．经济协调发展、区域合作共治与地方政府协同治理 [J]. 湖北社会科学，2018 (07)：38－45.

[54] 魏革军．重振区域经济 [J]. 中国金融，2018 (20)：3.

[55] 刘干，郑思雨．我国区域经济高质量发展综合评价 [J]. 生产力研究，2018 (10)：59－63.

[56] 陈璐．"丝绸之路经济带" 区域经济一体化发展的路径研究 [J]. 湖北科技学院学报，2018，38 (05)：36－39.

[57] 王海峰．乡村振兴背景下农村区域经济的协调发展研究 [J]. 农业经济，2018 (10)：6－8.

[58] 王云卿．森林资源保护与区域经济发展的关系研究 [J]. 乡村科技，2018 (28)：72－73.

[59] 杨杰．生态保护与林下经济的可持续发展 [J]. 新农业，2018 (19)：20－22.

[60] 石磊，张琢，金兆怀．东北地区城市空间协调发展的动力与对策 [J]. 经济纵横，2018 (10)：98－106.

[61] 蒯欣欣．"一带一路" 战略下我国区域经济的协调发展分析 [J]. 纳税，2018，12 (28)：193.

[62] 矫卫红．长三角地区区域经济发展的实证分析 [J]. 统计与决策，2018，34 (18)：143－145.

[63] 李红丽．生产要素空间视角下区域经济增长研究 [J]. 商业经济研究，2018 (18)：154－156.

[64] 曹邦英，张齐圣．“整体规划”还是“市场规划”：新常态下城际工业协调发展政策探讨［J］．经济体制改革，2018（05）：106－112.

[65] 郝桂林．浅谈中国城乡区域经济协调发展［J］．理论观察，2018（09）：107－109.

[66] 张驰．促进京津冀协调发展的税收政策——以生产要素为视角［J］．现代商贸工业，2018，39（29）：132－134.

[67] 刘超，冯春林，赵宝山．中小城市城镇化与房地产业耦合协调发展研究——以芜湖市为例［J］．安徽商贸职业技术学院学报（社会科学版），2018，17（03）：32－36.

[68] 王淑佳，任亮，孔伟，唐淑慧．京津冀区域生态环境—经济—新型城镇化协调发展研究［J］．华东经济管理，2018，32（10）：61－69.

[69] 陆琳．促进对外贸易与区域经济协调发展的相关策略研究［J］．中小企业管理与科技（中旬刊），2018（09）：49－50.

[70] 谢旭之．区域经济建设与环境治理契合下的路径思考［J］．中国乡镇企业会计，2018（09）：6－7.

[71] 袁帅．区域经济发展差异及其原因［J］．科技经济导刊，2018，26（25）：222.

[72] 赵爽，张蕾．中原经济区区域经济协调发展的路径分析［J］．现代经济信息，2018（17）：478，480.

[73] 李世宁．“一带一路”下区域经济发展的机遇及挑战研究［J］．智库时代，2018（36）：43，45.

[74] 唐盈．创新人才队伍建设，推动东部沿海区域经济发展［J］．知识经济，2018（18）：20，22.

[75] 胡伟，陈晓东，刘壮．中国产业结构变迁的区域特征与空间格局演变［J］．南京社会科学，2018（08）：35－46.

[76] 张迪展．基于经济新常态下提升区域经济创新能力分析［J］．辽宁经济，2018（08）：48－49.

[77] 任立媛，赵莉．“一带一路”建设与我国经济转型发展［J］．改革与战略，2018，34（08）：24－28.

[78] 王丹．区域文化与区域经济发展的关系探析［J］．经济师，2018（08）：150，152.

[79] 殷勇．黑龙江省对外开放与深化对日合作［J］．商业经济，2018（08）：7－8，13.

[80] 冯德祥，张从青，戴维，陈丽娟．供给侧结构性改革和区域经济发展［J］．现代管理科学，2018（08）：88－90.

［81］黄贤全，张科．论美国政府的区域经济开发政策（1961－1981年）［J］．西南大学学报（社会科学版），2018，44（05）：182－188，192.

［82］宋培刚．交通运输对区域经济发展的影响探讨［J］．全国流通经济，2018（21）：60－61.

［83］崔莹莹．人力资源与区域经济发展关系探讨［J］．长春金融高等专科学校学报，2018（04）：88－91.

［84］漆明春．商贸流通业对区域经济发展的影响实证研究［J］．商业经济研究，2018（14）：16－19.

［85］李真．重庆跨境电商对推动区域经济发展的意义［A］．上海来溪会务服务有限公司．Proceedings of 2018 3rd International Conference on Business and Economics（BIZECON2018）［C］．2018：5.

［86］冯雪艳．改革开放40年中国区域经济学理论的演进［J］．改革与战略，2018，34（07）：69－75.

［87］李明姬．浅析绿色金融对区域经济生态化发展的影响及对策［J］．时代金融，2018（20）：74.

［88］丁涛，顾金亮．科技创新驱动江苏地区经济高质量发展的路径研究［J］．南通大学学报（社会科学版），2018，34（04）：41－46.

［89］金碚．以创新思维推进区域经济高质量发展［J］．区域经济评论，2018（04）：39－42.

［90］胡耀蕾．新时期背景下公路运输与区域经济协调发展对策研究［J］．经贸实践，2018（14）：95.

［91］张海纳．经济新常态下我国区域经济发展研究［J］．现代经济信息，2018（13）：472.

［92］周雪娇，杨琳．基于创新驱动的区域经济与生态环境协调发展的研究［J］．经济问题探索，2018（07）：174－183.

［93］罗茜．经济新常态下我国区域经济协同发展研究［J］．现代营销（创富信息版），2018（07）：49.

［94］刘信云，张捷科，邢愿．武汉区域经济结构优化探究［J］．知识经济，2018（14）：43－44.

［95］米双红．“一带一路”倡议与加快区域经济发展［J］．现代营销（下旬刊），2018（06）：9.

［96］黄秉杰．“一带一路”倡议与我国区域经济新格局［J］．人民论坛，2018（18）：78－79.

［97］胡朝举．区域经济一体化背景下粤东金融一体化问题研究——基于与珠三角差距的比较分析［J］．兰州学刊，2018（06）：159－171.

[98] 冯子洪. 区域经济协同发展的驱动机制探析 [J]. 科技经济导刊, 2018, 26 (17): 115.

[99] 吴曜圻. 区域经济新担当 [J]. 中国产经, 2018 (06): 32-35.

[100] 栾青霖. 人力资本集聚与区域经济发展 [J]. 经济研究导刊, 2018 (17): 37-38.

[101] 牛海峰, 席云. 论"一带一路"战略对我国区域经济发展的影响 [J]. 经济研究导刊, 2018 (17): 44-45.

[102] 唐嘉欣. 关于长三角与成渝经济区区域物流与区域经济发展相关性的研究 [J]. 知识经济, 2018 (12): 25-26.

[103] 吉玉雪, 薛慧敏. 流动人口对区域经济发展影响的分析——以镇江市为例 [J]. 农村经济与科技, 2018, 29 (10): 168-169.

[104] 赵靓. 云南经济增长与跨境金融发展的关系研究 [D]. 云南财经大学, 2018.

[105] 赵琳琳. 人力资源战略对区域经济的影响研究 [J]. 办公室业务, 2018 (10): 159.

[106] 谭春雷, 叶雁冰, 蒋伟昌, 罗代林, 黄远. 基于区域经济转型升级下的创新型人才培养方向的探索 [J]. 教育现代化, 2018, 5 (21): 8-9.

[107] 王建府. 我国区域经济发展的成本效率分析 [J]. 中南民族大学学报 (人文社会科学版), 2018, 38 (03): 161-164.

[108] 赵方亮. "一带一路"背景下黑龙江对俄经贸合作路径探析 [J]. 商业经济, 2018 (05): 77-79.

[109] 伍茜溪. 探析区域经济协调发展新思路 [J]. 楚雄师范学院学报, 2018, 33 (03): 92-97.

[110] 张栋, 高瑞, 姚瑞平. 河北省区域经济综合评价体系与实证分析 [J]. 现代商业, 2018 (14): 57-58.

[111] 樊静静. 试论区域经济发展中的非经济因素 [J]. 现代营销 (下旬刊), 2018 (04): 105.

[112] 李雪娇. 绿色引领长江经济带高质量发展 [J]. 经济, 2018 (10): 84-87.

[113] 戚国生. 区域经济协调发展的趋势及特征探讨 [J]. 科技经济导刊, 2018, 26 (14): 125-126.

[114] 陈瑞. "一带一路"带动区域经济创新发展思考 [J]. 合作经济与科技, 2018 (10): 40-41.

[115] 李炜, 李子彪, 康凯. 区域创新极培育能力综合评价研究 [J]. 技术经济与管理研究, 2018 (04): 49-53.

[116] 李晓峰. 应用型人才培养与区域经济融合发展研究 [J]. 科技经济导刊, 2018, 26 (12): 109.

[117] 龚恒清. 绿色金融对区域经济生态化的影响研究 [J]. 市场研究, 2018 (04): 32-35.

[118] 李颖. 区域经济与旅游产业发展关系研究 [J]. 黑河学院学报, 2018, 9 (04): 50-51.

[119] 仲德涛. 习近平区域经济思想研究 [J]. 改革与战略, 2018, 34 (04): 24-29.

[120] 梁宇航, 陈思仪. 浅谈区域科技进步与经济增长的协同发展 [J]. 纳税, 2018 (11): 186.

[121] 曾相斎. 雄安新区规划建设对京津冀区域经济金融的影响及对策 [J]. 河北金融, 2018 (04): 16-18, 27.

[122] 黄寰, 李源, 罗子欣. 创新驱动发展、创新型区域与创新研发型企业的构建 [J]. 西部特种设备, 2018 (02): 49-54.

[123] 徐波, 万国伟, 杨丽丽. 我国高技术产业与区域经济协调关系的时空差异——基于四大经济区域数据的分析 [J]. 地域研究与开发, 2018, 37 (02): 41-46.

[124] 黄建华. 绿色金融支持区域经济生态化发展策略分析 [J]. 传播力研究, 2018, 2 (11): 212.

[125] 余文静. "一带一路"对我国区域经济发展的影响及格局重塑 [J]. 中国市场, 2018 (10): 35-36.

[126] 杨佳璇. 一带一路发展对区域经济的影响研究 [J]. 现代经济信息, 2018 (06): 478.

[127] 张玥. 长江经济带三个核心城市产业同构问题研究 [D]. 重庆理工大学, 2018.

[128] 汪锦熙. 高新技术产业创新生态系统创新培育影响因素研究 [J]. 技术与创新管理, 2018, 39 (02): 148-152.

[129] 郭将, 谭梅. 劳动力流动对区域经济增长差距的影响研究 [J]. 技术与创新管理, 2018, 39 (02): 185-189.

[130] 胡晓艳. 推进湖北省"多极"协调发展研究 [J]. 管理观察, 2018 (08): 49-50, 54.

[131] 耿铭霞. 区域经济在供给侧改革中的发展机遇及策略 [J]. 中国市场, 2018 (08): 36, 54.

[132] 阿如汗. 以绿色旅游促进内蒙古经济发展 [J]. 商场现代化, 2018 (05): 181-182.

[133] 宋萌，刘涵．以“一带一路”助推区域经济协调共进 [J]．人民论坛，2018 (08)：72－73.

[134] 高增安，廖民超，金虹敏．内陆自贸区建设发展影响因素研究 [J]．西南交通大学学报（社会科学版），2018，19 (02)：100－106.

[135] 徐英倩．金融结构对区域经济影响的实证分析 [J]．统计与决策，2018，34 (05)：155－158.

[136] 陈璇．互联网资源与区域经济发展的关系 [J]．财会学习，2018 (08)：137－138.

[137] 龙江．京津冀协同发展条件下区域经济发展对高等教育的需求研究 [D]．北京邮电大学，2018.

[138] 钟艳．基于“互联网＋特色经济”的区域经济创新发展路径探索 [J]．商业经济研究，2018 (05)：149－151.

[139] 王海斌．人才战略与中国区域经济发展分析 [J]．人力资源管理，2018 (03)：344.

[140] 季庆辉，薛宇，薛勇，颜玉．“双创”3.0 时代地方高校为区域经济建设培育“双创”人才实践 [J]．经济师，2018 (03)：191－192.

[141] 赵伟．探索依托金融发展带动区域经济增长的创新机制 [J]．纳税，2018 (07)：210.

[142] 邱仁义．现代物流与经济增长的协同效应 [J]．龙岩学院学报，2018，36 (01)：72－78.

[143] 石鑫岩．我国区域经济协调发展的趋势及特征分析 [J]．纳税，2018 (06)：148－149.

[144] 陈耀．新时代我国区域协调发展战略若干思考 [J]．企业经济，2018，37 (02)：2，11－19＋2.

[145] 路鸣．新时代辽宁区域经济发展态势、问题及对策研究 [J]．辽宁经济，2018 (02)：56－59.

[146] 崔传涛．区域经济发展与廊坊城市定位问题 [A]．廊坊市应用经济学会．对接京津——新的时代战略导航论文集 [C]．廊坊市应用经济学会，2018：5.

[147] 卢文阳．产业结构转型升级背景下区域经济发展研究 [J]．纳税，2018 (05)：201.

[148] 曲鸥．区域经济发展战略分析 [J]．经贸实践，2018 (03)：169.

[149] 张玥．区域主导产业选择——以重庆市为例 [J]．中国国际财经（中英文），2018 (03)：12－13.

[150] 樊国鹏．区域金融风险预警机制构建研究 [J]．现代经济信息，2018

(03): 340.

[151] 徒芳草. 新常态下税收安排对于区域经济增长的影响及其政策优化研究 [J]. 农村经济与科技, 2018, 29 (02): 169 - 170.

[152] 吴兆庆, 吴晓玲. 发展与落差: 重庆"三线"企业的空间布局与区域经济发展的关联 [J]. 重庆文理学院学报 (社会科学版), 2018, 37 (01): 116 - 123.

[153] 蒋小仙, 项凯标, 王鹏. 区域经济发展与企业家精神的配置 [J]. 企业经济, 2018 (01): 31 - 37.

[154] 喻学伦. 交通运输对区域经济发展影响简析 [J]. 中外企业家, 2018 (03): 202.

[155] 孟凡洁. 供给侧改革背景下区域经济协调发展的路径分析 [J]. 中国国际财经 (中英文), 2018 (02): 27.

[156] 卢方元, 赵真真. 经济新常态下提升区域经济创新能力研究 [J]. 安阳工学院学报, 2018, 17 (01): 42 - 48.

[157] 施建锋. "一带一路"倡议与区域经济融合发展路径研究 [J]. 产业创新研究, 2018 (01): 25 - 27.

[158] 邹文龙. 我国区域经济协调发展的趋势及特征分析 [J]. 产业创新研究, 2018 (01): 72 - 74.

[159] 王建华. "一带一路"区域建设境外产业园区的战略思考 [J]. 技术经济与管理研究, 2018 (01): 122 - 127.

[160] 程恋婷. 旅游经济与区域经济的发展机理关系综述 [J]. 度假旅游, 2018 (01): 35 - 38.

[161] 宋宝琳, 尹海勇. 河北省区域经济贫困的敛散性判定与测算研究 [J]. 经济论坛, 2018 (01): 26 - 28, 114.

[162] 陈向阳, 吴嘉舜. 基于广州样本的华南区域金融中心建设研究 [J]. 区域经济评论, 2018 (01): 124 - 134.

[163] 张婷. 商贸流通业发展对区域经济的影响效应研究——以京津冀地区为例 [J]. 商业经济研究, 2018 (01): 141 - 143.

[164] 才立民. 人力资源开发与区域经济的发展研究 [J]. 人力资源管理, 2018 (01): 40 - 41.

[165] 温辉. 充分发挥国有资本在区域经济发展中的作用 [J]. 现代经济信息, 2017 (24): 478, 480.

[166] 冉昊, 于建军, 寇冉涛. 高技术产业与区域经济的协调发展探讨 [J]. 管理观察, 2017 (35): 66 - 67.

[167] 崔志林. 我国区域经济一体化的构建机制研究 [J]. 经济研究导刊, 2017 (35): 6 - 7.

后　记

在中国发展的不同阶段，中国共产党始终注重发展的统筹和协调，把握总体布局。革命时期，党在以军事为中心工作的同时，还号召做好包括经济建设、文化、统战等在内的各项工作。新中国成立后，党中央探索适合中国国情的社会主义建设，要求处理好“十大关系”。改革开放后，党中央提出以经济建设为中心，统筹抓好经济、政治、思想文化建设，推动经济社会协调发展。当前，以习近平同志为核心的党中央继承和发展党的优良传统，提出了协调发展的理念，把握总体布局，正确处理重大关系，必将推进全面建成小康社会目标的实现。

协调发展理念是我们党在经济发展新常态的大背景下，对发展规律认识的又一次深化。要聚焦发展短板、聚焦群众实际获得感，自觉地将协调发展理念融贯到协调推进“四个全面”战略布局的伟大实践中。党的十八大以来，习近平总书记把脱贫攻坚作为全面建成小康社会的突出短板和底线目标，驰而不息抓扶贫，就扶贫开发提出一系列新思想、新观点，做出一系列新决策、新部署，形成了新时期扶贫开发战略的新思想，生动鲜明、全面集中展现了协调发展的新理念，为我们理顺发展关系、提升发展效能提供了根本遵循。

全面建成小康社会，重点在全面，难点也在全面；而协调发展就是牢牢把握中国特色社会主义事业总体布局，牢固树立全国一盘棋的思想，着力解决发展中存在的不平衡、不协调、不可持续等问题，促进城乡区域协调发展、经济社会协调发展、物质文明和精神文明协调发展、经济建设和国防建设协调发展，补齐全面小康的短板，实现全面建成小康社会的各项目标。要打赢全面建成小康社会的决胜仗，要诀之一就是要牢固树立、全面践行协调发展新理念，统筹兼顾、综合并举、补齐短板、缩小差距。

近两年来，我带着课题组同仁们本着勇于探索、科学严谨的研究态度，查阅国内、国际大量相关资料，对海外相关资料进行翻译修改、研究，数易其稿，最终完成本次报告。在这里要特别感谢第十二届全国人大常委会副委员长陈昌智首长给予的指导和鼓励，特别感谢国家统计局原局长张塞同志百忙之中抽出时间阅示，同时感谢郑必坚、刘亚洲、李干杰、马兴瑞、易炼红、果俊海、李书磊、陈肇雄、吴晓青、李君如、刘顺达、孟振平等领导长期的帮助和关心。同时也对普信资产创始人管寰宇、共创集团董事长谢辉、前海置富金融集团董事长马少福、世纪华瑞集团董事长陈立光等朋友们的鼎力支持表示衷心的感谢！

本书的出版，一些领导、专家和好朋友也提出了具有价值的建议，北京市博士爱心基金会和北京电影学院未来影像高精尖创新中心各位编委和我的研究团队以及学生们做了大量的工作，在此一并表示衷心感谢！

由于学术水平有限，加之时间紧迫，虽然经过了多次校正，但仍难免有不尽如人意之处。欢迎各位专家学者提出宝贵意见，以利于我们不断完善和进步。

王　彤

2020 年 2 月 28 日